JN440829

# 대신 생각해 드립니다

-여성의 눈으로 세상에 말 걸기

## 김정숙

◆ 성신여자대학교 사학과 학부 및 대학원을 졸업하고, 프랑스 Paris VII 대학 DEA 과정을 거쳐 프랑스 국립사회과학 대학원(Ecole des Hautes Etudes en Scicence Sociale)에서 역사인류학 박사학위를 취득했다.

◆ 1987년부터 현재까지 영남대학교 국사학과 교수로 재직 중이다.

◆ 경북문화재 전문위원, 대구 MBC라디오 논설위원과 지역개발연구소 이사 등을 역임하고 현재 대구사학회 감사, 대구교구사편찬위원, 박약회 대구지회 여성부회장, 경북전통사찰보존위원, 관덕정 순교기념관 운영위원, 대구시 지명위원, 경북여성정책개발원 이사, 성신여자대학교 동창회 부회장 등을 맡고 있다.

◆ 한국고대사, 한국여성사, 한국교회사 분야의 연구를 하고 있으며, 『한국고대금석문』(공저), 『울릉도 · 독도의 종합적 연구』(공저), 『경북여성사』(공저), 『조선여인 강완숙 역사를 위해 일어서다』(공저), 『여성, 천주교와 만나다』(공저)와 『리델문서』(공역) 등외, 다수의 논문이 있다.


## 대신 생각해드립니다.


인쇄 | 2009년 4월 10일
발행 | 2009년 4월 17일

저　자 | 김정숙
발행인 | 한정희
발행처 | 경인문화사

편　집 | 신학태, 김하림, 한정주, 문영주, 이지선
영　업 | 이화표
관　리 | 하재일, 양현주

주　소 | 서울특별시 마포구 마포동 324-3
전　화 | 718-4831~2, 팩　스 | 703-9711
이메일 | kyunginp@chol.com
홈페이지 | http://www.kyunginp.co.kr | 한국학서적.kr
등록번호 | 제10-18호(1973.11.8)

ISBN | 978-89-499-0641-6 03810 값 13,000원

# 대신 생각해 드립니다

김정숙 지음

경인문화사

‖ 머리말 ‖

# 우리는 우리 눈으로 세상을 보는가?

"대신 생각해 드립니다."라고 하면 누구나 어이없다는 표정을 지을 것이다. 그러나 "정말 자신이 정보를 수집해서 스스로 판단하십니까?"라고 물으면 어떨까? 이 물음에 대해서는 "아니다"라고 답하면서, 시간이 없어서 그렇다고 할지 모른다. 그러면서도 내 생각이 타인에 의해 조정되었다는 생각은 하지 않고 있다. 대중 매체, 내가 접하는 정보 등등에 의해…

내가 토론하기에 가장 무서워하는 사람은 정보를 잔뜩 머릿속에 수집해 놓은 사람이다. 그 정보의 출처에 대한 검토 작업 없이 많이만 알고 있는 사람들 말이다. 이들은 대화를 하려고 해도 생각할 여유나 노력 없이 정보를 수없이 꿰어내는 사람들이다.

나는 우리가 접하는 정보가 얼마나 제한적인가를 함께 이야기 하고 싶다. 현재는 대중매체가 여론을 만들어가고 있다. 컴퓨터 앞에서 어린 시절을 보내는 젊은이들은 전통적인 정서를 거의 가꾸지 못하고 성장한다. 또 컴퓨터를 중심으로 일하는 어른들은 넘치는 정보 속에서 생각할 시간이 없다. 게다가 빠르게 성장하는 우리사회는 '현재 시민혁명 중' 이라는 말이 어울릴 정도로 모두 다 자신을 표현하고 싶어 한다. 그리고 정보의 가치를 인증 받지 않고도 발표할 수 있는 수많은 블로그나 인터넷 매체들이 있다. 이처럼 대중매체 속에 우리의 생각과 판단이 좌우되는 현상에 대해 우리 자신의 마음을 돌려오자고 하고 싶어서, 여기에 작은 생각들을 엮는다. 특히 여성의 눈으로 세상과 소통하고 싶다.

프랑스에서는 논문을 쓸 때 '필자는', '연구자는', 혹은 '나는'에 해당하는 주어로 1인칭 단수인 'Je'를 쓰지 않는다. 대신에 우리말로 '우리'에 해당하는 'Nous'를 쓴다. 잠깐 앉았다 일어나는 의자에도 '내 의자(ma chaise)'라고 하며 1인칭 단수 소유격 관사를 붙이는 그들의 언어 관습에 비하면 매우 이례적이다. 그들은 한국인이 '우리 남편' '우리 학교'라고 부르는 점 등에 낯설어 한다. 그러한 그들이 논문상의 주어로는 우리라는 1인칭 복수를 사용한다. 이에 대해 프랑스인들은 논문의 새로운 결론은 분명 자신의 작업이긴 하지만 그 논문을 이끌어내기까지 인용한 생각은 사회의 생각이기 때문이라고 설명한다. 우리의 생각이 사회의 영향을 크게 받고 있음을 전제로 한 말이라 하겠다.

남의 생각과 내 생각을 분리해 낸다는 일은 생각보다 훨씬 힘든 일일 것이다. 그렇다고 내가 모든 것을 생각해 줄 수는 없다. 이 책의 제목으로 "대신 생각해 드립니다."라고 하기보다 "대신 후회해 드립니다"라고 걸어야 될지 모른다. 그러나 나는 "내 사전에 후회란 없다"라고 생각하기 때문에 '후회'란 단어 대신에 '생각'이란 말로 이를 바꾸었다.

후회하지 않는 삶을 살고자 하는 나는 매우 행복하다. 학생들이 가끔 행복하시냐고 물으면 내 대답은 항상 "그럼. 행복하지" 이다. 밤을 새워도 끝나지 않는 공부가 있으니 행복하고, 무엇 한 가지라도 더 알아내면 들으려고 모인 젊은이들이 있어서 나는 행복하다. 그들이 새로운 사실에 얼마나 깊이 감격하는지… 그들의 감동은 또 나의 활력으로 작용하고 있지 않은가?

그럼에도 나는 인류 공통의 상식선에도 미치지 못한다. 나에게 인류가 나아가야 할 방향에 대한 뚜렷한 대안도 없다. 불의에 대한 공분公憤에 불타서 살아보지도 못했다. 다만 내가 있는 곳에서 원칙을 지키며 게으르지 않게 살고자 했을 뿐이다. 그런 내가 누구를 위해 대신해서 생각해 준다는 말인가?

그리 똑똑하지도 못한 나는 경험하고 나서야 느끼는 편이다. 일을 겪고 난 다음에야 그때 그랬더라면 좀 더 나았으리라 깨닫거나, 혹은 '그때는 그랬구나! 하고 뒤늦게 이해하는 때가 종종 있다. 그럴 때마다 나는 혹시라도 다른 이들에게 겪지 않아도 미리 알 수 있도록 내 작은 경험에 관한 정보를 줄 수 있다면 하고 생각했다. 물론 경험이 최고의 교육이라지만, 나의 시행착오나 경험이 다른 이들에게 반면교사反面教師가 되어도 좋다고 생각해서 이를 이야기하고 싶었다.

더욱이 정보의 홍수 속에서 스스로 생각하기 보다는 주어진 정보로 살아가는 데 익숙해지는 사회를 보면서 하나의 반란을 시도하고 싶었다. 이 생각은 병원에 있을 때 더욱 굳어졌다. 나의 병상생활은 내가 사랑하는 사람들, 나를 사랑하는 사람들을 절실히 느끼는 기간이었기 때문이다. 다행히 갑상선암의 투병기간에 다른 연구 작업이나 사회활동에 참여하지 않게 되어 그동안 별러 왔던 글들을 정리할 시간을 가질 수 있었다.

이렇게 정리된 글들을 5편으로 엮었다. 1편은 '인생을 두 번 살다' 란 중간제목을 달아 보았고, 2편의 제목으로는 '아름다운 사회 다문화사회' 라고 해보았다. 제3편은 '여성과 사회의 소통' 이란 주제로 구성했다. 제4편은 '사소한 불편, 위대한 도전' 으로 제목을 달았고, 제5편은 '대학과 역사를 생각한다' 로 했다.

제1편인 '인생을 두 번 살다' 는 주로 병상일기이다. 암에 대한 책들이 너무 일방적으로 암을 다루고 있어 그 정보가 환자들에게 도리어 부정적으로 작용할 수도 있으리라는 생각에 이르게 되었다. 이에 나는 암에 대한 생생한 체험을 전해주고 싶은 욕심에서 이를 묶어 보았다. 다만 이글은 오로지 갑상선암에 대한 글임을 밝혀둔다. 제1편은 다시 〈암은 각자의 색깔을 가지고 있다〉와 〈병과의 화해, 관계의 재점검〉으로 나뉘어 있다. 우선 첫 번째 장에서는 갑상선 암을 발견하고 치료하는 과정을 정확히 알려 갑상선 암에 대한 정보를 제공해 주고 아울러 암이 서로 다르다는 사실을 말하고 싶었다. 흔히 병에 걸려서야 왜 살았는가, 어떻게 살아야하는가라는 질문을 하게 되면서 사람들과의 관계에 대해 재점검하게 된다. 내 경우는 가장 가까이 있는 부모, 은사, 제자, 동료들을 다시 발견하는 기쁨을 정리해 보았다.

제2편 '아름다운 사회, 다문화 사회' 는 몇몇 신문에 기고했던 에세이이거나, MBC 라디오 방송국의 논평위원으로 방송 뉴스와 논평시간을 통해

사회문제를 같이 고민했던 글들이다. 〈아름다운 사회, 아름답게 늙기〉와 〈다문화사회로 가는 길〉로 나눠놓았다.

제3편 '여성과 사회의 소통' 은 당시 사회 이슈로 제시되었던 내용 중에서 여성과 사회에 대한 이야기를 모았다. 특히 〈대신 생각해 드립니다〉를 통해서는 대중매체가 만들 수 있는 허상들을 생각하고자 했다.

제4편 '사소한 불편, 위대한 도전' 은 생활 속에서 원칙을 지키는 데에 따르는 불편을 엮은 것이다. 그러나 그 불편에도 불구하고 서로 원칙을 존중할 때 결국은 사회가 바로 가게 된다는 믿음에서 이를 정리했다. 여기는 〈전통의 무게, 현대화의 힘〉, 〈사소한 불편, 위대한 도전〉으로 구성했다. 첫째 장은 무섭도록 빠르게 변하는 한국사회에서 갈등하는 전통의 요소들을 생각했다. 그리고 〈사소한 불편, 위대한 도전〉에서는 원칙을 지키며 사는 사회의 모습들을 그려 보았다.

제5편 '대학과 역사를 생각한다' 는 일상생활 속에서 부딪히는 대학과 역사와 관련된 이슈를 보았다. 〈21세기 대학, 무엇을 할 것인가〉〈국토는 제대로 지키고 있는가〉란 두 개의 장으로 나눴다.

이 책에서는 내 자신이 겪은 것, 생각한 것만을 정확하게 쓰고자 했다. 경험을 확대해석하거나 일반화하지 않고, 사소한 체험이면 사소한 그대로를 나누고 싶었기 때문이다. 그렇지 않으면 쓸데없이 다른 책들의 내용과 겹치기도 하고, 나의 고유한 경험자체가 제대로 쓰이지 못할까 염려스러웠기 때문이기도 하다. 물론 이 책에 수록된 글들은 대부분 지금까지 발표된 글들을 주제별로 배치한 것이다. 다만 한 권의 책으로 엮어 나가기 위해 편이나 장을 연결하는 글 및 주제와 관련된 이해를 돕기 위해 몇 편을 새로

썼다. 그리고 각 장마다 새로운 비전과 희망을 담고자 했다. 그런데 우리 사회처럼 급속하게 변하는 나라에서 이 글들이 제기했던 문제들은 4~5년이 지난 지금도, 혹은 10년이 지난 지금도 미해결의 과제로 남아 있다. 이 점이 신기하고 안타깝다. 그래도 각 글들은 시간성을 가지고 있으므로 글을 썼던 날짜들을 밝혀 놓았다.

내가 작품에 대한 욕심이 많은 최가람이를 만난 것은 행운이다. 내가 중학교 시절, 남을우 선생님을 모시고 등사판을 밀어서 「수정」이라는 학교 신문을 낼 때, 고등학교 시절 역시 남을우 선생님을 모시고 교지 『학란』을 발간할 때는 책에 삽화들이 있었다. 이제는 삽화가 실리는 책들이 거의 없어졌다. 그러나 나는 그 시절로부터 거의 40년이 지난 오늘, 좋은 제자가 있어 내 기억 속의 책과 닮은 책을 내게 되었다. 그 제자의 첫 번째 작품으로 내 책의 삽화를 부탁했다. 가람이의 삽화에 혹시 더 보완해야 할 부분이 있을지는 모른다. 그러나 아끼는 제자의 순수한 명상이 내 글과 조화를 맞추게 되어 기쁘고 고맙다.

이 책을 오늘날까지 나를 있게 한 모든 분들께 안부인사 겸 감사의 표시로 전하며, 그 모든 분들과 계속해서 이야기하고 싶은 마음을 밝힌다. 아울러 이 책을 읽은 모든 분들에게 "이런 글도 책으로 나오는데 나도 한번 써야겠다."라고 생각하는 계기가 되었으면 좋겠다.

김정숙

# 차 례

두번째 이야기

# 아름다운 사회, 다문화사회

세번째 이야기

# 여성과 사회의 소통

## 여성의 일이 변하는 시대 157



## 대신 생각해 드립니다. 179

## 네번째 이야기
# 사소한 불편, 위대한 도전

## 다섯번째 이야기
# 대학과 역사를 생각한다

# 첫번째 이야기
# 인생을 두 번 살다

병은 비로소 자기 몸과 대화하도록 한다.
병은 자신을 둘러싼 인간관계를 재점검하게 한다.
그러므로 병드는 시점은 새로 태어남이 될 수 있다.

## 암은 각자의 색을 가지고 있다

환자가 되면 모두가 관심을 기울여준다.

환자가 되면 사람마다 아는 치료법을 전해준다.

환자가 되면 지인들은 저마다 알고 있는 좋은 음식을 이야기해준다.

환자는 일단 자신의 생활과 마음에서 독립성을 잃기 쉽다. 그러한 환자가 모든 사람이 전해주는 대로 하려면 환자는 필시 과로사를 하거나 폭식사를 할 것이다.

그런데 암은 현재까지 알려진 것만도 250여 종류이다. 즉 암도 제각각의 빛깔을 가지고 있다는 말이다. 그럼에도 불구하고 암은 그 속성상, 의사와 환자가 명확히 분담해서 치료해야 하는 병이다. 즉 암세포를 떼어내고 죽이는 일은 의사가 하지만, 5년 이상을 재발할지 모르는 불안을 안고 신체를 만들어가는 일은 환자가 스스로 감당해야 하기 때문이다. 그래서 암 치료는 대체의학에 매달릴 확률이 많고 또 알려진 대체의학도 많다. 그러다보니, 그 많은 암에 대한 정보를 취사선택하는 일은 환자가 할 또 하나의 수고가 된다.

## 갑상선은 세브란스 병원으로 오는 배

내가 암에 걸렸다고 한 다음부터 얼마나 암환자가 널려있는지를 알게 되었다. 암환자를 알고 있거나 집에 암환자가 있거나 자신이 암에 걸려 있는 사람을 꼽으면 거의 모든 사람이 이에 속했다.

갑상선암은 현재 우리나라 여성 암 발생률 1위를 차지하고 있는 암이다. 내가 처음 갑상선암이라는 소리를 들었을 때 그 이름도 참 이상하다고 생각했다. 철갑선이라면 이순신 장군이 타던 배이지만 이것은 배이름도 아니다. 선이라고 하면서 그렇다고 줄도 아니다. 결국 영동 세브란스에 입원하면서, 아하 갑상선은 세브란스 병원으로 오는 배였구나 하고 웃었다. 080816

## 0.5cm의 차이

### - 병기르기

갑상선암을 착한 암이라고 한단다. 그 진행이 느리고 예후도 좋기 때문이다. 이 호평 때문에 의사와 나는 병을 키우는 어리석음을 범한 것 같다. 암세포는 얼마만한 크기부터 잡아낼 수 있을까, 얼마만한 크기부터 치료 단계에 들어갈 수 있을까를 다시 생각해 보아야 한다. 아마 이르면 이를수록 좋을 것이다.

나는 본래 모든 치료를 영남대병원에서 한다. 다만 부인과 질병은 특별히 여성병원, 여성의사를 찾아 다녔다. 그런데 지난 해 7월 유방암 검진을 갔던 병원에서 담당의사는 "목에 약 0.5cm 쯤 되는 혹이 있는데… 자라나 한번 두고 봅시다. 다음 검진 때 와서 보아 달라고 하십시오." 라고 말했다. 그 말이 너무나 가볍고 짧아서 나는 전혀 다른 생각을 하지 않았다. 겨울방학에는 영남대병원에서 종합 검사를 받았지만 여성부인과는 다른 데서 보기 때문에 그 부분만 빼 놓았다.

그러다가 지난 4월 말 행정자치부에서 지방공무원 시험문제 선정위원으로 들어오라는 이야기가 있었다. 그런데 그 안내문에 「평소 드시는 약이 있는 분은 의사와 상담을 하고 약도 가지고 오십시오.」라고 되어 있었다. 그렇지 않아도 고혈압 약을 복용하고 있는 나는 병원에 가야겠다고 생각했다.

올해는 5월 첫 주가 토, 일, 월 3일이 내리 휴일이었고, 또 두 번째 주도 삼일 연휴였다. 때는 바야흐로 학기 초의 긴장도 지나갔고, 중간고사도 끝났기 때문에 이 연휴들에는 시간을 뺄 수 있을 것 같았다. 5월3일 토요일,

나는 고혈압 약을 챙기고 내친 김에 다니던 여성병원을 갔다. 그 사이 유방암을 검사하는 의사가 바뀌어 있었다. 그래서 검진을 끝내려는 의사에게 내가 "지난번에 의사선생님이 갑상선을 보아 달라고 하라고 했는데요" 라고 했다.

의사는 차트를 보면서 다시 긴 막대기를 목에 대고 몇 번 왔다 갔다 했다. 몸에 무슨 크림 같은 것을 바르고 바닥이 평평하고 느낌이 찬, 막대처럼 생긴 장치를 몸에 대고 접촉면에서 몸 안으로 고주파의 초음파를 쏜다고 한다. 이 초음파들이 몸 안의 조직들에 부딪혀 반사되어 돌아오는 것을 보고 판단한다고 한다.

## 느닷없는 종양 조직검사

의사는 느닷없이 종양이 있는데 조직검사를 해 보아야겠다고 했다. 그러면서 대학병원에 가면 시간도 오래 걸리고 절차도 복잡하니 방사선 병원을 소개해 주겠다고 했다. 그는 내게 옷 갈아입고 오는 동안 전화해 주겠다고 덧붙였다. 옷을 갈아입고 내가 다시 들어왔을 때 아직 전화는 끝나지 않고 있었다. 약 1.4cm의 혹이 있다면서 꽤 빠른 속도로 성장하고 있는 게 문제라고 하고 있었다. 내게 이야기하던 톤과는 달랐다.

그러나 내가 암환자 일리가 없다고 생각한 나는 한가하게 몇 가지를 더 물었다. 5월 중순쯤 행자부 지방공무원 문제 선정위원으로 들어가야 하는데 괜찮겠느냐고 물었다. 의사는 혹이 다행히 양성이면 괜찮지만 그렇지 않으면 수술날짜가 그 안에 잡히지 않는다고 하더라도 심리적으로 견디겠냐고 되물었다. 아직도 멀쩡한 나는 그 말을 이해하지 못하고 있었다.

속으로는 의사가 서두르고 전화하고 하는 폼이 아무래도 동창의사 소개하려고 하는 거겠지, 괜히 그 병원에 사람 보내려고 하는 걸 거야라고 느꼈는지도 모른다. '한번쯤 검사해 보면 어때' 식으로 받아들이고 있었던 것 같다. 이 덩치 큰 백성이 1.4cm가 큰 것이라고 어떻게 생각하겠는가?

나는 명함 한 장을 받아들고 나왔다. 그날 날씨는 무척이나 맑고 화창했다. 범어동 네거리에 있는 방사선과 병원을 찾아갔다. 주차공간도 다 차버려서 법원주차장에 차를 세우고, 모처럼의 토요일, 산책하는 기분으로 내려왔다. 오전만 진료한다고 듣지 않았으면 좀 더 걷고 싶은 날이었다.

병원은 친절했다. 소개받은 심재인 원장을 찾았더니 얼마 기다리지 않아 검사받을 수 있었다. 간호사는 내게 부분마취를 할 것이며, 초음파로 보아가면서 주사바늘로 조직을 채취해낼 것이라고 했다. 검사 끝나고 한 20분 앉아 있다가 돌아가면 된다고 했다. 결과는 일주일 후에 보러 오라고 했다.

나는 정말 아무렇지도 않고 편안했다. 그런데도 조직을 채취하려고 지정받은 침대에 누우니 갑자기, '이제 나도 인생의 삼분의 이는 산거지?' 하는 생각이 스쳤다. 전혀 암이리라고는 생각하지 않는 내가 왜 "지금까지 무엇을 위해 살았을까, 무엇을 위해 살고 있는가" 라고 자문自問하게 되었는지 모른다. 머리와는 달리 눈물이 주르르 흘렀다. 눈은 머리와 따로 작동하는지 내 생각과는 전혀 상관없는 행위였다.

심 원장은 누워 있는 나에게 지금 할 일을 되풀이 설명했다. 그리고 초음파를 쏘더니 두 군데를 조직검사 해야겠다고 했다. 또 임파선(림프선)도 부었으니 임파선도 검사해야겠다고 하면서 총 19번쯤 바늘을 찌를 것이라고 했다. 그는 "이쪽은 조금 더 깊이 들어갑니다." 라는 식으로 자신이 하고 있는 동작을 일일이 설명을 했다. 물론 부분 마취를 했으니 아프지는 않았다. 그런데 왜 아까 시작한 눈물은 마르지 않는 것인지.

'엄마도 이런 침대 위에서 참 여러 가지 생각을 하셨겠구나.'

20년 전에 자궁암 수술을 한 엄마가 생각났다. 모든 사람이 다 그랬겠지.

결국 이 검사과정에서 두 군데 암세포와 림프절 전이를 알아냈고 수술을 하게 되었다.

## 15cm, 재발률 20%

그런데 나는 수술 받는 동안 있던 서울에 있는 병원 입원실에서 놀라운 이야기를 들었다. 내 옆 침대의 환자가 자신은 0.5cm 크기의 종양이 있다고 해서 조직검사를 했고 수술을 하러 왔다고 했다. 일찍 서두른 그 환자는 갑상선 절제만 하고 나갔고, 갑상선 호르몬제만 복용할 뿐 수술 후 항암제 등 어떤 치료도 받지 않는다. 물론 절단부위도 목 가운데 아주 작은 부위이다. 재발률도 5%란다. 거의 15cm 가까이 절단하고 고성능방사선요오드 치료를 준비하고 있는 나하고는 대조적이다. 내 경우는 재발률도 20%란다.

0.5cm-.

나도 그때 알았는데 왜 의사는 기다려 보자고 했을까? 수술한 뒤 조직검사를 통하여 내가 알게 된 사실은 여성병원에서 1.4cm로 읽었던 혹의 크기는 2cm였으며, 대경방사선과에서는 0.2cm 되는 또 하나의 혹을 찾아냈다는 점이다. 그러니까 아주 작은 종양도 조직검사는 할 수 있지 않을까 싶다. 물론 조직검사를 하면서 종양을 바늘로 건드려서 암이 더 빨리 번지는 우려가 있을 수도 있겠지만, 양성 종양은 성장하는 일이 잘 일어나지 않을 것이고, 악성 종양이라면 이미 치료를 시작해야 하는 것이기 때문에 문제가 되지 않을 것 아닌가? 암은 종양이 적으면 수술을 하지 않고 방사선만으로도 치료가 가능하다는데, 일찍 시작하는 편이 낫지 않았을까?

이것이 0.5cm의 혹을 대하는 서울과 대구의 차이는 아니라고 믿고 싶다. 단지 그 의사와 나의 어리석음이었다고 생각한다. 다만, 이제부터는 아주 작은 혹이라도 조사해 보고 싶다. 080706

## 오월과 유월사이

### - 발병에서 수술받기까지

오월과 유월사이에 내 인생은 크게 달라졌다. 며칠 사이에 건강한 사람에서 암환자로 분류 되었다. 너무나 짧은 기간에 일어나서인지 수술까지 하고 난 지금도 실감이 나지 않는다.

"나는 지금 암환자인가?"

"암환자는 언제부터 언제까지 환자라고 하는 거야?"

암환자는 이상한 환자이다. 언제부터 언제까지 환자인가가 분명치 않다. 암은 다른 병과는 달라서 밖으로 보이는 증상이 없어서인지 사회적으로 구분이 분명치 않다. 환자도 인식이 분명치 않다. 의사가 병력을 청취하면서 진단할 때부터 암환자인지, 아니면 초음파 검사에서 종양이 있다고 판정받았을 때부터인지, 일반적으로 조직검사라고 일컫는 미세침흡인 세포검사에서 악성으로 판정을 받았을 때부터 환자인 것인지, 이도 저도 아니면 국민건강관리공단에 중증환자로 등록된 날부터인지 모르겠다.

### 언제부터 암환자지?

또 언제부터 환자가 아닌 것인지도 분명하지 않다. 수술하고 퇴원하면 이제는 암환자가 아닐까? 아니면 항암치료가 다 끝나면 암환자가 아닌가? 암세포가 다 죽었다고 판명나면 암환자가 아닌가?

환자와 비환자의 구별이 모호하다는 점이 암환자의 어려움인 것 같다. 자신을 지나치게 환자로 여겨 할 수 있는 일상생활도 못하는 사람이 있는가 하면, 몸이 감당을 못해서 재발할 위기에 갈 정도로 환자란 요소를 잊고 사는 사람도 있다. 암환자의 환자명칭, 기간이 분명하면 환자들이 스스로의 생활을 관리하는데 도움이 될 것 같다. 암환자의 사망률을 5년 단위로 조사하는 것을 보면 아마도 암세포를 발견한 뒤 5년 동안이 환자인지도 모르겠다.

## 화내거나 애원하거나

사람들은 암이라는 소리를 듣는 순간부터 어쩔 줄 몰라 한다. 더욱이 수술을 기다리고 있는 순간은 정신적 타격에 피를 말리도록 고통스러워 한다. 보통 의사들이 '암 입니다' 라고 하면, 어떤 환자는 얼굴이 하얘져서 닭똥 같은 눈물을 뚝뚝 떨어뜨린다고 한다. 어떤 환자는 벌떡 일어나서 문을 닫고 나가버린단다. 어떤 이는 화를 내고, 어떤 이는 살려달라고 애원한단다. 나는 첫 번째였던 것 같다.

물론 전혀 담담하게 받아들이는 환자도 있기는 있다. 정 교장 선생님은 자신의 유방암을 목욕하다가 아셨다고 한다. 오른쪽 젖가슴에 혹이 만져지자 순간적으로 암이다 하는 생각이 들었다고 한다. 그래서 의사인 아들한테, "나 암 걸렸다" 라고 즉각 전화를 하셨단다. 그 때가 주말이어서 월요일 아침이 되어서야 정밀진단에 들어갔는데, 방사선과 과장이 암이라고 하자, "그렇죠, 내말이 맞지요?" 라고 해서 그 의사를 놀래켰다고 한다.

5월 8일, 대학원 수업을 하다가 교수회에 일이 있어서 수업을 일찍 끝냈다. 그리고 조직검사 결과를 보러 병원으로 갔다. 간호사가 원장님 상담은 할 수 있으나, 연휴가 끼어 있었기 때문에 아직 결과가 안 나왔다고 말했다. 따지기를 잘하는 나는 연휴가 있는 줄은 미리 알고 있었을 텐데 오늘

결과가 나온다고 하면 안 되지 않았냐고 한마디 했다. 착하게 생긴 간호사는 어쩔 줄 몰라 하더니 좀 기다리라고 했다. 그러더니 결과를 Fax로 받았으니, 원장님께서 이야기하실 거라고 했다.

## "암입니다."

원장을 만나자 그는 내게 괜찮으냐고 물었다. 조직검사를 하고 목이 욱신거려서 원장을 만나기를 청했던 나는 내 상태를 길게 설명했다. 그 속에는 괜히 아무 것도 없는데, 조직검사를 한다고 바늘로 찔러 놓아서 멀쩡한 사람 아프게 만들어 놓지 않았느냐는 염려가 배여 있었을 것이다. 조용히 듣고 있던 원장은, 바늘로 혈관을 건드려서 그런 것 같은데 정말로 못 견디겠으면 진통제를 줄 수는 있으나, 그냥 참으면 이삼일 내에 가라앉을 것이라고 간단히 말했다.

그러자 우리 사이에는 더 이상 할 얘기가 없어졌다. 원장은 뜸을 들이더니, "결과가 나왔는데요"라고 하고 한 호흡 멈추었다. 이어 그는 "암입니다."라고 했다. 내가 "두 군데 다요?"라고 물었더니, "네"라고 했다. 그리고는 아무 말이 없었다.

"그럼 어떻게 해요?"

"대학병원으로 가 보세요.

"지금요?"

"네"

그의 대답은 참 간단했다.

내가 "원장님이 말하는 대학병원은 경북대병원인가요?" 라고 물었더니, "네"라고 답했다. 내가 영남대 교수라고 했더니, 그는 "그럼 영남대로 가세요. 소견서 한 장 써드리겠습니다."라고 했다.

그 방을 나와서 소견서를 받을 때까지 기다렸다. 갑자기 자주 드나들던 영남대병원이 어디서부터 어떻게 시작해야 하는지 알 수가 없었다. 교수회에서 같이 일하는 이李 부의장이 생각났다. 나는 방사선과 병원의 접수실 전화를 잠시 빌려 교수회 동료인 김金 교수에게 전화를 했다. 조직검사 결과 암이라고 해서 영남대병원을 가려고 하는데, 어떻게 하는지를 모르겠으니 이 교수에게 전화 좀 넣어달라고 부탁했다. 그 말을 하는 동안에 눈물이 펑펑 쏟아지기 시작했다. 암이 무서웠다기보다 하지 않던 일을 혼자 하는 것에 대한 두려움이 일었던 것 같다.

병원으로 가는 도중에 김 교수로부터 전화가 왔다. 이 교수는 수술 들어가야 되고, 유방센터에 전화를 했으니 그리로 바로 가라는 것이었다. 병원에서는 최근 자주 드나들어서 익히 알게 된 접수창구의 육陸 선생님이 징징 울면서 나타난 나를 보더니 심상치 않다고 생각한 것 같다. 내가 갑상선과 임파선에 암이 있다고 했더니, 접수를 받고 자신이 나를 유방센터로 안내해 주었다.

유방센터에는 왜 그렇게 환자들이 많은지, 돛대기 시장 같았다. 모자를 쓴 사람도 많고, 머리에 스카프를 맨 사람도 여러 명 있었다. 항암치료를 하면 머리가 빠진다던데 머리에 문제가 있는 사람들 같았다. 난 그때서야 여자의 모자 착용이 다만 미적 욕구에만 그치지 않는다는 점을 생각했다. 기다리는 시간은 한이 없었다. 그래도 기다리는 사람들 사이에는 동류의식이 흐르고 있었다. "어디가 나쁘세요? 너무 걱정하지 마세요. 나는 10년 전에 수술했는데, 이렇게 건강하잖아요." 눈물을 줄줄 흘리고 앉아 있는 나에게 생전보지도 못한 사람들이 위로해 주었다.

드디어 간호사 한명이 안으로 들어오라고 하면서 흉부외과 선생님이 전화하셨는데, 여기 좀 앉아서 기다리라는 것이었다. 아마 내 생각에는 내가 서너 명은 더 기다려야하는데, 의사를 만나게 해 준 것 같았다. 나는 미안했다. 그 시간을 못 기다려서 우는 건 아닌데… 의사는 소견서를 보더니, 일어나서 내 목을 만졌다. 오른쪽 편에 손이 닿자 정말 아팠다. 그동안 세수도 하고 움직이면서 전혀 아픈 줄을 몰랐던 곳이다. 아마 조직검사 때 건드려서 그럴 거야라는 생각이 들어 조직 검사할 때 실핏줄을 건드렸다고 하던데 그래서 아픈 것 같다고 잘난 척하고 설명도 붙였다.

## 의사 기다리는데 1시간, 면담은 3분

의사는, "목소리에 문제가 생길 수 있겠습니다"라고 했다. 나는 정말 놀랐다. "목소리에 문제가 생긴다면, 말을 못한다는 건가요? 목소리가 변한다는 건가요?"라고 묻는 소리에 의사는, "목소리가 변할 겁니다. 오늘 수술날짜 잡고 가십시오."라고 한마디 하더니 차트로 얼굴을 돌렸다. "고맙습니다." 하고 나오는 수밖에 없었다. 묻고 싶은 것이 얼마나 많은데. 의사와의 면담을 3분 면담이라고 한다던가? 한 시간 가까이 기다리고 의사는 3분쯤 본다는 말이다.

밖에는 사람들이 가득 있고, 나는 또 기다렸다. 드디어 내 이름이 또 불렸다. 간호사는 접수하고 CT 촬영날짜 잡고 수술은 6월 26일에 하자고 했다. 그러면서 6월 13일에 와서 전신마취가 되는지 검사해야 한다고 했다. 이어서 아스피린계통의 약을 복용하는지 체크했다. 혈압약을 먹는다고 했더니 간호사는 담당의사에게 아스피린이 들어 있지 않느냐고 묻고 수술해도 된다는 사인을 받아오라고 했다. 나는 근래에 허리디스크 약도 먹고 있었지만, 하도 바빠해서 다 설명할 기회가 없었다.

다시 접수창구로 내려왔더니 육 선생은 가방을 그곳에 맡기고 CT 촬영하러 내려가라고 절차를 일러주었다. 그리고 5월 15일로 예약일자를 받아주었다. 지하로 CT 촬영을 하러 갔더니 점심 먹었느냐고 물었다. 내가 어느 겨를에 점심을 먹겠는가? 점심시간을 이용해서 나와서 일을 당하고 있으니 점심은 생각지도 못했다. 이미 3시가 다 되어 가고 있었다. 4시 30분부터 수업인데, 여기서 30분 안에 촬영을 끝낸다고 하더라도 수업시간을 맞추기는 어려울 것 같았다. 무엇보다도 눈이 부어서 수업에 들어갈 수 없는 상황이었다.

나는 조교에게 전화해서 지금 병원에 있다고 전하고, 인터넷으로 촬영해 놓은 강의를 틀어주기를 부탁했다. 대학교수는 어린 사람들과 살아서 좋다고들 한다. 그러나 이런 일이 닥칠 때에도 내가 제일 어른이어야 한다. 늘 나보다 어린 사람들을 대해야 하니 이런 때에는 어려움을 겪는다. 결국 학교로 돌아와서 수업중간에 들어가 조교를 강의실에서 내보내고 강의를 이었다.

이제부터 수술 받는 날까지 어떻게 해야 하는가? 암에 대해서는 설명도 못 들었고, 약 하나도 새로 지어준 것이 없으니 기다리는 수밖에 없었다. 아주 여러 번 내일 죽는다면 무엇을 할 것인가 하는 질문을 받았었다. 그러나 이 세상에서 하루 만에 끝나는 일은 별로 없다. 그러므로 그날 할 일, 그때그때 닥친 일을 시간 나는 때까지 착실히 하다 가는 것이라고 생각되었다.

## 내일 죽는다면 무엇을 할 것인가?

강의를 끝내고는 목요세미나에 갔다. 물론 얼굴은 울어서 부었지만 오로지 세미나에 참석한 김金 선생님이 무슨 일이냐고 물어주었다. 나는 그날 암으로 진단받았다고 설명하고 6월 26일에 수술한다고 애써 담담하게 답했다. 그랬더니 김 선생님은 요즈음 갑상선암은 치료가 잘된다며 위로했다.

이튿날, 5월 9일은 경산 시립박물관대학에 강의하러 가는 날이었다. 아침에 강의안을 다듬으면서 갑자기 앞으로 목소리가 안 나온다면 이것이 마지막 대형강의가 될지도 모른다는 생각이 들었다. 나는 3시간을 쉴 틈 없이 떠들었다. 강의를 끝내면서 내가 던진 질문에 대답한 사람들은 나와 함께 저녁을 먹으러 가자고 공개 제의했다. 이李 교장선생님 그룹만이 남았다. 저녁을 먹으면서 전혀 다른 주제들을 열심히 이야기하다가 헤어졌다. 우리가 마지막을 정리하는 모습이 이러한 것이 되리라 싶었다. 5월 10일 토요일에는 경북대학교에서 열리는 한국고대사학회 발표회에 갔다. 전全 선생님이 목요일 날 경주로 내려가면서 김 교수에게 들었다고 하면서 강姜 선생님 부인도 작년에 수술했는데 이제 괜찮다고 하면서 격려했다.

5월 11일 울진 봉평비에 대한 원고를 정리했다. 5월 12일 석가탄신일에는 문과대학 교수회 성명서 문제로 하루 종일 연락했다. 5월13일에는 울진 비석박물관 자문모임에 나갔다. 5월 14일에는 한국문화사 교재 만드느라 정신이 없었다. 그렇게 일주일을 지냈다. 5월 15일 CT 결과를 보러 갔다. 동료 교수에 대한 각별한 배려인지 아니면 임파선 전이 때문인지 결국 수술일이 5월 21일로 당겨졌다. 그러자 이후부터는 수술기간 동안 비워야 하는 일들을 미리 처리해 놓느라고 경황이 없었다.

나는 갑상선암으로 내가 죽으리라는 생각은 절대로 안했다. 그러니 필요한 사람 외에는 알릴 필요도 없었다. 그런데도 일상생활에서는 행동 하나하나가 진지해졌다. 마지막이 될지도 모른다고 하는 것은 무슨 큰일을 하는 게 아니고 지금까지 하던 일을 정말로 의미를 물으면서 열심히 하는 것인가 보다. 그리고 사람들 각각에게도 무척이나 애틋해졌다. 그러자 그 짧은 순간에도 남을 도울 수 있는 일을 찾게 되는 것이었다. 080816

## 어머니의 생일 케이크

"배운 사람이 결혼도 하지 않고 사는 것은 국민적 의무를 다하지 못하는 것이다. 그러니 남보다 열심히 일해야 한다."

어느 분이 나를 꾸지람하듯 말하자, 동료교수 중 한명이, "아, 김 선생님은 다릅니다. 다른 사람 네댓 명의 역할을 하고 삽니다."라고 변명해 주었다. 또 어느 동료는 내가 하는 일에서 1/3만 남겨놓고 2/3는 줄이라고 충고했다. 그분들 말마따나 정말 여러 곳에 끼어들면서 살았다.

### 어머니 생신

사람의 시간은 모두 24시간으로 한정되어 있다. 내게서 이 시간은 어디서 난 것이겠는가? 돌이켜보면, 일상생활을 생략한 시간들이었다. 특히 우리 가족은 나를 아예 그렇게 배려해 주었다. 아버지 제사상도 거의 다 차려졌을 때 도착하면 되었다. 친척들의 잔치에도 나는 크게 배려되었다. 모친의 생신잔치도 지방에 사는 나를 위해서 주말에 미리 당겨서 식사를 하곤 했다. 물론 올해도 예외는 아니었다. 5월 21일이 어머니 생신이신데, 우리는 5월 18일 일요일 점심에 식사를 하기로 결정했다.

5월 3일 갑상선 암조직 검사를 시작한 나는 5월 8일에 결과를 보기로 했었다. 나는 혹시라도 암으로 판정받으면 어버이날 전화하기가 정말 힘들 것 같았다. 나는 5월7일에 어머니께 전화를 드렸다. 바빠서 내일은 전화드리지 못할지 모르니 엄마 잘 지내시라고. 엄마는 7일에 전화 드렸는데도 그까짓 전화 한통이 무에 그리 힘드냐고 책하시지 않고, 오히려 전화해서 고맙다고 하셨다.

그리고 이튿날 나는 그에 갑상선암이 임파선까지 전이되었다는 결과를 들었다. 그 결과를 가지고 바로 영남대병원에 가서 CT촬영을 했다. 수술날짜가 6월 26일로 잡혔다. 어버이날에 알릴 수 있는 소식이 따로 있지 어디 이런 내용을 전하겠는가 싶어 전화를 하지 않고 그날을 넘겼다. 수술일이 6월 26일이면 종강하고 성적을 내는데 지장도 없을 것 같았다. 수술 받을 때까지는 시간이 있으니, 엄마 모시고 아주 좋은 호텔에서 식사도 한번 하고 같이 자고 오도록 하고 싶었다. 한편으로는 엄마가 갑자기 안하던 짓을 왜 하냐고 그러면 무어라고 하지라는 걱정도 은근히 했다.

15일 스승의 날에는 CT촬영 결과가 나왔다. 그런데 임파선에 전이가 많이 되어서인지 이李 교수는 수술일정을 5월 21일로 당겨주었다. 그러면서 갑상선암 초기는 아니고, 수술 또한 간단하지 않다고 설명했다. 스승의 날이라 학생들은 날 찾아 다녔지만 나는 수술여부를 결정짓는 테스트들을 하고 있었다. 심전도 검사, 엑스레이 사진촬영, 피검사 등을 했다.

수술을 기다리는 사이 은사님 중에 한분이 영동세브란스에 올라와 보라고 하셨다. 환자들 보기 전에 일찍 보아주겠다고 하셨다. 목요일(5월15일) 밤에 서울로 가서 집에 가서 잤다. 우리 어머니는 나에게 무엇을 해 먹이는 것을 무척이나 좋아하신다. 그래서 서울만 가면 내 위는 견뎌내지 못할 판국이었다. 그런데 그날은 사정이 달랐다. 아침에 피검사 등 몇 가지를 할지 모르니 식사하지 말고 오라고 했기 때문에 무슨 핑계를 대든 굶어야했다. 나는 어머니께 오늘은 조찬모임이기 때문에 거기서 비싸고 맛있는 것을 먹어야 하니 먹을 것 좀 주지 말라고 당부를 해서 결국 밥을 먹지 않고 병원으로 갈 수 있었다. 엄마는 그러면 일요일에 만나자고 했다.

영동세브란스는 강북인 장위동으로부터는 무척 먼 곳에 위치해 있었다.

의사가 진료를 시작하기 전에 나를 본다기에 일찌감치 도착하여 의사를 기다렸다. 얼핏 사무실로 굉장히 젊은 의사가 들어가는 것이 보였다. "저 이는 아니겠지? 내 목숨을 맡기기에는 의사가 너무 젊잖아?" 하는 생각이 들었다.

그런데 그이가 바로 은사님이 소개하는 그 담당의사였다. 의사는 젊지만 자신감에 차 있었다. 그는 대구에서 가져간 자료들을 보면서 무척이나 자세히 설명했다. 수술은 7~8시간 걸리겠으며, 피부감각선들을 쳐 내게 될 것이라고 했다. 만약 성대까지 암세포가 침입했으면 성대도 잘라 내야 하는데 그때에는 바로 다른 수술을 할 것이니 염려하지 말라고 했다. 그러면서 자신이 하루에 5~6건 수술하는데, 내 사례는 그 중에 한두 건에 해당하는 케이스라면서 이는 살기 위한 수술이라고 덧붙였다. 그리고 몇 가지 검사를 지시했다. 나는 검사를 마치고, 대구로 내려왔다. 물론 아직 하루해가 남았으므로 학교에 가서 일처리를 하기 시작했다.

그 때였다. 영남대병원에서 연락이 왔다. 심전도에 문제가 있어서 수술하기 위해서는 다시 검사를 해야 한다는 것이었다. 그 전화 끝내고 나자마자 영동세브란스에서도 전화가 왔다. 수술하기에는 내게 심전도에 문제가 있다고 했다. 어떻게 하느냐고 했더니 다시 연락하겠다고 했다. 일이 이쯤 되자 이제는 갑상선을 절단하고 임파선들을 잘라내는 것은 문제가 아니었다. 수술을 받을 수만 있어도 좋겠다는 마음이 일었다.

토요일, 5월 17일 아침 일찍 영동세브란스에서 다시 연락이 왔다. 심전도에 문제가 있으니 일찍 입원하라는 것이었다. 다음날 2시까지 입원수속을 마치라고 했다. 나는 갑자기 생활공간을 열흘이상 비워야 하게 되었으므로 처리해 놓고 들어갈 일들이 많았다. 수업문제, 집의 화초 문제, 또 그동안 처리할 문제 등등… 토요일 밤을 새워 처리했다.

일요일 점심에 모이기로 한 엄마 생신에는 못 간다고 동생에게 연락했다. 동생은 내가 수술이 간단치 않을 것이라고 설명하자 엄마께 알려드려야 하지 않느냐고 물었다. 나는 어머니가 수술이 끝날 때까지 7~8시간을 못 견디고 쓰러지실 테니 학교에 일이 있어서 못 간다고 했다고 하자고 했다. 수술 받고 나서 알려드리자고.

입원한 날 저녁에 동생네 부부가 병원으로 왔다. 수술을 하기 위한 몸을 만들러 미리 들어간 나는 그때까지는 멀쩡했다. 올케는 엄마 생일 케이크 한조각과 내 사촌동생이 월급 탔다고 해왔다는 생일 떡케이크를 한 조각 싸가지고 왔다.

병실에서 월요일이 갔다. 화요일 밤 12시부터는 금식을 하라고 간호사들이 알려왔다. 나는 엄마 생일 케이크와 떡케이크들을 병실에 전부 나누어 주었다. 떡 두 개만 남겨놓았다. 화요일 밤 12시가 가까워 오자 물 한 컵을 마시고, 떡을 한 개 먹었다. 그리고 "엄마, 수술마치고 꼭 살아 나와서 이 떡을 먹을게."라고 하면서 나머지 떡 한 개를 싸서 냉장고에 넣었다. 엄마의 생일케이크는 내게 힘을 줄 것 같았다. 그리고 나는 꼭 나머지 한 개를 먹을 것이었다.

5월 21일 수술하는 날 아침, 나는 이런 메모를 적었다.

「희생양

오늘 나는 갑상선과 임파선을 제거하는 수술을 받는다. 그 외에 몇몇 신경이 날라 갈지 모른다(의사들이 수술 후 정확히 이야기해 주었으면 좋겠다). 살기 위해서 이들을 제거한단다. 도마뱀 꼬리 자르기이다. 왜 나쁜 요소만 남겨놓고 그 기관을 살려놓지 못하는가? 몇 년 후에는 그런 기술이 개발될 수도 있겠지.

어쨌든 어머니 생신에 제대로 관리하지 못해 부모가 준 기관을 잘라내는 것이 정말 미안하다. 그렇지만 어머니께는 미역국 끓여 드시라고만 전화했다.

오늘 나는 잘 참을 것이다. 온몸을 살리려 희생되어 나가는 내 갑상선과 임파선이 내게 있는 마지막 날이다. 그들의 희생을 치르는 의례로 모든 걸 받아들일 것이다. 군에서는 마지막 승리를 위해서는 포로가 된 동지를 남겨놓고 떠날 수도 있다고 한다. 너희를 희생시키는 대신 우리는 승리할 것이다. 그리고 너희의 희생이 헛되지 않도록 오래오래 건강하게 살 것이다.」

"엄마, 미안해요."

물론 수술은 잘 되었고, 다음날부터는 죽을 먹게 되었는데, 나는 우선 남겨둔 떡 한 조각을 오래오래 씹어서 삼켰다. 저녁이 되자 올케가 어머니께 내가 건강진단 받으러 왔다가 조그만 혹을 하나 발견해서 수술 받았다고 말씀드리고 모시고 왔다. 그런데 목에 독일군 목걸이 같은 피 빼는 단지를 매달고 있는 나를 보자 어머니는 정말로 어처구니 없으셨나 보다.

"이게 무슨 일이냐. 아프면 내가 대신 다 아파야지. 어쩌자고 내 딸이 아프단 말이냐? 어이구, 하느님도 무심하시지…"

그 원망의 소리는 차마 들을 수가 없었다.

"엄마, 훌륭해지기 위해서 아픈 건데 엄마가 다 아프면 엄마만 훌륭해지잖아. 내 몫은 내가 아파야 한

단 말이야.”

늘 학생들에게 가르쳤었다. 옛날 옛날에 공자가 이렇게 말씀하였다고.

“우리의 몸은 부모에게서 받은 것이니. 다치지 않는 것이 효도의 시작이며, 출세하여 후세에 이름을 날려 부모를 드러내는 것이 효의 끝이다(子曰身體髮膚는 受之父母 하니 不敢毁傷이 孝之始也요. 立身行道 하여 揚名於後世 하여 以顯父母가 孝之終也니라.)”

세상에 부모 앞에서 앓는 것은 할 짓이 아니었다. 그래도 엄마가 모르고 계셔도 엄마 생일케이크가 내게 힘을 주리라 믿은 것은 우리 엄마의 이 처절한 마음 때문이었을 게다.

“엄마, 미안해요.”

080727

## 17일의 달

달은 초순의 초승달로부터 보름을 향하여 점점 차고 보름부터 점점 이지러져서 그믐달이 된다고 배웠다. 즉, 보름달이 가장 찬다는 말이다. 그런데 생활하면서 음력 16일 달이 무척이나 동그랗던 걸 보았다. 또 병실 스크린 창 사이로 보이는 17일의 달은 완벽에 가깝도록 동그랬다.

음력 4월 17일, 갑상선 암을 수술했다. 암이 임파선에 급속하게 퍼진다는 이유로 수술을 당겨야 했기 때문에 남의 수술일자에 덤으로 들어가게 되었다. 수술 당일에도 나는 몇 시에 수술하는지를 알 수가 없었다. 따라서 수술하는 날 내 곁에는 병문안 온 옛날 제자 한명과 올케만 있었다.

### 마침내 수술실로

오후 2시가 되자 "김정숙님 수술실에 들어가게 화장실 다녀와서 준비하고 계세요."라는 말이 인터폰으로 들렸다. 그 소리를 듣자 정말 화장실에 가고 싶었다. 준비를 마치고 얼마간 앉아 있었더니 침대를 끌고 사람들이 올라왔다. 그러면서 걸을 수 있냐고 물었다. 나는 물론 걸을 수 있었다. 손에 영양제 주사를 꽂아서 손이 자유스럽지 않은 것을 제외하고는 모든 것이 정상이었다.

우리가 간호사실 앞을 지날 때, 한 간호사가 비닐파일 가방 하나를 건네주었다. 침대를 들고 온 사람들은 그 가방을 침대 모서리에 걸었다. 가방에는 내 이름과 간단한 지시사항들이 기록되어 있는 것 같았다.

7층에서 2층으로 내려온 나는 드디어 수술실로 향하는 유리문 앞에 섰다. 올케와 제자는 거기까지만 올 수 있었다. 막상 수술실을 들어가려고 하니 아무래도 화장실을 한 번 더 갔다 와야 할 것 같았다. 바로 조금 아까 화장실에 갔다 왔는데 말이다. 물론 마렵지도 않은 화장실을 한 번 더 다녀왔다.

문안으로 들어서려는 내게, 제자 경옥이와 올케는 '힘내세요' 라고 했다. 나는 이건 의사의 일이고, 내 담당의사가 한국에서 손꼽는 의사니 걱정할 필요 없다고 답했다. 내 옆 침대에 누워있던 환자는 이 문을 들어설 때, 뒤에 남는 남편과 자식들을 보면서 인생은 혼자구나라고 느꼈다고 한다.

나는 오히려 그 순간, 내 몸이며 내게 중요한 일인데도 막상 내가 할 일이 없음을 절감했다. 이후부터 몇 시간은 할 수 있는 일이 없었다. 몸을 내 의지대로 움직일 수 없음을 배우기 시작하는 순간이었다.

유리문 안을 들어서서 병실 슬리퍼를 벗고, 그곳에서 내주는 빨간 슬리퍼로 갈아 신었다. 그런데 슬리퍼를 신자마자 바로 침대 위에 누우라고 했다. 누우면서 나는 담당 의사가 감기 들지 말고 오라고 했던 말을 기억했다. 그래서 추우면 안 되니 병실에서 가지고 온 모포를 덮겠다고 했더니 그들은 안 된다고 했다. 그러면서 내 누운 침대위로 "춥다니까 모포 한 장 더"라고 소리 질렀다.

방안은 쌀쌀했다. 준다는 모포는 모포가 아니고 홑이불이었다. 이윽고 그들은 내 침대가 있는 곳에 커튼을 치더니 환자복 윗도리를 벗어서 상체에 걸치라고 했다. 오른 팔에 주사를 맞고 있으니 주사 줄이 걸리는데 어떻게 벗냐고 물었더니, 도와주겠다며 줄을 잠시 떼어 주었다. 옷을 벗고 누워 있으니 추웠다.

주변에서는 "몇 호실에 입원하셨어요?" "누구랑 병원에 오셨어요?" 라고 소리들 지르고 있었다. 나중에 생각해보니 그 의미 없는 질문들은 회복실에 있는 사람들에게 묻는 질문들인 것 같았다. 마취실과 회복실은 서로 들리게 되어 있나 보다. 다만 내가 경험한 것은 그런 질문이 오고 간 것을 환자들은 의식하지 못한다는 사실이다.

## 수술이 끝난 거야?

나는 갑자기 화장실에 가고 싶었다. 화장실에 가겠다고 했더니 지금은 안 된다고 조금만 참으라고 했다. 그러면서 그들은 혈압이 높다고 소리를 지르고 있었다. 나는 원래 혈압이 높아요 라고 답하고 싶었으나 소리가 잘 나오지 않았다.

갑자기, "수술이 끝난 거야?" 라는 생각이 스쳤다. 아무런 느낌이 없었다. 물론 아픈 줄도 몰랐다. 그때부터 사람들이 말하는 소리가 들린다는 것 외에는 다른 게 없었다. 그 침대 위에 얼마간 더 있다가 사람들은 나를 병실로 옮겼다. 병실에는 올케와 동생이 와 있었다. 미리 부탁해 놓고 간 간병인도 있었다.

사람들은 나보고 몸을 틀라고 주문하면서 병실침대로 옮겼고, 간병인은 내게 옷을 입혀 주었다. 간병인은 얼굴, 귀 등에 소독약을 닦아준다고 했다. 수술할 때는 사람에게 소독약을 막 붇는 모양이었다. 그러는 중에 누군가 수술이 너무 늦게 끝나서 오늘 의사선생님은 못 오신다고 이야기하고 갔다. 동생은 내가 엄마를 닮아서 용감히 잘 견뎠다고 추켜 주었다. 그리고 잘 자라고 말하고 떠났다.

수술실에 들어가기 전에도 가장 뚜렷한 감정이었으며, 의식을 회복한 뒤 첫 욕구였던 화장실은 그냥 그 자리에서 보도록 도와주었다. 그리고 그대로 잠이 들었다.

갑자기 침대 쇠막대의 찬 기운이 손에 스쳤다. 창문 옆에 있던 내 침대 위에서는 하늘이 보였다. 달이 밝았다. 침대 막음 장치를 붙들면서 살았다는 감격이 강하게 밀려 왔다.

"살았구나. 고맙습니다."

새벽 3시였다. 밤이라 병상마다 커튼으로 서로 칸막이를 해 놓고 있어, 나는 내가 확보한 공간에 혼자 있었다. 목도 어깨도 움직일 수 없었다. '혼자 있으면 어떠냐? 몸이 아프면 어떠냐? 살아 있는데' 라는 내 되뇜 위로 달이 정말로 그렇게 동그랬다. 080615

## 병원복도

병동에 있는 복도는 길이가 약 200m쯤 될까? 복도 가운데는 간호사실이 있다. 이 복도는 늘 붐빈다. 병원에서 환자들에게 요구하는 주문이 눕지만 말고 걸으라는 것이다. 환자들은 포도당주사 병이나 수액주사 병을 달고는 멀리 갈 수가 없다. 그래서 주사기통을 밀고 복도 끝에서 복도 끝으로 오간다. 식사시간이 끝난 직후에는 정말 만원이다. 보호자들은 서로 환자들의 식기를 내놓으러 복도에 나간다. 밥 챙기러 부엌시설이 있는 데를 오가는 사람도 있다. 간호사들은 환자들 먹을 약 갖다 놓느라 왕래한다. 환자들은 밥 먹고 양치질 하러도 나오고…

그러나 병원복도는 밤중에나 새벽에 또 다른 의미를 갖는다. 나는 심전도 검사를 통과하지 못해서 수술할 몸을 만들러 미리 입원했기 때문에 초기에는 외관상 말짱한 상태인 환자였다. 보통 새벽 한 시와 네 시 쯤 깨는데, 첫째 날 밤에는 여느 때와 마찬가지로 한시쯤 일어났다. 내가 있던 병실은 복도 오른쪽 끝이었기 때문에 병실문 옆에 복도용 의자가 두 개 놓여 있었다. 문을 열고 나갈 때 어떤 환자가 앉아 있었다. 그런데 네 시쯤 다시 나갈 때도 그 환자가 있었다.

"잠이 안 오세요?"

목례를 하며 물었다. 마침 혼자 있던 것이 심심했는지, 그는 너무나 자세하게 답을 했다.

"너무 아파서 잠을 잘 수가 없어서 그래요. 예민한 곳을 수술했더니 모든 신경이 그곳에 모여 있어서 무척 고통스럽네요. 이렇게 나와서 앉았다가 다시 가서 자지요.."

내가 수술하고 난 후, 첫날밤은 물론 나오지를 못했다. 수술한지 이튿날은 밤에 잠이 깨어 주사기통을 끌고 복도로 나왔다. 복도에 검은 옷을 입은 사람들이 웅성거리고 있었다. 어느 환자가 저녁무렵에 죽었는데, 다른 환자들에게 영향을 미칠까봐 밤에 옮기는 중이라고 했다. 환자의 눈을 피하겠다고 하는 일이다. 하필이면 나는 그 시간에 깨어서 밖에 나오게 되었다.

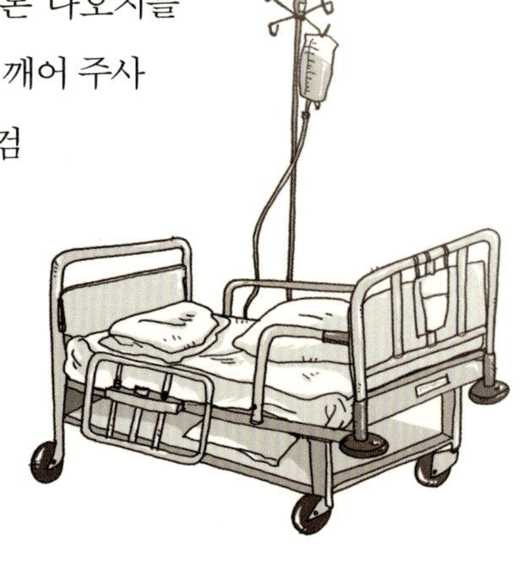

## 인류애를 실천하는 자연인

다음날부터는 진통제가 없는지 밤에 한번 깨면 잘 수가 없었다. 밤은 고요하고, 다른 환자들은 자는데 잠 못 이루는 상태로 침대위에 누워서 뒤척이는 일은 무척이나 어려웠다. 나와서 복도 의자위에 앉아 보았다. 이 의자가 몇 사람에게 깊은 위로를 주었을까 하는 생각이 들었다. 잠 못 드는 환자가 여기 앉아서 무슨 생각을 했을까? 살아갈 생각도 하고, 보고 싶은 얼굴도 그려보고… 그렇게 한참을 앉아있거나 걷다가 보면 지쳐서 다시 잘 수 있게 된다. 간혹 지나가는 간호사들이 "많이 아프세요?, 진통제 드려요?" 라고 묻는다. 그러나 병원복도는 진통제도 대신하고, 열도 내려주고, 더구나 위로가 되어준다.

말을 나누지 않아도 병원 복도의 환자들은 서로에게 위로가 된다. 그러다 서로 병에 대해 아는 척도 하게 된다. 또 상대방의 병세 호전이 눈에 띄면 서슴없이 격려해 준다. 또 어떤 사람이 "저는 내일 퇴원합니다."라고 인사도 한다. 자신에 대한 감사 겸 타자에 대한 격려를 담은 짧은 말이다. 병원복도는 서로에게 사심 없는 위로가 되는 곳이다. 그 의자에 앉아 생각했던 대로 살 수만 있다면, 인류애를 실천하는 자연인이 될 수 있을 듯 했다. 병원복도를 잊어버리지 않으려고 핸드폰에 촬영해 두었다. 080816

## 6인 병실의 교수

교수라는 직업은 혼자 일하는 작업이다. 대학에는 교무실이 없다. 교수는 아침이면 모두 같은 학교로 출근한다. 그러나 출근 후에는 각자 자신의 연구실로 들어가서 혼자 연구한다. 강의시간에도 물론 혼자 강의실에 들어간다. 간혹 공동 프로젝트를 운영하며 의견을 나누고 토론을 하는 공동 과정을 거치지만, 그것도 결국에는 혼자 연구하여 결과물을 산출하고 비교 보완한다. 그래서 교수란 연구실 문만 닫고 들어가면 '하느님까지도 두려운 줄 모르는 존재들' 이라고 한다. 이러한 경향은 특히 인문학 종사자들에게서 많이 드러난다.

병원에 입원절차를 밟을 때 병원에서 먼저 묻는 것 중에 하나가 몇 인실에 들어가기를 원하느냐는 질문이다. 이 질문은 나를 퍽 곤혹스럽게 했다. 어느 쪽이 병을 고치기에 좀 더 나은지 모르기 때문이었다. 그래서 나는 사람들은 보통 어떻게 하느냐고 간호사에게 되물었다. 그랬더니 간호사는, "보통 6인실을 원하세요. 6인실은 보험이 되고 2인실이나 1인실, 특실은 보험이 안 되니까요."라고 답했다. 비용 차이가 많은가라고 물었더니, 간호사는 6인실은 하루에 1만 400원 꼴이고, 2인실은 15만원에서 20만원, 1인실은 거의 30만원쯤 한다고 말했다. 그래서 나는 6인실로 해달라고 했다. 물론 지금 살지 죽을지 모르고 수술하러 들어간다는데 돈이 무슨 문제이겠는가? 다만 나는 병실에 대한 특정한 개념을 가지고 있지 않았기 때문에 그렇게 답했다.

나는 운 좋게 6인실을 얻어서 입원하게 되었다. 내 침대는 창가에 있었다. 아마 그 병동에서 내 침대가 가장 좋은 곳에 위치해 있는 게 아닌가 싶었다. 병원 측에서 진료하기 쉽도록 그렇게 배정해서인지 그 병동에는 온통 암환자였다. 수술을 기다리는 암환자, 수술하고 난 환자, 항생제 맞으러 입원한 환자… 온천지가 암 환자로 가득 찬 듯했다.

또 병실에서는 환자복을 입어서인지 환자끼리 차이가 없었다. 이곳에서 부자면 무엇이고, 젊고 늙고가 무에 그리 대수인가? 배운 것의 차이도 없었다. 더욱이 같은 담당의사 환자들이 서로 모여 바쁜 의사들에게 감히 묻지 못하는 증세들도 서로 견주고 답을 찾기도 했다.

병실에서는 목적이 오로지 하나, 병고치고 나가자는 것뿐이어서인지 우리는 금방 친해졌다. 먼저 경험한 사람은 하나라도 더 알려주려고 이야기해 주었고, 우리 모두는 정말 진지하게 경청하고 질문했다. 또 누구라도 보호자나 방문객이 찾아와서 음식을 놓고 가면 전부 한쪽씩이라도 나누어 주느라고 병실을 순회했다. 그리고 누구라도 먼저 식사가 끝났거나, 주사바늘이 꽂혀있지 않아서 보다 더 자유로운 사람이 식판을 대신 내놓아 주었다. 물론 그 중에 받기만 하고 자기 것은 주지 않는 사람이 있기는 했지만 워낙 방분위기가 그러니까 한 사람 정도는 애교로 그냥 넘어갔다.

## 병실의 공동체감

유방암 수술을 앞두고, "내 이 예쁜 찌찌를 잘라 내야 된대요. 자 좀 봐봐요" 하며 우리에게 유방을 내놓고 보여주는 수술을 앞둔 환자 앞에 앉아서 우리는 그의 의견에 동조해 주었다. 사실 나는 목소리로 돈을 벌고, 목소리를 무지하게도 아낀다. 그러한 내가 갑상선암 수술날짜가 잡히자, 아주 잠깐 동안 어차피 암일 바에야 차라리 자궁암이나 유방암이었더라면 하는 생각을 한 적도 있었다. 그런데 그 환자를 보면서 자신의 몸은 어느 부분이나 마찬가지구나 하고 느꼈다. 또 한사람은 암 진단을 받고 죽을 것 같았는데, 여기 들어와서 이렇게 암환자가 많은 걸 보니 갑자기 마음이 편안해 진다라고 했다. 병실의 공동체감은 우리를 편안하고 행복하게 했다.

그 외 병원 측의 배려와 봉사도 있었다. 일요일에는 교회에서 나와서 복도에서 성가를 부르고 모든 침대에 장미를 한 송이씩 꽂아 주고 나갔다. 목요일에는 무료로 책을 대여하는 병원문고가 왔다. 또 수시로 병원의 원목 목사님이 돌면서 기도를 해주고 나갔다. 그 목사님이 기도하는 동안에 생각했다.

"예수님과 지금의 나는 살아가는 시간의 간격이 너무 멀어서 예수님과 나 사이에 의사라는 그룹이 있게 되는 것일 뿐, 나도 예수님 앞에 치유받기 위해 서 있는 들판에 모인 무리 중 한명인거구나."

다만, 6인실에서는 TV 드라마를 보면 다 같이 보아야 한다. 또 밤에 잠을 제대로 못자는 사람이라면 6인실은 조금 문제가 있을 듯하다. 간호사들은 잠을 안자는 것 같다. 환자마다 밤중에 평균 3번씩은 보고 가는 듯했다. 그러니까 환자가 6명이면 그 방에는 환자별 담당간호사가 수없이 드나들게 되는 것이다. 이때 주사 놓고 혈압이나 체온을 재느라고 불을 켜는데 그때마다 깬다면 불편한 일이 아닐 수 없다.

그러나 2인실도 같이 있는 환자와 맞지 않으면 그리 좋을 것도 없다고 한다. 또 옆의 환자가 계속 가래를 뱉어내야 하는 환자라면 영 문제가 달라진다. 1인실의 환자는 보호자하고 조용히 지낼 수 있지만, 자칫 잘못하면 우울해지기 쉽다고 한다. 이래저래 6인실 환자들은 6인실 예찬을 하면서 지내게 된다. 물론 6인실에는 보호자가 잠을 자기에 매우 불편하다. 또 6인실 환자 중에는 특실에 있는 사람에게는 간호사나 의사가 한번이라도 더 들여다 볼 것이라는 생각을 하는 사람도 있기는 하다. 그렇지만 그런 일은 일어나지 않는단다.

다만, 내 동료들이나 은사님들, 또 제자들도 가끔, "김 선생님, 돈 아끼지 말고 병실을 바꾸어서 좀 편하게 쉬는 것도 도움이 될지 몰라요." 라는 동정 반 비난 반의 말로 은근히 권유하기도 했다. 그럴 때마다 엉뚱한 답변으로 사람들이 입을 다물지 못하게 하곤 했다.

"나는 여기 있으니까 좋아요. 하루 일당은 충분히 한다니까요. 오는 사람마다 음료수를 한통씩 사오는데요, 이 병실이 하루에 1만 원정도 밖에 안 되거든요. 그러니까, 누워서 더 수입 잡고 있거든요."

나는 병실에서 환자복 위에 멋있는 머플러를 두르고 사는 교수환자였다. 의사가 수술할 때까지 감기 들지 말고 오라고 해서 미리 입원한 나는 목에 머플러를 두른 채 살았다. 수술하고 나온 후에는 기침을 하면 안 된다고 해서 감기 들까봐 예의 머플러를 둘렀다. 그 모습이 무척 낯설었을 것이다. 그렇지만 모두 다정하게 대해 주었다.

한편, 남매밖에 없는 가정에서 자란 나로서는 여섯 명이나, 그것도 전혀 모르던 사람과 한 공간에서 열흘을 넘게 같이 지내기는 처음이었다. 그렇지만 유대감을 강하게 공유했던 그곳의 체험은 정말 중요한 새 세계였다. 혹시 민주화 운동이나 촛불집회를 통해서 사람들이 얻는 것도 이런 일체감이었지 않을까? 병실에 있을 때는 병이 무섭지 않다가 퇴원해서가 더 문제라는 말이 실감난다. 우리 병실 동기들이 잘들 있는지, 병에는 차도가 있는지 궁금해진다. 080724

## 소금과 다이어트

리어왕은 세 딸에게 자신을 얼마나 사랑하느냐는 어리석은 질문을 했다. 막내딸은 아버님을 소금만큼 사랑한다고 말했다가 쫓겨났다. 조선왕조의 영조임금은 35년간 해로하던 왕비를 잃고 계비를 맞이할 때, 삼간택에서 본인이 직접 나섰다. 그리고 왕비후보들의 됨됨이를 알고자 무엇을 가장 좋아하느냐는 질문을 던졌다. 그 물음에 한 규수가 '소금' 과 목화라고 답했다. 소금과 목화가 백성에게 제일 긴요하기 때문이라는 이유를 대고 그는 간택되었다. 그이가 사도세자의 죽음을 초래했다는 정순왕후이다.

한사람은 소금 때문에 버림받고 한사람은 소금 때문에 선택을 받았다. 우리 모두에게 중요하다고 인정받는 소금을 바탕으로 한 이야기지만, 결론적으로 볼 때 소금을 버린 쪽이나 소금을 선택한 쪽이나 두 선택은 모두 비극을 초래하지 않았는가 싶다.

어쨌든 소금의 중요성은 예로부터 인지하고 있다. 소금의 역할은 일일이 다 열거할 수 없을 정도로 많다. 그래서인지 로마에서는 소금(sal)으로 월급을 주었다. 오늘날 월급이란 단어 '셀러리' (salary)가 여기서 유래된 것이라는 사실은 모두들 익히 알고 있다.

그러나 이 소금의 참다운 매력은 부자나 가난한 자나 모두 소금이 필요하다는 것이다. 그것도 거의 일정량이라는 점이다. 부자라고 소금을 엄청나게 많이 먹을 수도 없고, 가난하다고 아주 조금만 먹을 수도 없다는 점이다. 이 점을 감안하여 중국 한나라의 인구수를 당시 소금 전매량을 가지고 추적한 연구도 진행되었다.

최근 나는 갑상선암 치료를 위해 요오드 섭취를 제한하는 동안, 음식과 소금에 대한 관계를 뼈저리게 경험하게 되었다. 소금을 제한하니 밖에서는 음식을 먹을 수가 없었다. 국수, 빵, 떡 등등에는 다 소금이 들어가 있다. 그뿐 아니라 음식을 만드는 재료로 쓰이는 튀김가루, 겨자 소스, 깨소금 등등에도 하나같이 소금이 들어 있다. 그러니 된장, 고추장, 간장으로 조리한 반찬, 김치, 오이피클 등등은 말해 무엇 하랴? 심지어는 과자, 음료수에도 소금이 가미되어 있다. 그래서 성경에 너희는 세상의 소금이 되라고 했는가 보다. 물론 그 말은 어디나 끼어들라는 말은 아닐 테고 아마 어디든 빠지면 안 되는 사람이 되라는 이야기겠지.

약은 때맞추어 복용해야 하는데 음식을 먹지 못한다면 밖에서 활동하는 시간은 매우 한정 된다. 사람을 자유롭게 만날 수도 없다. 더구나 때가 비끼면 배는 고프고, 온갖 양념을 넣어 만들어 진열해 놓은 음식이 눈에 띄면 먹고 싶은 욕망이 간절해져서 빨리 귀가해야만 한다. 음식을 밖에서 사먹을 수 있는 것이 무척이나 편리하며 시간을 절약하는 일이었다는 사실을 새삼 깨닫게 된다. 소금 한 가지에 이만한 자유를 잃는다는 것이 새삼 신기하다.

## 정도를 넘으면 독

식사를 위해 무엇인가를 조리하려 해도 마찬가지이다. 일반 소금이 들어간 모든 기존 양념을 놓아두고 특별히 사온 소금으로만 간을 맞추는 것이 내 조리의 전부이다. 물론 야채 기름은 쓸 수 있다. 어떻든 다른 양념이 없으면 소금만 많이 넣을 수는 없다. 짠맛만 살아나기 때문이다. 그래서 거의 날것이나 다름없는 야채나 과일 등과 밥을 먹게 된다.

처음에는 이게 무슨 짓인가 싶었다. 그도 익숙해지니 다른 면이 보였다.

다른 양념을 넣지 않고 간만 살짝 맞추면 원재료의 맛을 더 느낄 수가 있게 된다. 하지만 싱겁게 하면 도저히 많이 먹을 수가 없게 된다. 아무래도 음식은 짜면 조금 더 먹을 수 있나 보다. 그러나 다른 양념이 없어 짜게도 못하니 결국 싱거운 음식이 된다. 따라서 음식을 많이 먹을 수가 없다.

아하! 우리가 양념을 조금만 줄이면 소금의 양을 줄이게 되고, 소금의 양을 줄이게 되면 음식을 덜 먹게 되나 보다. 아무튼 소금 때문에 많이 먹지 못해서인지, 방사성 요오드 치료 준비동안 체중에는 그리 큰 변화가 없다. 암세포는 죽이고 나는 살아남아야하기 때문에 체력을 길러야 한다면서 노상 먹는 것을 달고 생활했는데도 말이다. 더구나 갑상선이 없고 모든 신진대사가 원활하지 않아 몸이 자꾸 붓는데도 체중은 크게 늘지 않았다.

세상 참 공평한 것은 맛있는 양념을 제대로 넣으면 소금을 많이 먹게 되고 소금을 많이 먹으면 체중이 늘게 되는데 비해, 소금이나 양념만 줄여도 날씬해질 수 있다는 점이다. 인간이 자연에서 발견한 것 중에 정도를 넘으면 인간에게 독이 되는 것이 참으로 많은가 보다. 어느 날 밥을 짓다가 문득, '동물은 양념을 안 해서 먹지?' 하는 생각이 들었다. 그래서 동물에게는 비만이 없는지도 모르겠다. 포유동물들은 자연 속에서 양념 없이 그냥 자연의 것을 먹으며 살지 않는가? 080710

## 우리의 양념

### - 갑상선암 수술 후 치료 -

각 나라의 음식은 다르다. 여행을 하거나 유학을 가서 제일 중요한 관건은 뭐니 해도 음식이다. 해당 객지의 음식이 자기 입에 맞느냐는 점이다. 음식을 먹을 수 있어야 활동을 할 수 있기 때문이다. 물론 물이 맞지 않아서 공부를 못하고 오는 사람도 있지만…

암은 여러 단계의 치료과정을 거친다. 암으로 판정받으면 대부분의 환자들은 수술을 받는다. 물론 수술을 하기 어려울 정도로 암세포가 번진 환자들은 세포수를 줄이기 위해 방사선 치료부터 하지만 이것도 궁극적으로는 수술하기 위한 준비이다. 수술하고 나서는 항암주사를 맞거나 항암제를 복용하고 아니면 방사선 치료를 한다.

갑상선암은 대개 항암화학요법에 반응을 잘 하지 않아서 주로 방사성동위원소 옥소치료(고성능 요오드 방사선 치료)를 한다. 이 치료법은 갑상선에서 발생하는 네 가지 암 가운데 유두암(papollary carcinima)이나 여포암(follicular carcinima)과 같은 갑상선 분화암에 국한되어 사용되는 치료법이다.

이 치료법은 쉽게 말하면 암세포를 한동안 굶겼다가 환자가 방사선을 입힌 요오드를 경구 약으로 먹어, 굶주린 암세포가 그것을 흡수했을 때 방사선에 쪼이는 방법이다. 이 경우, 캡슐에 포장된 방사성 요오드에서 방출되는 배타선은 수술 후 남아있는 정상 갑상선 조직이나 상선암 조직까지도 파괴한다고 한다. 이때의 방사성 요오드(131)는 자연계에 존재하는 요오드(127)와는 다른 형태로 원자에서 만들어진다고 한다.

고성능요오드 방사선 치료를 받기 위해 외래진료를 간 날, 이李 간호사는 우리가 해야 할 일을 차분히 설명했다. 보통 한 달쯤 걸리는 이 과정에서 중심이 되는 단계는 두 가지이다. 처음 두 주는 갑상선 호르몬제의 투여량을 줄이는 작업이다. 나머지 두 주는 갑상선 호르몬 자체를 끊게 된다. 이렇게 되면 갑상선 호르몬의 생산과 분비의 조절을 담당하는 두개골 바닥에 있는 뇌하수체가 작용을 하는 모양이다. 본래 뇌하수체의 명령이 원활히 수행되지 않으면, 사람은 성질이 급해지고 감정의 기폭이 크게 된단다.

그러나 나는 이러한 작용에서 스스로 할 일이 없다. 의사가 시키는 대로 약을 먹으면 그만이다. 또 처음 약을 처방할 때 의사가 제 날짜에 맞추어 필요한 약만 주기 때문에 잘못 먹으려고 해도 먹을 약도 없으니 다행이다.

## 고유의 양념이 모든 음식의 특색 결정

또 하나의 단계는 내가 해야 하는 것이다. 요오드가 들어가 있는 음식을 먹지 않는 일이다. 이 말을 듣는 사람들은 금방 김, 미역, 다시마, 해조류를 피하면 된다고 생각한다. 그러나 그 뿐만이 아니다. 모든 해산물, 유제품, 달걀 등등이 제한된다. 이보다 더 큰 문제는 소금에 요오드가 포함되어 있다는 점이다. 따라서 소금이 들어가 있는 간장, 된장, 고추장이 모두 제한된다. 거의 대부분의 환자들은 이 설명이 끝나자마자 무엇을 먹고 사느냐고 질문하게 된다. 그러나 여름에 수술을 한 환자는 그나마 다행이라고 생각해야 한다고 간호사는 반박했다. 야채와 과일이 많으니 다른 계절보다 낫다고 했다.

다행히도 요오드를 제한받는 환자들을 위한 특수소금이 있다. 이는 병원 매점에서 구할 수 있다. 물론 그렇다 하더라도 그 소금만 허락된다는 것이지, 일반 소금이 들어간 어떤 것도 안 된다는 말은 마찬가지이다.

나는 암세포를 잡는다는데 두 주간쯤이야 견뎌야지라고 생각하며 병원을 나왔다. 6월 12일부터 당장 호르몬제를 줄였고, 6월 27일부터 요오드 들어간 음식을 제한하기 시작했다. 음식도 제한이 많고, 또 신진대사에 장애가 있어 몸이 붓고 신경질을 많이 내게 된다는 말이 무서워서 어머니를 서울로 올라가시라고 했다. 상처란 어차피 남는 것인데, 아무리 병의 증상이라 하더라도 나이 드신 모친을 더 서럽게 해서야 쓰겠는가?

암세포는 죽이고 나는 살아남아야 하는 혼자의 작업에 들어가게 되었다. 27일부터 요오드를 제한하는 식사를 시작했다. 아침, 쌀을 물 부어 안치고 호기 있게 채소를 씻었다. 그리고 프렌치 소스를 좀 넉넉하게 만들어 두려고 생각했다. 올리브기름 1, 식초 2, 후추를 조금 넣고, 양파를 조금 다져 넣은 다음 물에 풀은 겨자가루를 섞었다. 흐뭇한 마음으로 맛을 보았다. 파리에서의 젊은 시절을 떠올려 줄지도 모르지 않는가? 그러나 뜻밖에도 내 소스는 도저히 상상을 벗어난 맛을 내고 있었다.

물론 귀국하고 오랫동안 소스를 만들어 보지 않아서이기도 하고, 향신료를 넣지 않았기 때문이기도 하겠지만, 문제는 소금에 있었다. 시중에 나온 겨자는 이미 양념이 되어 만들어진 제품이기 때문에 그곳에는 금지된 요소들이 많이 들어가 있었다. 그래서 나는 27일이 되기 전에 겨우겨우 부탁해서 순수 겨자 가루를 구해왔었다. 그것을 물에 개서 넣었는데 영 맛이 아니었다. 그날 병원에서 사온 방사선 치료용 특수소금에 참기름을 약간 섞어서 야채를 찍어먹었다.

점심때쯤, 갑자기 아침에 만들었던 소스에 소금을 넣어 보면 달라지지 않겠는가라는 생각이 났다. 프랑스에서는 사온 겨자를 썼기 때문에 소금을 넣지 않아도 되었지만, 아침 겨자에는 소금이 없었음을 기억해 내었다.

부랴부랴 아침에 만든 소스에 환자용 소금을 조금 넣어 보았다. 이런-, 맛이 크게 달랐다.

"그래, 내가 프렌치 샐러드를 하면 된다고 했잖아."

나는 그제야 간장, 고추장, 된장은 우리나라 고유의 소스일 뿐, 간에 꼭 필요한 것은 아니라는 사실을 떠올렸다. 이 세상에서 간장, 고추장, 된장을 먹지 않는 나라가 참으로 많다는 생각도 했다. 이들은 거의 우리나라만의 고유 장醬이잖은가.

모든 음식의 특색은 그 나라 고유의 양념이 결정짓는다는 사실을 새삼 느끼게 되었다. 그렇지만 소금간은 전 세계 어느 음식이나 공통으로 하고 있지 않은가? 설탕간이 주된 경우도 있지만… 자기 나라의 고유한 장이나 소스를 얻을 수 없거나 먹을 수 없도록 제한을 받게 되었을 때라도, 이 맛을 모르는 다른 나라의 많은 사람을 기억하면 그렇게 죽을 것처럼 비참하지는 않겠구나 싶었다. 또 나는 경험이 있지 않은가. 남의 나라에서 총 6년 이상을 살았는데… 호기 있게 한 달간의 치료과정을 진행해 갈 수 있을 것이다.

방사능 치료를 여러 번 받은 사람들은 이 특수 소금을 이용하여 미리부터 소금, 간장, 고추장, 된장을 약간씩 담가놓아 견딘다고 한다. 080707

## 호된 작별

### -수술 후 동위원소 치료

사람이 만날 때는 특별한 의례가 없이 만난다. 그러나 떠날 때는 조금 다양하다. 어느 날 편지 한 장으로, "그동안 행복했어요"라며 상대편의 행복을 빌어주는 짧은 글이 있는가 하면, 커피를 한잔 시켜놓고 잔뜩 벼르면서, "이젠 다시는 만나지 않겠어"라고 하는 경우. 전화통에다 "이젠 끝이야!"라고 소리 지르는 경우… 그냥 흐지부지 언젠가 보니 서로 영향을 끼치지 못하는 사이로 되어 있는 경우 등등이 있다.

수술하는 날 아침 나는 새벽에 일어났다. 그리고 복도로 나왔다. 그 병원 복도에서는 초등학교 운동장이 보였다. 새벽부터 그 운동장을 열심히 걷는 사람들이 있었다. 그들을 보고 있자니 갑자기 난 오늘 이후로 저 사람들보다 장기 하나가 모자라게 된다는 생각이 들었다.

'사람 몸에는 장기가 도대체 몇 개나 되는 걸까? 놀부가 일반인의 '오장육보' 에 심술보하나가 더 있다고 했지만, 이제 나는 오장육부에서 하나가 빠지는 것일까?

갑자기 수술이란 전체를 살리기 위해 적에게 잡힌 포로를 잘라내고 떠난다는 이야기인 것 같았다. "갑상선아, 내가 살자고 너를 버린다" 라고 뇌이자 비감해졌다. 그래도 그 이별은 의사에게 맡겨 놓으면 되는 거다. 그러나 수술로 우리들의 이별이 그렇게 얌전히 끝나지는 않았다. 그들이 울고 매달리는 힘이 너무 강한지도 모르겠다. 하긴 종양을 2cm 이상으로 키울 때에는 내 몸 속에 5년 이상 있었다니 그럴 만도 하겠지만.…

## 납 차단 병실

일반적으로 갑상선암을 수술하고 나면, 그냥 갑상선 호르몬제만 복용하는 초기 환자와 나같이 임파선 전이가 일어나서 고성능요오드 방사선 치료를 받아야 하는 경우로 나뉜다. 그런데 3박 4일간 납으로 차단된 독방에서 고성능요오드 방사선 치료를 받는다는 것은 정말로 장난이 아니었다.

한 달 동안 저요오드식을 지킨 나는 7월 11일 아침 일찍 경북대병원으로 향했다. 수술은 영동세브란스에서 받았는데, 그곳에는 이 치료시설이 구비되어 있지 않았다. 영동세브란스에서는 고성능요오드방사선 치료를 위해 다른 기관에 의뢰를 한다. 경북대병원에 있는 4개의 납 차단 병실은 영남지역이 보유하고 있는 이런 종류의 병실 전체이다. 전국적으로도 이 시설을 가지고 있는 곳은 대여섯 기관뿐이라고 한다.

병원에 도착해 303동 간호사실에서 짐은 앞에 놓고 설명을 들었다. 한 번 병실에 들어가면 절대로 문을 열거나 나오지 말 것. 토하는 사람은 미리 이야기할 것. 눈물, 콧물을 닦은 휴지는 납휴지통에 따로 넣을 것 등등 주의사항을 열심히 듣고 안내 종이도 한 장 받아들었다. 그러는 사이에 이번에 입원할 네 명이 다 모였다. 간호사는 우리 보고 감마실에 가서 촬영을 하고 올라오라고 했다. 죽 가서 앉아 있다가 주사 맞고 촬영하고 또 함께 올라왔다. 점심은 병원에서 주는데 아직 병실에 들어가지 못하는 우리는 휴게실 의자에 식판 놓고 쭈그리고 앉아 밥을 먹었다.

오후 2시에 병실로 입실하였는데, 간호사는 다시 우리를 한 곳으로 모이라고 하더니 거의 같은 설명을 반복했다. 그 사이에 내가 방사능 투여량이 가장 많아서인지, 설명을 듣고 있는 우리 네 명 중에 나에게만 팔에다 주사를 놓고 갔다.

3시쯤 되자 복도로 나오라고 하더니, 약을 어떻게 먹는지 설명했다. 이 약은 방사능 덩어리에다 요오드를 입혀 놓은 것이다. 우리는 이곳에 들어오기 전에 이미 두 주간 식이요법으로 갑상선 조직과 암세포가 좋아한다는 요오드의 흡수를 차단해서 암세포를 굶겨 놓았다. 그러니까 낚시질할 때 미끼를 꿰는 것처럼 방사능을 뭉친 알약에 요오드를 입혀서 미끼를 만든다. 그리고 낚시를 드리우듯이 환자가 이 미끼를 삼키면, 수술을 통해 미처 제거되지 않은 갑상선 조직과 암세포가 받아먹고 죽어주기를 바라는 과정이다

약은 머그잔보다 약간 크고 상당히 무거운 납 병에 들어 있었다. 그 안에 주사약통만한 병이 또 들어있는데 그 병 안에 약이 한 알 담겨 있었다. 그 약 한 개에 몇 십만 원짜리라면서 떨어뜨리지 말고 잘 입에 넣으라고, 그러나 병을 통째 들고 입안에 털어 넣어 절대로 손으로 약을 만지지 말라고 신신당부했다. 물 한 컵으로 그 약을 삼키고 나서는 약 2시간가량 아무것도 먹지 말라고 했다.

환자가 약을 먹는 것까지 확인되고 나면 병실문은 닫힌다. 이제부터 3박 4일간 병실 문을 열어서도 안 되고, 병실 밖으로 나와서도 안 된다. 방에는 환자용 침대, 냉장고, TV, 서랍장 1개, 테이블 1개, 의자 1개가 있고, 벽 쪽에 좁은 옷걸이 장이 있다. 화장실이 있는데 샤워시설은 없었다. 문 쪽에 작은 납으로 만든 창이 있는데, 이 창은 가운데 공간을 가지고 있어 마치 두 개의 문을 가진 상자라고 하는 편이 더 정확했다. 바깥에서 그곳에 우리가 먹을 음식과 약을 넣어놓고 환자 이름을 부르면 우리는 환자 편으로 나 있는 다른 문으로 약이나 밥을 가져다 먹었다. 청소를 수월히 하기 위해서인지 우리의 손이 직접 닿는 곳은 모두 비닐을 씌워 놓았다. 그리고 방에는 CCTV 두 대가 설치되어 있었다. 간호사는 이것을 통하여 환자를 살펴본다.

## 참을 수 없는 구토의 고통

혼자 사는데 익숙한 나는 책을 몇 권 들고 호기 있게 병실로 들어갔다. 그러나 상황은 전혀 다르게 전개되었다. 약을 삼킨 지 2시간 후부터 밥을 먹어도 되었는데, 첫날은 지금까지 와 같이 제한 요오드식이었다. 나물을 두 가지 삶아서 짜놓았는데, 상위에는 고춧가루와 소금이 있었다. 그걸 쳐서 뭉쳐서 먹으면 되겠지만, 갑자기 속이 메스껍기 시작했다. 그래도 내가 누구인가, 잘 참는 여인이 아닌가라면서 꾸역꾸역 밥을 밀어 넣었다. 약도 먹었다. 다음날부터는 일반식을 준다니 먹고 사는 것이 좀더 나아지겠지라고 하면서 참았다.

한편, 병원에서는 이 3박4일 동안 침샘이 막혀서 침샘염이 생길지 모른다고 우리한테 껌1통, 오렌지주스 큰 병 1개, 그리고 사탕을 가지고 들어오라고 했었다. 수시로 먹어가면서 침샘을 자극하라고 했었기 때문에 지시사항을 성실히 지키는 환자로서 나는 오렌지 주스를 호기 있게 입에 부었다.

아뿔싸! 바로 구역질이 시작되는데, 눈물, 콧물 범벅에 정신이 없었다. 그래도 첫날은 낭만적으로 생각했다. 여자들이 아기를 가질 때 이렇게 힘든가 보다고 짐작하면서, "다시 태어나겠다는 나는 결국 나를 다시 가져서 낳는 것같이 이것을 견뎌야 돼" 라고 다짐도 했다. 그런데 그 이튿날부터는 아무 것도 생각할 수가 없었다. 물 한 모금만 넘어가도 토하는데, 먹은 것만 토해서 되는 문제가 아니었다. 창자까지 다 토해내야 하는지 토할게 없는데도 구토를 했다.

둘째 날부터는 밥을 보는 것이 걱정스러워졌다. 밥을 놓고 먹지 못한다는 사실은 매우 나를 서럽게 했다. 셋째 날, 나는 드디어 밥을 들여보내지 말라고 부탁했다. 그런데 밥을 싫어해서인지 식사시간이 되니 옆방으로 들어가는 밥 냄새까지 들어오는 것이었다. 구토하지 않도록 항구토제를 준다는데도 그것조차 토하기 때문에 아무 도움도 받을 수가 없었다. 「장밋빛 인생」이었던가? 드라마에서 최진실이 위암말기 환자를 연기하면서 변기를 붙들고 토하는 장면이 있었다. 그 배우 정말 리얼하게 연기했다는 생각만 어렴풋이 떠올랐다. 머리가 아프니 책도 볼 수 없고, TV도 볼 수가 없었다. 더구나 갑상선 호르몬이 없으면 신진대사가 안 된다는데 그래서인지 추위와 더위를 참을 수가 없었다. 에어컨 바람이 직접 닿으면 온몸에 소름이 돋도록 추웠다. 에어컨을 꺼달라고 부탁하면 그 다음에는 후덥지근하니 더 토할 것 같았다.

공간만 트여 있어도 나을 것 같았다. 이 과정을 미리 알고만 있었어도 견디기는 나을 것 같았다. 가령 병원에서는 오렌지주스를 가지고 들어오라고 했는데, 구토할 때를 대비하여 그렇게 자극적인 음료보다는 옥수수수염차 같은 것을 준비했더라면 좋을 뻔했다. 둘째 날부터는 우리가 일반식을 해도 되기 때문에 밥을 먹지 못할 때를 대비하여 환자가 원하는 음식을 준비해서 간호사에게 주면 간호사들이 환자에게 넣어줄 수도 있었다. 그것을 몰랐다. 들어온 뒤로는 누구 음식을 넣어줄 사람도 없는 나는 전혀 그런 도움을 받을 수가 없었다. 퇴원하는 날은 식사를 죽으로 달라고 해 보았다. 그렇게 바꿀 수 있는데도 그것도 몰랐다.

"밤에 전혀 주무시지를 못하시네요."

간호사가 아침저녁으로 전화를 했다. 나는 환자이기에는 아주 고약한 습관이 있었다. 어려서부터 새벽 4시나 5시 되면 일어나서 공부를 했었다. 대체적으로 밤에는 더 아픈데, 그런데도 밤에 꼭 습관처럼 깨니 더 고통스러웠다.

그래도 날은 갔다. 퇴원하는 날 아침에 샤워를 해도 된다고 했다. 샤워장에서 같이 입원한 사람들을 만났다. 환자 중 나보다 나이가 든 분이 한 분 계셨는데 보이지 않았다. 치료를 견뎌내기 어려울 때 그분을 생각했었다. 나중에 알고 보니 그분은 결국 치료를 포기하고 집으로 가셨단다.

환자들은 대중교통을 이용하지 말고 승용차로 집으로 가라고 했었다. 입원할 때 그 이야기를 들은, 박사과정을 밟고 있는 이 선생이 나를 데리러 왔다. 나는 타인에게 피해를 입히지 않으려는 최대한의 노력으로 층계를 이용하여 다녔고 퇴원수속도 이 선생이 밟아 주었다. 승용차도 뒷자리에 타고 창문을 열고 집으로 들어왔다.

우리가 삼킨 방사능의 80% 정도가 병원에 있는 동안에 배출된다고 했다. 나머지 20%는 두 주간이면 다 빠진다고 퇴원 후 2주간 동안 조심해서 살도록 주의사항을 주었다. 나는 혼자 산다고 했더니 간호사들이 병원에서 쓰던 물건들은 2주 동안 햇빛에 두었다가 그대로 사용하면 되고 다만 대인접촉을 할 때에는 1m 이상 간격을 두고, 1시간 이상 같이 있지 않도록 하라고만 했다. 물론 가족 속으로 들어가는 사람들은 2주일 동안 식기류를 따로 쓰고, 타인과 같이 자지 않도록 하며, 어린 아이들을 안아주지 말라고 부탁했다. 특히 새댁 보고는 1년 동안 아기를 가지면 안 된다고 당부했다.

35도를 웃도는 날씨에 3박4일 동안 문을 닫아놓았던 내 아파트는 1인실 병실보다는 훨씬 넓었지만 여전히 답답했다. 입원하고 나오면 일반식을 맛있게 먹을 것이라고 모든 걸 다 없애고 병원에 들어갔기 때문에 집에는 먹을 것이라곤 아무 것도 없었다. 또 토해서 먹을 수도 없었다. 물론 몸은 요오드 식이요법을 시작한 후부터 붓기 시작해서 계속 더 부어올랐다. 왜 부을 때 코는 붓지 않는 건지는 모르겠지만 그렇지 않아도 낮은 코에 뺨과 코의 높이가 거의 같아졌다. 저녁이 되자 이렇게 혼자 있다가 죽는 게 아닐까 싶은 불안이 일었다.

아는 의과대학 교수에게 전화를 했다. "부작용이 일어난 모양인데 그렇게 있지 말고 가까운 병원에 가서 수액주사를 맞는 게 낫겠다"고 하면서 담당의사에게 전화를 해 보라고 했다. 탈수가 되면 다른 기관이 고장 나게 된다고 걱정을 했다. 경북대병원에 전화를 했더니 아마 위벽이 많이 상했는가 보다고 하면서 수액주사를 맞으라고 했다. 경상병원이 가깝다고 했더니, 응급실로 가라고 하면서 전화해 놓겠다고 했다.

거의 기다시피 해서 혼자서 응급실에 갔다. 수액주사를 꽂고 있는데 에어컨 바람이 그렇게 추울 수가 없었다. 아마 신진대사가 되지 않기 때문인 듯했다. 그러나 나는 다른 사람과 격리되어야 하기 때문에 침대를 이리저리 옮겨 다니는 것도 자유롭지 않았다. 견디다 못해 항구토제 주사는 다 맞았지만, 수액주사는 반쯤만 맞고 나왔다.

사람들은 걱정이 되어서 나에게 전화를 해왔지만 말만해도 토할 것 같았다. 내가 전화하겠다고 겨우 대답들 하고서는 잠을 청했다. 어렵사리 잠이 들었는데, 잠결에 보이차를 마셔보면 어떨까하는 생각이 났다. 최근에 보이차 생차를 선물로 받았다. 그것을 엷게 우려내어 마셔 보았다. 1시간이 지나도 괜찮았다. 이튿날부터 누룽지를 푹 끓인 국물로 먹기를 시작했다.

다음날 아침부터 나는 먹는 음식과 못 먹는 음식을 가려내게 되었다. 전에 맛있게 먹던 것이었는데도 일단 뚜껑을 열어보면 금방 구역질나는 음식이 있고, 괜찮은 음식이 있었다. 삼킬 수 있는 것, 삼킬 수 없는 것이 바로 결정 났다. 그런데 이 기능은 머릿속에 있는 기억과 달라서 음식을 보아야 알 수 있었다. 그러니 누가 어느 것을 먹을 수 있느냐고 물어도 딱히 대답할 수가 없었다. 꼭 세상을 새로 접하는 기분이었다.

그때 냉장고에 있는 오래된 김치냄새는 정말 견디기 어려웠다. 냉장고 문을 열 때마다 그 냄새가 역했다. 그래도 김치를 꺼내서 치우기가 겁났다. 일단 한번 토하기 시작하면 다시 구역질이 멈추지 않을 것 같았다. 그래서 유산슬 밥을 사 들고 온 대학원생에게 냉장고의 김치 좀 버려달라고 부탁을 했다.

퇴원한지 이틀 후에 외래진료로 다시 병원을 다녀와야 했다. 감마촬영을 해서 이번에 받은 요오드 방사선 치료의 결과를 보는 과정이었다. 그때까지는 아무거나 먹을 수도 없었고, 많이 먹을 수도 없었다. 그러나 속이 비면 또 속이 쓰렸다. 속이 쓰리면 정신집중을 할 수가 없었다. 경산에서 경북대병원까지 운전을 해서 갈 자신이 없었다. 그래서 밤에 대학원 박사과정의 이 선생에게 혹시 아침에 정 못가겠으면 전화하겠노라는 메일을 보내 놓았다.

아침에 일어나자 운전을 할 수 있을 것 같았다. 누룽지와 음료수를 싸서 들고 아침 일찍 차를 몰고 나섰다. 트럭 한 대를 앞세우고 천천히 운전해서 경북대병원까지 갔다. 촬영은 전신촬영을 하는데, 약 30분이 걸렸다. 촬영실을 나와서 나는 이李 교수 외래실로 가서 간호사에게 몇 가지를 질문했다. 치료방법이 있다면 더 치료를 받아야 할 것 같아서였다.

왜 붓느냐, 왜 토하느냐고 묻는 나에게 전부 정상적인 현상이라고 간호사는 대답했다. 그래서 신진대사도 안 된다는 나에게 왜 갑상선 호르몬제를 정량의 반만 투여하느냐고 물어 보았다. 갑상선 호르몬제만 정량으로 투여해도 붓기는 덜할 것 같았다. 간호사는 오랫동안 갑상선 호르몬제를 끊었다가 갑자기 많이 투여하면 동맥경화를 일으킬 수 있다고 답했다.

집도 조심해서 돌아왔다. 내 메일을 늦게야 확인한 대학원생들은 내게 사고가 난 것이 아닌가 하고 무척 걱정했던 모양이다. 경상이가 전복과 찹쌀을 싸들고 찾아와서 죽을 끓여 주고 갔다. 이제는 자극적이지 않은 반찬과 죽은 먹을 수가 있었다. 먹을 수 있다고 판단되는 음식을 아예 테이블 위에 펴놓고 조금씩 먹고 또 다른 일 하다가 다시 먹고, 종일을 먹었다.

이틀 뒤에 촬영결과가 나왔다. 갑상선 조직이 조금 남아 있고, 방사능이 간에 좀 남아 있다는 것이었다. 3개월 후에 다시 혈액검사를 해서 암세포가 남아 있으면 그때 고성능요오드 방사능 치료를 한번 더 해야 한다고 했다. 그러니까 한없이 기다려야 하는 것이다.

이것이 바로 암환자들에게 어려운 점이다. 암은 환자로 구분되어 있는 시간이 긴데다가 암세포를 잘라내고 죽이는 일밖에는 할 일이 없는 것이다. 그런데 항암치료나 방사능 치료가 생각보다 훨씬 어렵다. 더욱이 의사는 약을 줄 뿐, 몸이 견디는 일은 전적으로 환자의 몫이다. 또한 한번 치료하고 나서 몸이 추슬러 질 때까지 기다리는 동안 좋은 몸 상태를 만드는 일은 전적으로 환자가 할 일이다. 그래서 『암, 환자가 할 수 있는 일, 의사가 할 수 있는 일』이라는 책도 나온 것 같다. 어쨌든 환자로서는 아무 것도 하지 않고 기다리는 기간이 불안하다. 또 웬만하면 그 고통을 다시 받고 싶지 않다. 이것이 암환자들이 대체의학에 매달리는 이유인지도 모른다.

나는 철저히 의사를 믿고 현대의술만 믿기로 마음먹었다. 중학교 시절인가 국어교과서에 마리퀴리(1867~1934) 이야기가 실려 있었다. 러시아 지배를 받게 된 폴란드의 학교 교실에 갑자기 장학관이 시찰을 내려왔다. 그때 폴란드어를 몰래 배우던 학생들은 갑자기 러시아어 강의실로 바꾸어야 했고, 교실 문을 들어선 장학관 앞에서 지명을 받은 마리가 러시아어 동사변화를 외우는 장면이었다.

마리는 이후 프랑스로 이민을 가서 온갖 법적-재정적-정치적 장벽들을 뛰어넘었다. 남편과 함께 최초로 방사성 물질을 분리해내고, 방사능이 원자 자체가 지닌 특성임을 알아내어 노벨상을 수상했다. 남편 사후에 남편 자리인 소르본느 대학교수를 이어받았고, 또 한번 노벨화학상을 받아 노벨상을 두 번 받은 사람이 되었다.

학창시절 퀴리 부인을 배울 때 그 업적에 내가 연결되리라고는 꿈에도 생각지 못했다. 그러나 지금부터 100년쯤 전에 그렇게 살은 사람이 있어서 고맙게도 내가 암을 이겨내는 일에 도움이 된다니… 내 호된 작별이 100년 전부터 그렇게 치열하게 살다간 사람들의 덕이라고 생각하니 고맙고, 나는 쉽게 죽지 않으리라는 믿음이 생긴다. 이미 100년 전부터 여러 사람의 훌륭한 과학자를 거친 과정들이라지 않는가? 080726

## 묵주기도

우리 역사상 같은 사건으로 100년 가까이 재판이 열렸으며, 이 죄에 연루되어 처형된 사람만 2만 명 정도가 된다는 죄가 있었다. 유배당한 사람, 관직을 삭탈당한 사람, 곤장 맞고 풀려난 사람, 어리거나 늙었다고 풀려난 사람 수를 제외하고도 말이다. 바로 조선후기 천주교를 믿는 사람들에게 적용되었던 죄목이다. 박해시대 그들은 천주교를 믿으면 현실 사회에서 제대로 살 수가 없다는 사실을 눈앞에 뻔히 보면서도 천주교로 달려들었다.

나는 지난날 신자들이 살던 지역을 순례한 적이 있었다. 그때 나는 교리를 배울 시간도 제대로 없고 성당이 없어서 미사도 제대로 드릴 수가 없었던, 심지어는 신부를 볼 수도 없었던 사람들이 무슨 힘으로 죽음과 바꿀 신앙을 얻었을지 무척 궁금했었다.

### 9일기도

병원에 들어간 다음 날, 은사님이 9일기도 드리는 기도문과 묵주를 들고 오셨다. 그 기도문에 보니 9일 청원기도를 3번하고 9일 감사기도를 세 번 하는 기도방식이 소개되어 있었다. 성모님께서 성 도미니코의 복자 알라노에게 약속하신 것이라 한다. 전에도 시도한 바가 있었으나 제대로 마치지를 못했던 기도였다. 병실생활을 시작하면서 나는 바로 9일기도를 시작했다.

묵주는 5단으로 구성되어 있지만, 전체는 환희의 신비, 빛의 신비, 고통의 신비, 영광의 신비의 4세트가 있어 이를 모두 바치게 되면 20단이 된다.

간혹 20단짜리 묵주도 있는데 이 전체를 하게 되면 예수님의 생애를 한번 훑게 된다. 즉 환희의 신비에서 마리아께서 예수님을 잉태하심, 마리아께서 엘리사벳을 찾아보심, 마리아께서 예수님을 낳으심, 마리아께서 예수님을 성전에 바치심과 마리아께서 잃으셨던 예수님을 성전에서 찾으심을 차례로 묵상하게 된다. 그리고 빛의 신비에서는 예수님께서 세례를 받으심, 예수님께서 가나에서 첫 기적을 행하심, 예수님께서 하느님 나라를 선포하심, 예수님께서 거룩하게 변모하심과 예수님께서 성체성사를 세우심을 묵상하게 된다. 고통의 신비에서는 예수님께서 우리를 위하여 피땀 흘리심, 예수님께서 우리를 위하여 매 맞으심, 예수님께서 우리를 위하여 가시관 쓰심, 예수님께서 우리를 위하여 십자가 지심과 예수님께서 십자가에 못 박혀 돌아가심을 기도한다. 마지막으로 영광의 신비에서는 예수님께서 부활하심, 예수님께서 승천하심, 예수님께서 성령을 보내심, 예수님께서 마리아를 하늘에 불러올리심과 예수님께서 마리아께 천상 모후의 관을 씌우심을 묵상하게 된다.

물론 구하는 덕도 각 장면마다 다르다. 환희의 신비에서는 각 묵상장면마다 하느님 대전에서 겸손한 덕, 하느님과 이웃을 사랑하는 덕, 마음이 가난한 삶의 덕, 정결한 마음가짐의 덕, 하느님 뜻에 순명하는 덕을 차례로 구하게 된다. 빛의 신비에서는 하느님의 자녀로서 기쁘고 충실하게 살아갈 덕, 예수님의 말씀에 따르는 덕, 이웃에게 하느님 나라를 전하는 덕, 영원한 생명을 위해 인내하는 덕과 성체께 흠숭과 감사를 드리는 덕을 차례로 구하게 된다. 그리고 고통의 신비를 묵상하면서 하느님을 온전히 신뢰하는 덕, 하느님 나라를 위해 극기하는 덕, 예수님을 닮을 수 있는 온유의 덕, 역경을 이겨내는 용덕과 원수를 사랑하고 그를 위해 기도하는 덕을 각 장면마다 구하게 된다. 이어 영광의 신비에서는 굳은 믿음의 덕, 영원한 생명을 갈망하는 덕, 하느님의 말씀을 전하는 덕, 예수님과 일치하는 덕, 교회의 평화를 위해 기도하는 덕을 구한다. 이 과정을 통하면서 실제로는 신자로서 갖추어야 할 덕을 골고루 청하게 되는 것이다.

## 하느님의 위로

위의 서로 다른 내용은 사실 한 문장씩으로 연결되는 말이고, 실제로는 성모송을 계속 반복하는 기도이다. 수술을 하고 상처가 거의 아물 무렵이 되자, 이 기도문을 다 외우게 되었다. 나는 기도문을 왜 외워야하는지를 잘 몰랐었다. 그리고 같은 기도문을 기계적으로 반복하는 일의 의미를 아주 과소평가했었다. 흔히들 운전면허 시험을 위해 학원에 다니던 여교수들은 운전교습소 강사들에게 좋지 않은 소리를 들었다고들 한다. 운전교습 강사가 핸들을 이렇게 돌리라고 하면, 핸들을 몇 도로 돌리느냐고 묻는다던가, 왜 그렇게 해야 하느냐고 물어대는 사람들이 교수라 한다. 자동차가 가는 것만을 가르치려는 강사에게는 짜증을 키우는 행동일 수 있다. 그런 질문을 던지는 사람들에게 단순한 기도문을 반복하라는 일은 어려운 인내의 요구이다.

그런데 기도문을 암기하니 무척 편리했다. 우선 6인용 병실에서 일찍 일어났을 때 불을 켜지 않고도 기도할 수 있었다. 마음이 불안할 때도 즉시 기도를 시작할 수 있었다. 걸을 때도 기도할 수 있고, 어디서나 기도할 수 있었다. 내가 아는 어느 어른은 앉기만 하면 묵주기도를 하셨다. 기도를 하다가 다른 사람들한테 대답도 하고 또다시 기도를 이어가곤 하셨다. 그것이 무슨 기도가 될 것인가 의문을 가진 적이 있었다. 그런데 기도문을 외우고 있으니 모든 것이 가능해졌다.

그러자 한국천주교회 초기의 순교자들이 이 묵주기도만을 하고 있으면서도 목숨을 바칠 만큼의 신앙을 쌓을 수 있다는 확신이 들어왔다. 이는 분명 긴 교리를 다 포함할 수 있는 기도였다. 사실, 내가 맨 처음 선교사들의 편지를 번역하기 시작할 때, 베트남에서 순교한 테오도르 신부의 기록이 있었다. 그는 처형되기 전날 감옥 벽에 "마리아여, 내일 한 송이의 장미가 당신 손에 떨어지오니 받아주소서"라고 적었다. 처음 그것을 읽었을 때, 너무 가엾고 당당해서 분노 반 애절함 반으로 전율했다. '제 정신이 아닌 사람들이야' 라고 뇌이면서…

묵주는 교회 초기 신자의 표시가 되기도 하고, 순교자들에게 예수의 고통을 가르쳐주기도 했다. 천주교가 금지되었던 교회 초기, 대부분의 성화나 성물은 외국에서 직접 들여왔다. 그러나 최양업(1821~1861) 신부는 프랑스에 이미 우리 신자들이 묵주를 아주 잘 만드니 묵주를 전해주지 않아도 된다는 편지를 쓰게 되었다.

묵주는 조상들의 기도와 연결되는 기도일지도 모른다. 또한 지금 천주교회를 지키고 있는 할머니들의 신앙은 이 묵주기도가 근간을 이루고 있다고 해도 과언이 아니다. 지금은 나도 묵주를 손에 들고 있으면 하느님의 위로를 들고 있는 것 같다. 하느님의 가르침을 손으로 만지는 것 같은 느낌이 든다. 080817

# 병과 화해, 관계에의 재점검

나도 어렸을 때는 무척 순진했었나 보다. 내게는 늘 바람이 있었다. 병원에 입원하고 싶었다. 조금만 아프면 평소에 보여주지 않던 관심들을 보여주는 식구에게서 병원 흰 침대에 누워있으면 어떨까 하는 상상을 했었다. 그리고 안경을 쓰고 싶었다. 왠지 안경을 쓰면 똑똑해 보이고 의젓해 보일 것 같았다. 어른 같아 보일 듯도 했다. 그리고 바쁘다고 말하고 싶었다. 어른들은 무슨 약속을 하고 나서는 곧잘 "바빠서 잊어버렸다." 고 말했다. 그것만 생각하고 있던 나는 섭섭했고, 그리고 어서 커서 나도 바빠서 잊어버렸으면 좋겠다고 바랬다. 상처를 덜 입고 싶은 바람이었을 게다. 그리고 바빠서 못했다고 말하면 매우 중요한 사람처럼 보일 것 같았다.

그러나 내가 너무 열심히 빌었던지, 아니면 너무 세게 기도했는가 보다. 요즈음 그 세 개의 의미를 너무나 철저히 깨닫고 있다.

## 반성의 시간

아프다는 사실은 그 일을 통하여 그동안 모든 관계를 재검점하는 것 같다. 병실에 찾아온 사람들, 퇴원한 뒤에 찾아온 사람들, 전화하는 사람들,

날 위해 기도하는 사람들, 내 인간관계를 다시 보게 되는 시간들이다. 이 아픔을 계기로 내 주변을 참 많이 되찾았다. 무엇보다 나와 화해하게 되었다. 내 몸과 대화하면서 살게 되었다. 그리고 내 가까운 사람들, 부모님, 은사님, 제자, 동료들을 다른 각도로 새롭게 얻었다.

그리고 이 기간은 그동안 내가 이해하지 못했던 사람들에 대한 내 반성의 시간이었다. 나는 누가 아프다고 하면 그저 고생스러웠겠다고만 생각했을 뿐이었다. 환자에게 얼마나 만감이 교차하고 있는지, 환자들이 산다는 것이 무엇인지를 질문하며 시간을 보내고 있는지를 상상할 수 없었다.

아울러 그동안 내가 이상하다고 생각했던 사람들께 미안했다. 언제나 마스크를 쓰고 나타나는 사람, 식탁마다 몸에 좋고 나쁜 것을 가리는 사람, 유난히도 까다롭던 사람들… 이제야 아마 그들은 앓고 있던가, 아팠던 기억이 있는 사람들이었던가 보다라고 생각하게 된다.

또 하나 나를 비추어 다른 이들을 이해하게 되었다. 간혹 내 병 소식에 올만도 한데라는 사람이 생각나면, 이제는 그들을 기다리기보다는 그들이 아직 건강하고 아파본 적이 없음을 알게 되며 그들의 건강을 고마워하게 된다. 080816

## 목소리

어린 나에겐 안데르센의 동화 『인어공주』가 퍽이나 슬펐다. 조금 자라서 동화는 어떤 유익한 교훈을 주고 있다는 말을 들으면서 인어공주 이야기에서 얻을 교훈이 무엇인가를 고민했다. 이 동화의 주제가 사랑은 제 분수껏 하라는 가르침이었냐고 반문도 해 보았다.

요즈음 나는 인어공주 동화의 다른 측면을 생각해 보고 있다. 공주는 육지, 왕자의 곁에서 살기 위해 목소리를 대가로 내 놓았다. 마녀는 왜 하필이면 공주에게 목소리를 요구했을까? 인어공주의 목소리가 너무나 아름다워서 탐이 나서였던가? 특히 아름다워서가 아니라면 목소리 자체가 자신을 표현하는 중요한 수단이었기 때문이었을까?

우리는 목소리만 듣고도 상대의 성별을 구분한다. 목소리로 나이도 대강 짐작해 낸다. 음성과 말하는 태도로 그 사람의 교양정도도 파악한다. 그뿐 아니라 목소리는 그 사람의 기분상태도 드러낸다. 나아가 목소리를 통하여 상대가 내게 품은 감정도 알게 된다. 인어공주가 이 모든 것을 포기하고 사랑하는 사람 곁에 있겠다고 했다면 아마 그것은 잘못된 선택일 수 있다. 존재는 있으나 사랑을 표현하고 나눌 방법을 포기한 결정이기 때문이다.

지난달 나는 갑상선 수술을 받았다. 의사는 수술 전에 내게 목소리에 문제가 있을 수도 있다고 했다. "목소리에 문제가 있다면 소리가 안 나는 겁니까? 목소리가 변하는 겁니까?" 라고 나는 반사적으로 물었다. 의사는 목소리가 변하는 것이라고 답했다. 목소리가 변한다는 말이 무슨 뜻일까?

다행히 수술이 잘되어 성대는 보존되었다고 한다. 그렇지만, 성대에 무리를 주지 않아야 하기 때문에 최근에는 소리를 맘껏 내지 않도록 하고 있다. 즉 뜻하지 않게 나는 병상에서 침묵수련에 들어가게 된 것이다.

참 이상한 현상이다. 병문안을 온 사람들이 반갑기 그지없지만 가만히 보고만 있어야 했다. 그들도 나를 생각한다면 말을 시키지 말아야 했다. 그러니 멀뚱히 침대 곁에 앉아 있다가 몸조리 잘하라고들 하고 일어났다.

지금은 목에 무엇인가가 한 겹 둘려 있는 것처럼, 소리내기가 힘들다. 물론 목소리에 어떠한 변화도 줄 수가 없다. 목소리가 자유롭다는 것은 자유자재로 자신이 원하는 소리를 낼 수 있음을 말하나 보다.

## 나를 타자와 연결시켜주는 소중한 고리

목소리는 마치 무한한 캔버스 위를 휘달리는 붓과 같이 자신을 담아낸다. 더욱이 오늘날처럼 문명의 기기가 많이 이용되는 때에는 직접 대면하여 말하기보다 거의 전화 등으로 해결하는 경우가 많다. 그래서 시간, 공간을 통틀어 본다면, 목소리가 얼굴 표정보다 훨씬 더 우리 자신을 표현하고 있는지도 모른다. 또한 목소리는 얼굴 표정보다도 훨씬 더 깊고 자유스러운 변화를 줄 수 있을지 모른다.

태어날 때부터 목소리가 낭랑한 사람이 있다. 어떤 사람은 언제나 쉰 소리가 나는 사람도 있다. 어떤 목소리는 도전적이고, 어떤 목소리는 가식적이다. 자신의 목소리를 정확히 파악하고 가꾸는 일은 자신의 능력을 기르는데 기본이 될 것이다. 그럼에도 우리는 자신의 목소리의 색깔, 고저, 장단에는 무관심하기 일쑤다. 얼굴화장은 많이 신경 쓰는데, 그것 이상의 표현능력이 있는 목소리를 가꾸는 데는 아직 무관심하다.

내 목소리는 낭랑한 편은 아니다. 그래서 아나운서에는 어울리지 않는다. 그러나 내 목소리에는 감정이 서려있다. 수필이나 소설을 읽기에는 나쁘지 않은 목소리다. 목소리를 다시 자유자재로 표현하게 되면 시각장애인을 위한 점자도서관에 가서 자료 읽어주는 녹음 봉사를 시작해야겠다. 목소리는 내 것이라 하더라도 나를 타자와 연결시켜주는 소중한 고리라는, 타자와의 관계에서 역할한다는 깨달음이 와서이다. 080604

## 사모님

"하느님, 아프게 해 주셔서 감사합니다."

나의 초등학교 은사였던 조종성 선생님은 내 인생항로에 가장 큰 영향을 끼친 분이다. 어떤 이들은 인생이란 정해진 팔자여서 그분이 안계셨으면 또 다른 사람이 그 역할을 해 주었을 것이라고 말할지도 모른다. 어떻든 초등학교 학생이었던 나는 그 분 덕택으로 '중학교'라는 개념을 가질 수 있었다. 즉 나도 중학교에 진학할 수 있다는 생각을 했다. 그 이후로 나는 오늘까지 학교를 다니고 있다. 선생님은 2년 전 대장암으로 가셨다.

어젯밤에도 사모님으로부터 전화가 왔다. 사모님은 고비마다 참 세세하게도 찾아서 전화하셨다. 이번 고성능요오드방사성 치료를 들어갈 때에는 치료를 받고 나오면 너무 지치니까 한 열흘쯤 지난 후에 전화하마고 하셨는데 너무 궁금해서 했노라고 하셨다. 나도 어제는 마침 초복이라 전화를 드려야지 하고 벼르고 있던 참이라 무척 반가웠다.

"김 박사, 힘들지는 않았어?"

선생님과 사모님, 두 분은 고향 분들이라 그런지, 평생을 같이 살아서 그런지, 아니면 선생님께서 살아생전에 하도 나를 불러서 그런지 사모님이 김 박사라고 발음하는 소리는 선생님이 부르시는 것과 정말로 같다. 음성 색깔이라든지 그 길이, 높낮이까지 꼭 같다.

사모님은 암 치료 단계 단계마다 때맞추어 전화를 해 주셨다. 내가 암조직 검사를 받은 다음다음 날이 선생님 제사였다. 그때는 연휴여서 올라갈 수도 있었는데, 왜 나는 그렇게 철이 없었는지. 궁색한 변명을 늘어놓자면 선생님 상 앞에서 울까봐 두려워서였다고나 할까?

사모님께 전화로 전날 조직을 떼어 암검사를 신청해 놓았고 서울 가기에는 사정이 여의치 않아 전화 드린다고 했었다. 사모님은 내가 암조직 검사를 받는 중임을 알린 첫 사람이었다. 말하다보니 서러워진 나에게 사모님은 괜찮을 것이라며 오히려 위로해 주셨다.

조직검사 결과를 보고 온 날 사모님이 전화를 하셨다. 내가 조 선생님을 만난 지 45년 만에 사모님이 전화하시기는 처음이었다. 그리고는 수술날짜 잡히는 날, 병원을 옮기는 날, 한 번도 미처 내가 먼저 연락드리지 못했다. 그럴 필요가 없었다. 사모님은 병자성사를 준비해 주셨고, 퇴원한 뒤에는 집에서 입을 편한 옷, 음식을 해가지고 집으로 찾아 오셨다.

사모님을 통하여 나는 아주 조금씩 선생님의 투병과정을 들을 수 있었다. 또 내가 본 선생님을 이야기하게 되었다. 그리고 사모님을 통하여 선생님이 사람으로 산 일상을 보게 되었다. 당신 자신은 단 한 번도 내게 보이지 않으셨던 부분이다.

선생님은 내가 선생님들은 화장실도 가지 않는 줄 알았던 초등학교 시절에 만났기 때문에 내게는 언제나 선생님이시기만 했다. 대학시절에도 길을 같이 갈 때면 초등학교 선생님이 학생들 손을 잡고 가듯이 그렇게 걸어가셨다. 청바지를 입고 인사드리러 가면 대학교수 옷차림이 그게 무어냐고 꾸지람하셨다. 그러는 중에 그분은 늙어가고 나는 성장해 있었는데.

## 선생님의 큰은 딸

통화 중에 내가, "사모님이 저를 처음보신 날 하신 말씀 기억나서요?" 라고 여쭈었더니, 하도 오래되어서 잘 모르겠다고 하셨다. 내가 중학교에 진학한 후 선생님은 고향에서 결혼을 하고 사모님과 올라오셨다. 중학교 시절에는 매월 성적표가 나오면 그것을 들고 선생님을 찾아뵈었기 때문에 그날 나는 댁에서 새댁인 사모님을 뵐 수 있었다. 사모님은 그날 나보고, "결혼식을 마치고 서울로 온 날 선생님이 느닷없이 '내게는 크으은 딸이 하나 있다.' 고 하셔서 놀랐는데, 그 아이가 너로구나."라고 하셨다.

사모님은 내 말에 기억난다고 하시면서 말을 이으셨다. 선생님은 나를 두고 동료들에게 이런 제자 둔 사람 있으면 나와 보라고 늘 큰소리 치셨단다. 그리고 일곱 명이 항상 함께 찾아뵙는 남자 제자팀이 있는데 그 제자들을 두고, "이런 제자들 둔 사람 있으면 나와 보라고 해."라며 늘 자랑하셨단다. 그래서 그런지 장례식날 선생님의 친구 분들이 그 김 박사 왔느냐고 사모님께 물으셨단다. 얼굴이나 한번 보고 싶어서 그런다고.

그러나 정작 그 김 박사는 선생님 장례식 때에는 미국에 있어서 몰랐고, 기제사 때는 막 귀국해서 경황이 없다는 이유로 참석을 못했고, 두 번째 제사는 올해였다.

오늘 새벽 눈을 떴는데, 선생님은 결국 당신의 암투병 경험을 가지고 오늘 나를 세우고 싶어 하시는구나 하는 느낌이 선명히 다가왔다. 사모님을 통하여.

선생님, 그런데도 나는 왜 선생님도 한명의 생활인으로 살아내야 했다는 사실을 이제야 깨닫게 되는 것일까요? 내 나이 오십이 넘었고 대학교수인 내가 그 긴 세월동안 왜 선생님 앞에서는 언제나 초등학생 노릇밖에 못했을까요? 080720

## 아버지의 빈 봉투

이번 학기에는 한국문화사를 인터넷 강좌로 개설했다. 인터넷 강좌는 학생들을 마주볼 수 없어 학생들과 대화하는 방법을 고안해야 했다. 그래서 각 단원마다 일상생활과 연결된 작은 과제들을 주문하게 되었다. 한국의 종교문화라는 단원에서 여러 종교가 모두 부모에 대한 효도를 강조해 왔던 사실을 토론하게 되었다. 나는 이점에 초점을 두고 효의 실천과 관련된 과제를 요구했다. 사실, 부모와 자식간의 관계는 가장 큰 격려를 서로에게 줄 수 있는 사이이다. 그러면서도 사랑과 미움이라는 양면이 간혹 뒤섞여 있는 관계이기도 하다. 그 사랑이라는 관계를 일상생활 속의 작은 몸짓으로 창조해 가도록하는 주문이었다.

처음에는 한 학생의 글이 홈페이지에 올라왔다. 그리고 한두 학생씩 많아지기 시작했고, 그들의 새로운 발견도 놀랍도록 설명되었다. 학생들은 부모님을 학교에도 초대하고, 피자가게, 영화관, 맥줏집, 찜질방 등에 모셨다고도 한다. 그들은 하나같이 공부 열심히 해서 성공하는 것이 부모님이 기뻐하시는 일이라고 생각했는데, 이렇게 작은 일에 기뻐하실 줄 몰랐다고 고백했다. 어머니도 피자나 영화구경을 좋아하는지를 처음 알았다고 했다. 그분들에게도 소년, 소녀시절이 있었는지 미처 깨닫지 못했었다고 했다.

남학생 한명은 아버지 생신을 맞이하여 새벽에 일어나 몰래 미역국을 끓여 놓고 다시 잠을 청했단다. 아침에 식사 준비하러 나간 어머니가, "여보, 당신 아들이 돼지고기 미역국을 끓여 놓았네요" 하고 크게 외쳤다. 돈이 모자라서 돼지고기를 산 것이 화근이었다는 학생의 해설이다. 그러나 우리는 그 돼지고기 미역국이 얼마나 맛있었는지를 잘 알 수 있다.

## 관념 속에만 살아있는 우리의 효

사실, 효는 우리문화가 가지고 있는 가장 큰 특징이다. 인류문화를 도전과 응전으로 설명한 아놀드 토인비는 처음에는 우리나라를 중국 문화권의 일부로 규정했다. 그러다가 그는 우리문화를 더 성찰한 결과 중국이나 일본과는 다른 독자적인 문화권임을 확인했다. 그는 우리문화의 가장 큰 특징으로 효도의 문화를 주목했다. 그는 한국인은 효 문화로 인류에 공헌할 수 있으리라 전망했다. 그러나 우리의 그 효는 너무나 큰 것을 희생하면서, 언제 올지도 모를 취직할 날, 성인이 될 날을 기다리면서 관념 속에서만 살아있지 않은지 생각해 보아야 한다.

지난 가을 아버님이 세상을 떠나셨다. 아버지의 유품을 정리하다가 겉봉에 내 주소만 써 놓고 속지가 없는 편지봉투를 발견했다. 아버지는 나에게 무어라고 말씀하시고 싶으셨을까? 나는 '불행히도' 공부를 잘 했다. 크게 일을 저지른 적도 없어서 내 모습이 눈에 거슬리지도 않는 편이었다. 부모님들은 그것으로 위로를 삼으셨다. 그러나 나는 당신들 머릿속에 있는 딸이었을 뿐이다.

나는 학생들에게 부모와의 공유순간을 조금이라도 더 체험하게 하고 싶다. 내가 아버지를 바라보면서, "아버지를 많이 사랑해요"라고 말했다면 아버지는 어떤

표정을 지으셨을까? 난 그 모습을 그리며, 학생들을 통해 아버지가 남기신 빈 봉투에 이 이야기를 써넣는다. 매일신문 여성시대. 021209

## 혼자 부를 수 없는 노래

사람에게는 18번이라는 것이 있다. 누구나 그 사람하면 떠올리는 노래이다. 그런데 사람에게는 끝까지 혼자 부를 수 없는 노래도 있다. 유학시절에 나는 우리나라 가곡을 혼자 들을 수 없었다. 한국인들끼리 밥이라도 같이 먹을 때에나 가곡 테이프들을 들었다. 모두 기숙사 생활을 하니 자기 숟가락은 자기가 들고 와야 밥을 같이 먹을 수 있던 날, 누군가 시키지 않아도 가곡 테이프를 들고 왔다. 그것이 좋은 사람은 그 자리에게 빌려가기도 했다. 하지만 혼자서는 결코 그 가곡을 다시 듣지 못한다. 울어버릴까봐 무서워서였을 게다.

나는 어려서부터 어머니와 무척이나 밀착되어 있었다. 언젠가 시간이 되면 어머니의 인생을 논하면서 어머니께 편지 쓰는 여자가 되고 싶었다. 그러나 나는 아버지에게 편지 쓰는 여자가 될지 모르겠다. 내게 저리도록 결코 혼자 부를 수 없는 노래가 생겼기 때문이다. 언제 그 노래를 혼자 부를 수 있게 될지 모르겠다.

2003년 9월 3일, 아버지가 가셨다. 그날 새벽부터 나는 학교에 나가서 논문을 탈고하고 있었다. 방학 끝날 때 넘기기로 한 원고가 개강이 되어서까지 완벽치 않아서 그날 손떼려고 새벽부터 작정하고 작업하는 중이었다. 아침에 어머니로부터 전화가 왔다.

"수업 있니?" 라고 묻는 결에 나는 오후에 수업이 있다고 대답했다. 그랬더니 어머니가, "아버지가 가셨어." 라고 하셨다. 나는 아버지가 대구로 오셨다는 것으로 들었다. 지금 원고가 한창인데 오시면 어쩌나 싶기도 했다. "어딜 가셨는데?" 라고 아주 퉁명스럽게 다시 물었다. 그랬더니 어머니는 아침에 식사하라고 방에 갔더니, 돌아가셨더라고 했다.

나는 징징 울면서, 정리하던 원고를 다시 읽고 넘기고, 인터넷 촬영해 둔 영상에 필기를 붙이는 일은 교육지원센터의 강 선생에게 맡기고 공항으로 갔다. 비행기표 중 가장 빠르다는 표를 골랐다.

지난 번 내가 집을 나올 때 파자마 바람으로 대문까지 나와서 잘 가라고 하시던 모습이 마지막이 될 수가 있단 말인가? 밤사이에 아무에게도 한마디도 없이 가시다니, 이런 이별이 어떻게 있을 수가 있는지… 아버지는 마지막 순간에 무슨 생각을 하셨을까? 무슨 말을 하시고 싶으셨을까? 아버지와 나는 말도 제대로 해 본 적이 없는데…

내가 서울대병원에 도착했을 때는 아직 빈소도 마련되지 않았다. 곧 입관한다고 내려오라고 하더니, 아들만 들어오게 했다. 나는 엄마와 함께 유리문 밖으로 아버지를 볼 수밖에 없었다. 그냥 누워계시는 모습이 생존해 계신 것 같았다.

국립묘지에 안장해야 하는 아버지는 화장을 해야 했다. 나는 살아있는 아버지를 우리가 잘못해서 화장을 해서 다시는 깨어나지 못하게 하는 것만 같았다. 화장하는 동안 내내 얼굴이란 노래가 흘러나왔다.

"동그라미 그리려다 무심코 그린 얼굴. 내 마음 따라 올라갔던 하야얀 그대 꿈을. 풀잎에 연 이슬처럼 빛나던 눈동자, 동그랗게 동그랗게 맴돌다 가는 얼굴…"

## 타향살이 몇 해던가

아버지는 피난민이셨다. 19살 적, 1 · 4후퇴 때 월남하셨다고 한다. 아버지는 피난민들을 따라서 오다가 논산에 정착했다. 당시 글을 읽고 쓸 줄 알던 고등학생이었던 아버지는 동사무소에서 서기로 일하게 되었다. 그곳에서 어머니를 만나서 결혼하셨다. 전쟁이후 피난 와서 가호적을 만든 사람들이 병역의 의무를 지게 되었을 때 입대하셨고, 군에서 24년을 지내셨다.

우린 아버지와 산 적이 별로 없다. 다만 아버지는 명절만 되면 남동생을 판문점에 있는 임진각으로 데리고 가셨다. 망향제를 지내고 오시는 것이었다. 그날은 술을 드시고 하루 종일 우시고 주정을 하셔서 나는 명절을 싫어했다.

어느 해부터인가는 우리 집에서 할머니 할아버지 제사를 지내자고 했더니, 살아계실 텐데 왜 제사를 지내냐고 펄펄 뛰셔서 우리 집에는 계속 제사가 없었다. 당신이 늙어서 돌아가실 때가 되어도 아버지 머리에 있는 당신의 부모님은 아직도 살아계셨다.

아버지는 평양 어느 학교 교장선생님의 외아들이라고 했다. 아버지는 당신이 사시기에는 너무 버거운 나이였지만, 남북이산가족상봉을 신청해서 그 상봉 순서를 배정을 받기에는 아직 젊었던 모양이다. 아버지가 이산가족 상봉 신청서 두 장을 써 놓으신 것을 돌아가신 뒤에 유품을 정리하면서 보았다. 북한 주민들이 대동강 다리 밑에 몰려 있는데 유엔군이 잘 모르고 폭격을 시작하기에 남쪽으로 내려가는 길을 찾아보고 오겠다며 그쪽을 떠났는데 길이 막혀서 못 돌아가고 혼자 남으로 내려오게 되었다는 글이었다.

아버지는 군에 있으면 북한에 보다 빨리 가리라고 생각하셨던 것 같다. 그리고 북한에 가면 남한의 삶과는 격식이 다른 당신의 삶이 있다고 믿으셨던 것 같다. 타향살이 몇 해던가를 부르시면서 우시던 아버지, 결국은 당신의 육신조차 남한에 묻었으면서 그렇게 북한을 품고 사셨던 아버지-. 나는 이제 '얼굴' 이란 노래를 더 이상 혼자 들을 수가 없다. 030927

## 뒤늦은 감사

1999년 1월이었다. 나는 당시 프랑스에 해외파견 교수로 나가 있었다. 1985년 귀국하여 강사를 거쳐 교수가 된 다음, 재충전을 위해 주어진 모처럼의 기회였다. 학교에서는 왕복 비행기 삯과 함께 6개월간 달마다 1천 달러씩을 지원해주었다. 체류기간을 더 연장하려면 교비 지원 없이 6개월 동안을 더 머무를 수 있었다. 그때 나는 한번 더 나를 깊이 돌아보고 싶었다.

내가 공부했던 파리의 국립사회과학대학원대학(Ecole des Hautes Etudes en Sciences Sociales)을 재충전의 장소로 다시 선택했다. 숙소도 유학시절에 살았던 같은 기숙사촌에서 구하고자 했다. 기숙사촌의 영국관에 살았던 나는 그 곳에서는 방을 구하지 못했다. 대신 인접한 건물인 동남아시아관에 방을 얻게 되어 그나마 같은 기숙사촌으로 들어가게 되었다. 학생시절에 그 기숙사촌의 서쪽 정문을 이용했는데, 이제는 동쪽정문을 이용해 기숙사의 또 다른 쪽을 경험하게 되었다. 그러면서, 세월에 변했을 내 모습에 젊은 날의 나를 겹쳐 찾아보고자 했다. 학창에서의 용기와 꿈을 고스란히 담은 미래의 나를 다시 세우고 싶었다.

### 친구의 죽음

그날도 학교에 가면서 기숙사 현관입구에 있는 우편함에서 편지를 집어 들고 지하철을 타러 나갔다. 신년 초여서 카드에 쓰인 몇 장의 안부 편지가 있었다. 내가 지하철을 타는 역은 종점이라 앉을 자리가 있었다. 자리에 앉아서 편지를 뜯었다. 중고등학교 시절 학생주임이었으며, 내가 근무하던 고등학교 교감이셨던 은사로부터 온 새해카드가 있었다. 새해에도 좋은 꿈을 많이 이루라는 인사말과 함께, 이런 구절이 적혀 있었다.

"김룡 선생이 하늘나라로 갔다. 9살짜리 아들 하나 달랑 남겨놓고 갔구나. 나쁜 사람이지."

그 뒤에 말은 없었다. 왜 죽었는지, 어떻게 죽었는지, 그야말로 달랑 죽음에 대한 사실 전달뿐이었다. 사람이 이렇게도 마지막 인사를 할 수 있구나를 실감했다. 문학작품에서 "마지막 인사도 없이 떠나다"라는 문장을 여러 번 읽었었는데, 그게 내게 닥치기도 하는구나…

내게 친구가 죽기는 처음이었다. 출국하기 달포 전, 미술과목을 담당했던 그가 가을에는 전시회를 연다고 알려 왔었다. 그때는 출국준비에 너무 바빴기도 하고, 전시회 기간도 아니었다. 대구에 사는 나는 서울에 사는 그에게 굳이 인사를 해야 할지 망설이다 말았다.

편지를 받은 지 6개월이나 지나 대구로 귀국한 나는, 서울에 사는 그의 부인에게 전화를 했다. 그랬더니 전시회를 하고 건강이 약해져 쓰러져 병원에 옮겼는데, 일어나지 못했다는 설명이었다. 그러면서 전시회 도록은 남겨 두었으니, 한부 보내겠다고 했다. 나는 부인을 직접 만나서 도록을 받겠다고 했다. 우리 어려울 때 같이 앉아 김 선생에 대한 서운함을 이야기하자고 했었다. 그러나 오늘까지 그의 부인과 함께 도록도 보고 무덤도 한번 가보고 싶은 내 꿈은 실천되지 못했다.

나는 대학을 졸업하자마자 신설고등학교인 영동여자고등학교에 교사로 취직되었다. 나는 취직한 다음에도 공부를 계속하고 싶었다. 처음으로 남의 선생이 된다는 신성한 두려움을 방어하기 위한 무기를 얻으려는 듯이 바로 대학원에 진학했다. 지금은 거의 모든 중고교 교사들에게 대학원 진학이 권장되고 있으나, 당시는 그렇지 않았다. 석사학위만 가지면 대학교수로 지원할 수 있던 때여서 대학원 공부를 하는 선생도 많지 않았다. 또 대학원에 진학하는 선생은 교무실에서 대학교수가 되어 떠나려고 한다고 눈총을 받았다. 학교 측에서도 교무실에서 위화감을 조성하니 대학원 진학을 하지 말아달라는 부탁이었다. 내가 대학원에 진학한 것을 안 교감선생님은 다른 사람에게는 알리지 말라고 당부하셨다.

교무실은 여러 교사들이 같이 근무하는 곳이다. 수업이 없는 빈 시간에도 교무실에서는 공부하기가 어려웠다. 나는 학교 안 빈 공간을 찾아다니기 시작했다. 그러다가 찾아낸 곳이 미술실이었다. 미술을 좋아하는 나는 미술실의 냄새가 좋기도 했고 공부도 할 수 있어서 좋았다. 그러다 보니 미술 선생이던 김룡 선생님에게는 사정을 알릴 수밖에 없었다.

내킨 김에 아주 봉사도 부탁했었다. 일주일에 두 번이나 일찍 퇴근하여 학교 수업에 가야하던 나로서는 그에게 내 학급의 종례를 부탁했다. 대학원 수업이 있는 날이면, 책상 위에 아직도 공부하고 있는 것처럼 책을 펴놓고 도시락 가방도 그냥 의자에 걸어 놓은 채 수업을 받으러 대학에 갔다. 내가 이미 나간 버린 교무실에서 퇴근시간이 지나고 나면, 그는 내 책상 위에 책들을 모두 정리해서 서랍 안에 넣어 주었다. 나중에는 교무실 사람들 모두가 나의 대학원 진학을 알게 되어 여러 동료들의 도움을 받았지만, 초기에는 그의 도움이 무척이나 컸었다.

오늘, 김해 박물관에 근무하면서 학위논문을 수정하느라 정신없는 김 선생과 저녁 식사를 하면서, 두 겹 생활을 하던 그때가 생각났다. 그가 살아 있을 동안 나는 충분히 고마움을 표시했던가? 이제야 그때 그 일이 적지 않은 일이었다고 생각나니, 분명 제대로 감사도 하지 못했을 것이다. 다만, 그가 남겨놓고 간 13평짜리 잠실아파트 가격이 껑충 올랐다는 소리에 그의 가족을 생각하며 고마워하는 정도이다. 040109

## 어머니

아동교육을 담당하는 사람들은 이 세상에 흔들리지 않는 소년소녀를 위한 동화 주제가 있다고 주장한다. 계모이야기이다. 콩쥐팥쥐, 장화홍련전, 신데렐라 공주, 백설공주와 일곱난장이, 헨젤과 그레텔 등등. 어머니 배속에서 자라기 시작한 아이들은 어머니와 완전일치를 이루었으나, 아이들은 차차 성장하면서 꾸지람도 듣는 등 어머니가 자기와 다르다는 사실을 배우게 된단다. 그런데 아이들은 정말로 자기 어머니에게 자신이 실망하는 것을 못 견딘단다. 그래서 그 실망을 삭이기 위해 지금 눈앞에 있는 엄마가 아니고 가상의 엄마 기억을 만든다고 한다. 즉, 지금 내게 이렇게 하는 엄마는 진짜 엄마가 아니고 내 진짜 엄마는 따로 계시며, 그 엄마는 내게 이런 일을 하지 않으시리라는 생각을 갖는다. 생각해 보면 나도 어렸을 때 우리 엄마는 따로 있을지 모른다는 생각을 했었다.

또한 어머니를 찾고자 하는 동화들도 사실 같은 각도의 소설인 것이다. 엄마 찾아 삼만리, 소공자, 소공녀, 빨강머리 앤, 키다리 아저씨 등 부모를 그리며 씩씩하게 사는 아이들도 그 일환인 것이다. 그 아이들과 함께 자기 어머니를 찾아가는 길이라고 할 수 있다.

어머니란 자신을 낳고 기른 사람을 말한다. 그런데 이곳에서 낳고 기른다는 말을 여러 각도로 해석할 때 인생에서는, 한 사람의 생애에는 여러 어머니들이 있게 된다.

내 어머니는 젊었을 때 무척이나 아름다웠다. 나를 낳은 후 군대에 입대한 아버지는 내 대학시절까지 군인이셨다. 특히 내가 자랄 동안 아버지는 우리 집안을 거의 돌보지 않으셨다. 초등학교 1학년 1학기 다니다가 동생

보라고 해서 학교를 그만 떠나야했던, 시골 아낙인 엄마는 나를 데리고 서울로 아버지를 찾아오셨다. 그렇게 우리 모녀는 가난한 삶을 이어가야했다. 나는 공부를 열심히 했고, 엄마는 나를 남편 겸 딸 겸 아들 겸 친구 겸 사셨다고 한다. 물론 엄마가 서러울 때에는 내가 그 서러움을 고스란히 다 받아내야 할 때도 있었다. 그래도 초등학교 교지에 실린 내 동시도, 고등학교 교지에 실린 수필도 다 어머니 이야기였으니 나는 어머니와 소통이 잘 되고 있는 딸이었던 듯하다.

## 은사이자 '어머니'

대학에 진학하고 나자, 중고등학교 때 교장선생님께서 딸도 없고 하니 정숙이를 집에 데리고 있고 싶다고 하셨다. 내가 신세지는 것이 싫다고 말씀드리자, 교장선생님은 초등학교 다니는 아들이 연년생으로 두 명이 있으니 그 아이들 공부를 보아달라고 하셨다. 그때 어머니가 나보고 말씀하셨다.

"너는 혼자 사는 어미 밑에서 보고 자란 것이 없으니, 앞으로 사회에서 활동하려면 부족할 것이다. 가서 살아라. 가서 옷 입는 것도 배우고 음식상 차리는 것도 배우고 하거라."

어머니는 같은 서울에서, 서로 얼마 떨어지지도 않은 장위동에서 안암동으로 굳이 내 이불을 여다 주고는 혼자 버스를 타고 그렇게 집으로 돌아가셨다. 나는 교장선생님 댁에서 대학 졸업할 때까지 4년을 꼬박 있었다.

은사님들은 자식은 육신을 낳지만, 제자는 정신을 낳은 딸이라고들 하셨다. 특히 정광순 교장 선생님은 나를 언제나 "내 딸, 박사 딸"이라고 부르시고 소개하신다. 그리고 당신을 학교엄마라고 하신다. 그 정성은 그야말로 지극하시다. 이번에 내가 병원에 입원했던 때도 하루도 거르지 않고 오셨기 때문에 교장 선생님은 나뿐만 아니라 나와 같은 병실에 있던 환자들이 모두 기다리는 위문객이 되셨다.

유학시절 4년 동안 글을 쓸 줄 모르는 엄마는 딱 한번 내게 편지를 보내셨다. 국제전화를 돈 내고 할 수 있다고 생각하지 못하던 시절, 엄마는 딸이 보고 싶어서 새벽에 우리 집 근처에 있는 공주릉으로 오르고 다니셨다고 한다. 반면에 교장 선생님께서는 거의 매주 편지를 보내셨다. 지금도 내 생일이면 제일 먼저 카드가 도착하고 연말 카드도 교장선생님 카드가 제일 먼저 시작하곤 한다. 엄마는 교장선생님을 만나시면, "우리 정숙이야 교장선생님께서 기르신 교장 선생님 딸이지요" 라고 하신다.

또한 남을우 교장 선생님은 내게 직접 글 쓰는 법을 지도하셨을 뿐 아니라, 인간에 대한 섬세함을 가르치셨다. 이효범 교감선생님께서는 나를 책을 많이 읽는 사람으로 존중해 주셨다. 이 어머니들이 내게 도전하는 정신을 심어 주셨다.

암 진단을 받고 수술을 받고 또 퇴원해서 치료를 하고 있는 중에 나는 또 한분의 어머니를 발견했다. 초등학교 은사님이신 조종성 선생님 사모님이시다. 우리가 선생님의 배우자께 사부師父님 사모師母님 하는 것은 스승님을 부모님이라 여기듯이 사부님, 사모님도 그에 준하게 존경하고 받든다는 것일 게다, 그러나 현실적으로는 학생과의 관계는 주로 선생님 당신께 한정되고 만다. 그런데 조 선생님 사모님은 선생님이 돌아가시고, 그 선생님이 내게 어떻게 하시고 싶어 하신다는 것을 헤아리시는 듯이 나를 대하셨다. 나또한 그러한 사모님께 선생님이 계시면 사모님께 어떻게 해드리고 싶으셨을까를 생각하게 된다. 어쩌면 우리 둘 사이에서 선생님이 다시 살아나시고 계신 것 같다.

## 개 종

그러나 뭐니 뭐니 해도 이번 투병과정에서 나는 또 한분의 어머니를 체험했다. 바로 성모 마리아를 깊이 느끼게 된 것이다. 우리 집에는 개신교 목사가 둘이나 있다. 어머니는 장로교회 권사이시다. 나는 개신교에서 자랐고, 다 성장해서 천주교로 개종한 신자이다. 어렸을 때를 개신교에서 지내다 보니 내게는 성모 마리아에 대한 신심체험이 거의 없었음을 이번에 알게 되었다.

병원에 입원해서부터 매일 미사 책으로 성서읽기를 하고 묵주를 한 꿰미씩(5단) 바치는 기도를 했다. 천주교에는 9일 기도를 세 번 바치면서 청원을 하고, 또 9일 기도를 세 번하면서 감사기도를 드리는 기도방법이 있다. 이른바 54일 기도인 것이다. 병원에 입원하면서부터 이 기도를 시작했다. 물론 건강하게 해달라는 원을 담아서 열심히 했다. 그런데 퇴원하고 서울에서 대구로 내려오면서 며칠 기도를 빠뜨리게 되었다. 그러는 중에 7월 1일이 되었기에 나는 1일부터 다시 청원기도를 시작했다.

그날 밤도 묵주기도를 하다가 잠이 들었던 것 같다. 잠결에 화장실에 가려고 일어났는데, 손에 묵주가 들려 있었다. 화장실에서 나오는 순간, "아, 나는 성모님께 길들여지고 있구나"라는 생각이 스쳤다. 천주께 감사드리는 마음이 있어, 개종했고 또 바로 순교자 신심을 읽게 되어 상당히 신심이 깊다는 나였는데, 아무래도 허점이 많았다는 생각이 들었다.

바로 묵주를 들고 앉았다. 그런데 앉음과 동시에 성모님이 함께 하신다는 강한 믿음이 일어났다. 그러더니 병이 다 나은 것 같았다. 돌이켜보니, 내가 청원기도를 1일부터 다시 시작해서 그렇지, 원래 병원에 입원한 날부터 그날까지가 27일 청원기도가 마쳐지는 날이었다. 그렇지만 아직 9일은 더 청원기도하고 다음부터 감사기도를 하려고 했는데… 나는 청탁이 들어올 때, 시간 스케줄상 할 수 있으면 군말붙이지 않고, 그 자리에서 바로, "하라고 하시면 해드려야지요." 라고 말하는 스타일이다. 그래서인지 성모님께서도 아예 아살하게 미리 답하시는 것 같았다.

제2차 세계대전 때 달아난 유태인을 대신해서 죽음을 청하여 목숨을 바친 막시밀리안 콜베 신부가 어렸을 때의 일이었다고 한다. 하루는 어린 꼬마 막시밀리안이 성모님 앞에 식사를 가지고 가서 성모님 드시라고 자꾸 권했다는 일화가 있다. 그 마음이 다가왔다. 내 집에 있는 성모상들이 생명을 가진 성모님으로 변하고 있었다. 어머니가 많아서인지 한번 느껴지자 참 빠른 속도로 성모님의 면모 면모가 내게 살아나시고 계셨다. 080724

## 혼자 사는 값

혼자 살면 무슨 이익이 있는가?

간혹 나를 찾아와서 저도 선생님처럼 결혼하지 않고 전문인으로 살려고 해요라는 학생들이 있다. 내가 처음 교수로 부임했을 때에는 남자교수들 가운데에는 이점을 염려한 분들도 있었다. 그러나 나는 걱정하지 않는다. 대부분 혼자 살겠다고 한 학생들은 다 결혼했다. 때로는 다른 학생들보다 더 빨리 결혼하기도 하고…

사람들은 혼자 산다고 하면 무척 자유롭겠다고 한다. 자유가 어느 범위인지 모르겠지만 내가 누릴 수 있는 자유가 그리 많지는 않다. 낮에 공부하고 밤에 장場이라도 보면 좋겠지만 밤에는 다른 사람들이 다 자기 때문에 내가 처리할 수 있는 일이 별로 없다. 혼자 산다 하더라도 가스 점검하는 사람도 자기 근무시간에 오고, 세금 내는 것도 관공서가 열려 있는 시간에야 낼 수 있다. 그래서 전체적으로는 큰 제약 안에서 살기는 마찬가지이다.

### 혼자라도 제약은 마찬가지

더구나 혼자 어디 휴가 간 것이 아니고 평생 혼자 사는 것이라면 지켜야 하는 원칙은 무척 엄격하고 많다. 우선 혼자 살 수 있는 사람의 기본은 혼자 있더라도 제 시간에 먹고, 제 시간에 잘 수 있어야 한다는 원칙이다. 때로는 혼자 산다는 이유로 이 사람, 저 사람의 휴가시간에 끌려 다닐 수가 있는데 그렇게 되면 자기 생활은 할 수가 없게 된다. 그러므로 혼자 산다고 자유가 더 많은 것은 아니다. 더 솔직히 말하면 여러 사람이 참견하려고 하기 때문에 더 조심해야 한다.

“그 월급 다 받아서 혼자 쓰니 좋겠어요” 라고 하는 사람도 있다. 혼자 산다고 더 경제적인 것도 아니다. 우선 혼자 산다고 전기불을 반만 켜지는 못한다. 세탁기가 혼자 산다고 50분 내에 세탁을 끝내주지도 않는다. 밥솥이 20분 만에 밥을 끝내주지도 않는다. 결국 식구한명이 더 는다면 밥숟갈 하나 더 얹으면 된다는 우리말이 맞게 된다. 혼자 살려면 나중에 자녀들이 도와주지도 않을 테니 아플 때, 늙을 때를 대비하여 다른 사람보다 정신 차려서 노후대책을 해 두어야 한다.

더구나 혼자 사는 사람은 세금도 더 낸다. 부양가족 공제도 못 받는 등 세금을 많이 낸다. 나는 세피아를 약 10년 이상 탔다. 미국으로 해외파견 나갈 때, 모든 사람이 미국에 가서 차를 한 대 사오라고 했다. 아직도 잘 가는 차를 왜 바꾸어야 하는지 몰라서 미국에서는 걸어 다닐 것이라고 공언하고 차를 세워두고 갔다. 문제는 미국은 나라가 아니었다. 세계였다. 우리나라의 약 50배에 가까운 미국은 학교에서 숙소까지 왕복하는 시간만도 족히 반나절은 걸렸다.

결국 자동차를 사기로 했다. 비틀이라는 폭스바겐의 물방개 모형의 차가 마음에 들었다. 색깔도 좋고 디자인도 좋고… 더구나 작아서 좋았다. 차 가격도 현대 소나타와 비슷했다. 하지만 현대소나타를 샀다. 교수가 외제차를 타고 돌아다니면 유학생들 보기에 좋은 것 같지 않았다. 문제는 1년이 끝나고 돌아올 때였다. 비틀은 몇 년을 타고 몇 마일을 끌었는가에 따라 중고차 가격이 정해져 있었다. 그런데 현대차는 그런 중고차 가격이 설정되어 있지 않았다. 더욱이 한국학생들은 교수가 연구년을 끝내고 간다고 하니 내가 타던 차를 아주 싸게 주었으면 하는 눈치였다.

사람들은 외국에서 3개월 이상 살다 오는 차는 세금을 내지 않으니 가져

가라고 했다. 결국 차를 국내로 반입하기로 결정했다. 사단은 내 차가 부산 세관에 도착했을 때 벌어졌다. 내차는 외제차가 들어오는 것과 똑같은 과정을 밟아야했다. 왜냐고 했더니, 우리나라에서 식구들이 함께 외국에 갔을 때는 6개월 이상 있다가 오면 차가 이삿짐으로 처리되어 세금을 내지 않는단다. 그런데 혼자 외국에 갔을 경우는 1년 이상 있어야 차가 이삿짐으로 처리된단다. 나는 개강을 준비하러 귀국했으므로 1년에서 14일이 모자랐기 때문에 수입차로 세금을 다 내어야 한단다. 그래서 '1인가족' 은 어떻게 하냐고 문의했으나, 국세청에서는 아직도 대답을 하지 않고 있다. 나는 그 대답을 아직도 기다리고 있고… 정보를 줄 때에는 사람들이 자신이 경험한 것을 주는데, 이것에 많은 예외가 있다는 점을 생각하지 않은 나에게도 문제가 있다. 그러나 진짜 문제는 1인 가족이란 개념이 아직 국내에는 없다는 점에 있다. 물론 나는 소나타를 사가지고 왔기 때문에 군대를 비롯한 관공서에 강연 나갈 때 아주 당당히 나갈 수 있다. 또 국산차가 좋은 점도 있지만, 혼자 사는 사람의 경험을 나는 여기에서 말하고 싶다.

## 식구가 예비지원

우리사회에서는 아직 혼자 사는 사람에게 익숙지 않는 점에 대해서도 지적할 만한 문제가 많다. 혼자 산다고 하면 아예 아이로 취급하는 경우도 있다.

그 모든 것을 지나서 혼자 사는 사람에게 아주 중요한 일이 있다. 자기 느낌을 명확히 분석하는 박 선생님이 있다. 며칠 전 광주에 사는 박 선생님으로부터 연락이 왔다. 모처럼 휴가를 보냈는데 내 생각을 많이 했다고 했다. 남편이 아이들 둘을 데리고 여행을 갈 테니, 2박3일 동안 혼자 휴가를 지내보라고 했단다. 그래서 모처럼의 휴가를 화려하게 보내려고 생각했는데, 혼자 있다 보니, 하루 세끼 정확히 밥을 챙겨먹는다는 것이 무척이나 어려운 일임을 알았다는 거다. 그리고 저녁에는 왠지 꼭 TV를 켜야만 될 것 같아서 TV를 켰는데 처음에는 무척이나 재미있었단다. 그런데 이튿날이 되니 TV에서 한 것을 또 재방송하고 또 하고 하니, 흥미도 없어지고 활기도 점점 없어지더란다. 그래서 화려한 휴가가 아니라 아무 한 일없는 휴가가 되고 말았다고 하면서, "아이들이 짐인지, 힘인지 모르겠어요"라고 덧붙였다. 식구가 에너지원이 된다는 것을 깨달았다는 이야기겠지.

같이 사는 사람이 생활의 에너지원이 되는 것은 맞다. 그리고 위로가 된다. 나의 어머니는 가끔 "딸하고 있으니 아픈 줄도 잘 모르겠다"라고 하신다. 그 말은 정확하다. 나도 어머니하고 있으면 아픈 것을 덜 생각하게 된다. 또한 친구들의 경우 임신했을 때 공부를 더 열심히 하는 것을 보았다. 즉 무의식 속에 있는 존재의 위로까지 에너지로 끌어다 쓰게 되는 모양이다.

그러므로 혼자 사는 사람들이 해가 뜨거나 바람이 불거나 타인의 친절 등에서 식구에게서 얻는 것과 같은 기쁨의 에너지를 얻지 못한다면 혼자 살 수 없게 된다. 아침에 일어났을 때 스스로의 몸에 생기가 들고 감사하는 마음이 일어나야 한다. 즉 타인으로부터 얻을 에너지와 동기를 본인 스스로의 몸에 지니고 있어야 한다.

내가 살면서 무서워한 사람들이 있다. 즉 내 마음 속에 너무 깊이 들어와서 내 자연에의 평형을 깨는 사람이다. 사람에게 매달리기 시작하면 자연은 마음에 들어오지 않는다. 그래서 타인보다는 훨씬 매력적인 사람이지만 멀리해야 하는 사람들이 있다. 결혼하거나 내 생활스타일을 전적으로 바꿀 것이 아니라면 이 점은 지켜져야 하는 원칙이라고 생각했다. 비록 사람을 보내고 안타까워하는 경우가 있다할지라도.

그러면 나보고 왜 혼자 사느냐고 묻고 싶은가? 혼자 살겠다고 선택한 적은 없다. 다만 내가 원하는 바를 실현하다 보니 생활스타일이 그렇게 된 것이다. 무엇을 위해서냐고? 혼자 살면 느낌이 분명해진다. 그리고 생각을 많이 하게 된다. 이것이 내가 원하는 바이다. 많은 것을 지불하면서까지… 080814

# 두번째 이야기
# 아름다운 사회, 다문화사회

버락 오바마 대통령의 가족사진이 공개되었다.
흑인, 황인, 백인이 고루 섞인 UN가족이다.
어린이, 젊은이, 노인이 다 섞여 있다.
미래 어느 가정이 이렇지 않으리라고 장담할 수 있을까?
미래 어느 사회가 이러한 다양화에서 벗어날 수 있을까?

# 아름다운 사회, 아름다운 늙음

사람이 비상을 마시고는 살 수 있어도 나이를 먹고는 살지 못한다고들 한다.

어느 날 눈을 들어 보면, 자신의 허리선이 없어져 버렸고, 피부는 탄력을 잃어가고 있다. 옷으로 가려보아도 스스로는 이 사실을 잊을 수가 없다.

평균수명 80대를 바라보는 사회에서 늙어서 사는 날이 많아지는 것은 필연적이다.

그렇다면 나이는 먹더라도 젊은 시절과 같은 건강과 독립성, 재치 등을 유지할 수 있는 일이 필수적으로 요청된다고 하겠다. 이는 국가와 사회, 본인의 노력이 일치되어야 할 일이다.

평균수명은 길어지는데, 아름답게 늙고 있는가? 080820

## 나이를 먹는다는 것

새해가 되었다. 또 나이 하나를 더했구나. 언제부터인가 나이를 먹는다는 것이 좋은 일이라는 생각이 들기 시작했다. 어려서부터 들어 온 "탕자의 비유"라는 이야기가 있다. 재산을 미리 달랬다가 다 탕진하고 돌아오는 청년 이야기이다. 그 끝 부분에 늘 길에 서서 나간 아들을 기다리던 늙은 아버지는 아들이 골목 어귀에 보이자, 큰 아들에게 잔치를 벌이라고 말한다. 그러자 큰 아들은 자기를 위해서는 돼지 한 마리 잡지 않더니 방황하다 돌아오는 동생을 위해서는 잔치를 벌이느냐고 항변한다.

대학시절까지는 맏이의 대답이 마음에 닿았다. 오랫동안 공평치 못하다고 여겼었다. 그러다가 어느 날부터 사람이 한번 접어든 길을 선회하기란 어렵다는 생각에 미치자, 둘째의 방향을 바꾼 용기와 노력 때문에 큰 잔치를 베풀만하다고 양보했었다.

## 새로운 세계를 만나는 축복

바로 얼마 전 새로 눈에 들어오는 구절을 얻게 되었다. 아버지는 이렇게 말하는 것이었다. "애야, 너는 나와 늘 함께 있지 않았느냐? 그 애는 잃었던 자식이 돌아오는 것 아니냐."

너는 나와 늘 함께 있지 않았느냐는 대답. 함께 있다는 것 자체가 이미 늘상 베푼 잔치였는데 하는 마음이 일었다.

나이를 먹는다는 건 더 새로운 세계를 만난다는 축복인가 보다. 우리 사회에서 대학갈 나이, 손자 볼 나이, 장長자리쯤 하나 할 나이 등, 무엇을 할 나이가 정해져 있지 않다면 그건 더 큰 축복이 되리라.

그리하면 나이를 먹는다는 게 단지 생리적으로 늙는다는 의미가 아닌 게 될 것이고 그래서 연장되고 있는 평균 수명을 정말로 삶 안에서 다 누릴 수 있게 되지 않겠는가. 우리. 나이가 갖는 관념에서 벗어나 봄이 어떨지? 매일춘추, 19930105

## 나이에 대한 혁명

우리 사회는 아직까지는 나이가 정해져 있는 편이다. 공부할 나이, 어떤 옷을 입기에는 어색한 나이, 신입사원이기에는 넘치는 나이, 회장을 할 나이 등… 그래서 나보다 나이 많은 학생들을 동반하여 학회에 가면 그 사람을 교수라고 알기도 하고 또는 내 친구라고 알기도 한다.

요즈음은 나이들은 사람들이 대학에 입학하는 경향이 많다. 특히 지방대학일수록 이 점은 더욱 흔하다. 특히 6 · 25 등을 겪으면서 배우고 싶었지만 환경이 어려웠던 사람들이 뼈 빠지게 벌어서 자녀들 공부시켜 놓고, 이제는 자신들이 공부해 보고 싶다고 생각하는 때이다.

정년퇴임을 했다는 한 학생은 퇴임할 때 받은 돈으로 부인에게 슈퍼마켓을 차려주고 나서, “그동안 내가 돈벌어 왔으니, 4년만 공부하게 해 달라고” 부탁했다고 한다. 그는 중소기업 사장인 친구와 같이 국문과에 입학하여 열심히 공부했다. 배움에는 나이가 없다는 광고에 모델로도 출연했던 것으로 안다.

또 미술을 하고 싶었는데, 진학을 못하게 해서 결국 결혼하고 자녀를 기르면서 작품 활동을 하고 있으나 정식으로 배워보고 싶다는 학생도 있었다. 그의 딸이 우리 학교를 다녔는데, 4년간 등교를 시켜주다 보니 욕심이 굳어졌다고 한다. 진학 후 학과의 큰누나로 대접받으며 인기 만점인 학생으로 생활했다.

또 다른 학생은 자녀들이 전부 대학에 진학하자 남편에게 말했단다. “이제 아이 넷을 다 대학에 보냈으니, 이제 나를 대학에 보내주던가 이혼을 하든가 선택하라.” 고.

그래서 입학했다.

## 만학도들의 공부 열기

이들 만학도는 정말로 공부를 열심히 한다. 배우는 것이 그렇게 신기하고 재미있을 수가 없다고 눈을 반짝이며 이야기한다. 그들이 새로 발견하는 대학의 매력은 젊은이들에게 새로운 눈을 제공하고 교수들에게도 에너지를 제공한다. 그들은 인생을 깊이 경험하고, 새로 배우는 것이므로 그 안에서 발견하는 것도 많다.

이 모두가 내게는 그리 낯설지 않은 장면이다. 유학할 때 프랑스에는 정년한 사람들이 대학에 들어와서 공부하는 예가 많았다. 특히 역사, 문학, 철학 쪽에서는 그런 사람들을 많이 볼 수 있다. 그들은 공부도 열심히 했지만, 노트도 잘 빌려주지 않았던 것이 기억난다.

물론 내게도 특이한 대학원생들이 있다. 그중에 일본에서 한일고대사를 연구하기 위해 온 일본인 대학원생들이 있다. 다까나시 요시오는 중등학교 국어교사로 정년퇴임을 하자 한일고대사를 공부하겠다고 한국에 왔다. 그리고 그는 석사를 마치고 한국서적을 일본어로 번역하는 일을 하고 싶다고 했다. 그 사람이 마구馬具 연구로 석사학위를 마치고 가자 이번에는 오카 사와코가 등록했다. 그는 초등학교 국어교사로 정년퇴임을 한 뒤 일본문화의 원류는 한국에 있는 것 같아서 한국을 알고 싶다며 왔다.

그런데 일본인 대학원생들을 통하여 알게 된 것은 이들의 친구들은 보통 10년을 계약으로 외국에 봉사하러 가 있다는 사실이다. 아마 일본은 일본의 국력과 언어와 문화를 배경으로 정년한 사람들이 동남아시아나 라틴아메리카에 많이들 가 있는 모양이다. 이렇게 정년퇴임 후 10년 동안은 외국에서 봉사하고 돌아와 연금생활을 하는 것이다.

한국인의 평균수명이 79.1세를 기록했단다. OECD 평균을 넘어서게 되었단다. 육십 환갑잔치를 크게 하던 한국인이 이제 80은 일반적으로 넘기게 되었다는 이야기이다. 이제 우리도 자신의 연금으로 자기가 생활하고 남을 도울 수 있는 곳에 가서, 한국어도 가르치고 한국문화도 가르치고, 의술이 있는 사람은 치료도 해주면서 살다가 나중에 들어와서 노인 노릇을 하게 될지도 모른다.

요즈음 강연을 나가보면 어르신네들이 많이 참여하는 모습을 볼 수 있다. 그뿐 아니라 그분들의 질문이 매우 진지하고 세세하다. 정년 후에 그동안 못해 본 것을 배우고 친구들을 만나면서 지내는 것이다.

그러나 배우는 것도 한계가 있다. 아는 주부 한명이 자기는 사회에서 강의하는 것은 거의 다 배웠다고 하면서 그것도 일정 시기가 지나자 더 배울 것도 없고 우울하다고 했다. 수명이 많이 연장되면 사실 우리 사회도 어느 날 더 이상 배울 것이 없을지 모른다. 어쩌면 우리도 사회봉사 프로그램을 진지하게 설계하여 실천함으로써 생의 보람을 찾아야 할지 모른다. 080821

## 일자리가 최고의 복지다

최근 대구시는 '2004 대구 실버일자리 박람회'를 열었다. 이 박람회장에는 대략 1만 여명의 노인들이 찾아왔다. 이 박람회를 통해서 2천여 명의 지역 노인들에게 일자리를 제공해 줄 수 있었다. 뿐만 아니라 이 박람회는 노인들도 일할 수 있고, 일하기를 원한다는 인식을 사회에 각인시켰다. 현재 우리나라에는 65세 이상 인구가 대략 370여 만 명이 되고, 앞으로 16년 후인 2020년에는 그 두 배에 달하게 되리라고 추정된다. 평균수명도 80세를 넘길 전망이다. 이처럼 우리 사회는 세계에서 가장 빠르게 고령화 사회가 진행되고 있다. 그래서 노인 당사자나 우리는 고령사회에 대한 준비를 갖추지 못하고 있다.

그런데, 오늘날 노인들은 노동하기에 충분한 건강을 가지고 있고, 자녀들에게 의존적인 성향도 적다. 실제로, 65세 이상의 사람들 중 취업희망자가 최소 40여 만 명에 이른다. 더욱이 갑자기 고령사회로 접어든 우리나라에서는 63%의 노인들이 돈 때문에 일자리가 필요하다고 한다. 일하는 게 즐거워서 일하고 싶다는 의견이 전체 노인의 63%에 이르는 덴마크에 비하면, 우리의 이유는 훨씬 더 절박하다. 현재 연금, 예금, 적금, 부동산 등을 통털어 노후대책을 세우지 않았거나, 대책을 마련할 형편이 안 되는 분들이 전체노인의 1/4이나 된다.

### 나이에 맞는 일자리 창출

따라서 노인에게 일자리를 제공하는 문제의 심각성을 사회가 절감하고,

일자리 창출에 적극적으로 참여해야 한다. 노인들만을 위해 새로운 일자리를 마련할 수도 있다. 가령 건강한 노인이 아픈 노인의 말벗을 해주는 일자리를 마련하고, 점심 값과 차비정도를 지불할 수도 있다. 이 일에 드는 비용은 간병시설에 투입해야 할 비용을 절감시켜주고, 노인들의 건강한 사회생활을 지켜줄 것이다.

또 정책결정과정에서는 노인들의 실직에 따른 비용손실까지도 같이 계산해야 한다. 예를 들어 소규모 공장에서 노인들이 단순노동을 통해 생산하던 음식점용 나무젓가락을 중국에서 수입하는 경우이다. 그 가격은 물론 절감될 수 있으나, 국민이 일자리를 잃는데 따른 손실분까지도 고려되어야 한다.

노인들의 최대 복지는 일자리이다. 노인의 일자리는 핵가족 사회에서의 가족문제를 해결하고, 세대간의 격차문제, 국가 전체 의료비 절감문제 등을 해결할 수 있는 열쇠이다.

우리사회는 노인은 아무 것도 안하고 대접받아야 한다던 전통적 관념을 뛰어 넘어야 한다. 노인은 나이가 좀 많아진 것일 뿐이며, 또다른 세계를 구성해서 생활하고 있는 사람이다. 젊은 사람에게도 일자리가 없다고 하면서, 노인의 일자리 마련에 등한시한다면 이러한 인식은 전환되어야 한다. 인간에게는 평균수명이 있고, 병이나 부상 등의 기간을 뺀 건강수명이 있다. 이 두 수명의 차이가 적을수록 사회의 간접비용이 적게 든다. 그런데 그 최대한 해결 방법은 나이에 맞는 일자리를 창출하는 일이다.

대구MBC논평, 041021

## 미래를 훔치는 사람들

현재는 월급으로 생활하고, 노후에는 자신의 연금으로 살아 갈 수 있으면 건전한 직장이라고 한다. 최근 그 노후가 불안해지기 시작했다. 얼마 전, 한국경제연구원은 약 130조원에 이르는 공적자금의 손실이 예상된다고 했다. 이를 모두 세금으로 충당한다면 가구당 1천만 원 가량의 부담이 된다. 그 짊어져야 할 돈의 무게도 상당하지만, 국민이 부담해야 할 이 돈은 기업과 금융기관 부실 책임자들이 재산을 은닉하거나 해외에 빼돌리고, 정부가 공적자금을 과다 집행한데서 기인했다고 한다. 여기에서 내 미래와 함께 국가의 장래를 생각하지 않을 수 없다.

공적자금이란 IMF 당시 정부가 보유하는 주식 및 각종 기금, 즉 국가의 신용과 국민의 미래를 저축한 온갖 기금을 합쳐 기업을 살리기 위해 투자한 돈이다. 당시 서민들은 금반지를 모아서 나라의 경제를 살리고자 노력했다. 바로 이 시점에서 간 큰 사람들은 공적자금을 자신의 배속으로 끌어넣었다. 정부는 이를 제대로 관리하지 못했다.

구한말 대구에서는 나라를 구하고자 국채보상운동이 일어났다. 결혼반지를 판돈, 금연한 담배 값까지 모아서 국채를 갚고자 했다. 그런데 국채보상금 대부분은 어디론가 사라져 버렸다. 그 돈의 대부분도 어떤 간 큰 사람들이 먹어 치웠다. 그리고 나라는 망했다. 그런데도 공적자금을 먹어치우려는 사람이 오늘에도 있다.

## 우리는 깨어있어야 한다

국가란 사회 정의가 실현될 때 존속하는 힘을 갖게 된다. 사회정의는 정당하게 일한 사람에게 보상을 주며, 불로소득자를 규탄하고, 사취를 일삼는 이들에 대한 처벌을 요구한다. 따라서 공적자금 유용자와 그에 대한 허술한 관리자들에 대한 철저한 조사와 처벌에 국가의 정통성이 달려 있다.

그리고 우리 미래를 훔치려는 사람들을 철저히 감시해야 할 의무가 우리 개개인에게 있다. 정부도 이 문제를 소홀히 취급하면 그 정통성은 나락에 떨어진다. 미래의 어느 날 한 늙은 할머니는 젊은 시절 연금을 착실히 부었음에도 가난을 못이기는 삶을 영위할 지도 모른다. 우리의 의료보험이나 적립된 연금 증서가 휴지조각으로 전락되지 않기 위해 우리는 깨어있어야 한다. 011213

## 운동의 시작과 맞춤형 건강진단

지난 세기 국민국가가 형성된 이후 현대사회에 이르러 '체력은 국력' 이라는 말이 등장하였다. 이제 체력은 개인적 관심사의 범위를 넘어서 국가 내지는 사회적 관심사가 되었다. 그리하여 웰빙이라는 단어가 우리 사회에도 새로운 화두로 등장하였다. 그런데 우리는 웰빙이라는 단어가 쓰이기 전부터도 새해가 시작되거나 계절이 바뀔 때마다. "운동을 해야지"하고 한번씩 결심을 하곤 한다. 인간의 몸은 살아있는 유기체이다. 그러므로 적당히 몸을 움직여 주는 일은 생명력을 강화시키는데 필수적이다. 그런데도 사람들은 너무 바쁘거나 힘들어서 운동할 시간을 내지 못한다고 한다.

모처럼 운동을 시작했을 때에도 건강을 상하거나 오히려 마음에 부담을 받는 경우가 많다. 운동을 그만 두는 경우는 그 운동이 자신에게 부담이 되거나 맞지 않기 때문이다. 운동을 해서 곧 건강해 진다면 운동선수가 가장 행복하고 가장 오랜 수명을 누릴 것이다. 그렇지만 현실은 그렇지 않다. 운동은 몸에 기름을 치는 일이라고 할 수 있다. 그러므로 몸을 잘 알아서 적당량을 해야 한다. 최근 맞춤형 건강 프로그램이 시도되고 있다고 뉴스에 보도되었다. 그러나 이것은 무슨 호화로운, 고급스런 모델이 아니다. 운동을 시작하기 전 자신의 신체적 조건에 대해 점검하여야 함은 물론이다. 건강 진단은 이미 운동을 시작하기 전에 필수적인 일이었어야 한다.

### 개개인에 맞는 운동처방

현재, 프랑스에서는 조그마한 동네 체육실에서도 개인이 어떤 운동을 하고자 할 때에는, 의사의 진단서를 가지고 가야만 등록을 할 수 있다. 수영을 하기 위해서는 심장질환을 점검받아야 한다. 달리기를 하기 위해서는 골다공증과 폐활량 등을 점검받아야 한다. 좋은 운동이라 하더라도, 개인적 차이에 따라 자신의 신체기능이 약한 곳에 타격을 받을 수 있기 때문이다. 또한 몸이 말랐지만 체력을 단련하기 위해 운동하는 하는 경우와 다이어트를 우선으로 하는 운동이 같은 종목일 수는 없다. 따라서 자신의 몸에 맞는 운동을 선택하는 일은 병에 정확한 약을 골라내는 일만큼 중요하다. 또한 알맞은 운동을 고른 후에는 그 강도를 높여나가는 프로그램이 필요하다.

이러한 사실을 감안할 때, 우리 사회에서도 이제는 체력단력실에 체육 전문인이 항상 대기하고 있어야 한다. 또 운동을 시작하기 전에 체육관 등에서는 건강진단을 필수적으로 요구해야 한다. 우리나라 보건행정기관에서도 주민들의 개개인에 맞는 운동처방을 강화해야 한다. 각 시나 구에 있는 보건소에서 주민들의 건강을 생각하여 가장 적절한 운동을 처방해 줄 수 있을 것이다. 각급 보건행정 기관에서 주민들을 위해 맞춤형 운동진단서를 발급해 준다면, 우리 건강과 삶의 질은 더 높아질 수 있다. 어떤 사람이든 건강을 위해 10년, 20년, 30년 운동을 해 온 사람은 이미 자신의 생활에 성공한 사람이다. 그리고 국력을 높이는 사람일 것이다. 이제 국가의 보건 행정기관에서는 이 일에 대해서도 관심을 가져야할 때가 되었다.

대구MBC논평, 040422

## 아름다운 창문, 아름다운 대구

대구에는 여러 가지 자랑이 있고 또 새로운 자랑거리를 만들기 위해 노력하고 있다. 그중 대구시를 '환경청결 및 질서 확립 운동 최우수 광역자치단체로 선정' 되도록 했던 담장 허물기 운동은 지속적으로 벌일만한 사업이다. 또한 대구에서 시작한 이 운동은 서울, 광주, 대전, 전주, 울산 등 전국적으로 확산되고 있다.

이제는 아름다운 골목, 아름다운 창을 만들어 볼 때이다. 대구에는 1987년 이후부터 아파트가 급격히 늘고 있다. 본래 집이란 땅을 가지고 있는 주택의 가격이 더 나가야 함이 원칙이다. 그러나 우리나라에서 단독주택은 설계나 건축자재 면에서 아파트만큼의 고급수준을 유지하지 못하고 있다. 이 때문에 우리나라에서는 현재까지 아파트를 더 선호하는 편이다. 아파트가 도시를 꽉 메우게 되면 도시는 거대한 콘크리트 건물 숲으로 변할 수밖에 없다. 이는 결코 아름다운 거리풍경이라고는 말하기 어려울 것이다.

그런데, 아파트의 모든 베란다에 화분을 놓으면 주변의 풍경이 변할 수 있다. 카드섹션을 기획하듯이 아파트 베란다의 창을 이용하는 계획을 세워나간다면, 우리 도시에는 아름다운 풍경이 조성될 것이다. 프랑스의 거리를 거닐다보면, 아파트 창가마다 빨갛게 피어 있는 제라니움을 보게 된다. 이 꽃은 물을 제대로 주지 못해도 살고, 그냥 땅에다 꽂기만 해도 살만큼 생명력이 강하다. 또 무궁화처럼 오래 핀다. 붉은 꽃이 핀 정감어린 창들이 보행자를 즐겁게 해준다. 이러한 풍경은 프랑스인들이 기울인 오래된 노력의 결과이다. 프랑스는 각 자치단체마다 아름다운 골목을 선정하여 시상하고, 시민들도 이에 적극 참여한다. 프랑스를 흔히는 개인주의가 강한 나라라고 한다. 그러나 그들에게는 사회의 공익에 참여하는 일은 하나의 의무처럼 작용하고 있는 듯하다.

## 베란다를 가꾸어나야 할 차례

현재 우리나라에서도 아파트 베란다를 가꾸는 경우가 적지 않다. 그런데 그 가정조차도 아파트 베란다 정원은 꽃을 안에서만 보도록 키우고 있다. 이제는 보행자나 도시의 미관을 위해서도 베란다를 가꾸어나야 할 차례가 되었다.

우선 아파트 베란다에 걸려있는 화분걸이를 활용할 수가 있다. 아파트 베란다에서 화분이 바람에 날려 떨어지면 크게 다치기 때문에 그곳에 화분을 놓으면 안 된다고도 한다. 하지만 그런 경우 개별 화분이 아니고, 틀에 맞는 화분을 만들어 보완할 수 있을 것이다. 봄날 장미가 담을 타고 나와 길 가는 사람을 위하는 듯 피어 있듯이, 우리도 아파트 베란다를 꾸며 우리 도시를 아름답게 만들도록 노력해야 할 것이다. 하늘이 높고 날씨가 맑은 요즈음, 집밖을 나서면 바로 아름다운 가을 산처럼, 아름다운 창문, 아름다운 도시를 만날 수 있기를 기대해 본다. 대구MBC논평, 041007

## 작은 상

어느 한국 독립운동사 교수님은 단 한번의 예외도 없이, "일본 놈들이 나라를 삼켰고, 미국 애들이 이들의 무장해제를 제대로 못했고, 한국 사람들은 이것의 짐을 지고 살면서…"라면서, 일본놈과 미국애, 한국 사람으로 일관해서 칭하셨다. 시험지 답안을 작성할 때 과연 이 3국 사람들을 어떻게 구사해야 할까를 걱정할 정도로까지. 그 구절이 귀에 쟁쟁한 내가 일본을 다니게 되었다. 특히 도쿄에.

일본인들이 작고 앙증맞은 것을 잘 만든다는 이야기는 익히 들었다. 화장실에 갔는데, 앞쪽에 아주 작은, 꼭 벼루 등을 놓는 조선시대 연상같이 생긴 작은 상이 놓여 있었다. 들고 있던 책을 얹으니 여간 편리한 것이 아니었다. 참 작은 공간으로 만들어진 화장실 안에 있는 조그마한 상, 주로 앉는 사람의 눈 앞쪽으로 놓여 있는 이 작은 상을 여러 곳에서 마주쳤다. '놈들' 의 나라에서 발견한 이 작은 물건에 대한 착상….

### 작은 착상

우리나라 여자 화장실 안에도, 대학교 내의 경우에는 무언가 물건을 놓도록 머리 위편에 작은 선반이 있는 화장실이 있기도 하다. 그러나 시내로 나서면 고속도로 휴게실이나 역이나, 극장 안 등등의 화장실에는 물건을 거는 꼭지가 달려 있거나 아예 아무 장치가 없다.

여자의 물품 중에 벽에 걸 수 있는 것이 얼마나 많은가? 혹시 신문이나 책이라도 한권 손에 쥐고 다녔으면, 이 책을 어떻게 하고 일을 보아야 하는

가? 짐은 가방 안에 놓아두고 손지갑만 들고 나온 경우는 어떤가? 손잡이가 달린 핸드백은 걸지 않고 상이나 선반 위에 놓을 수도 있다. 그러나 책을 걸 수는 없지 않은가? 혹시 휴지걸이와 좌뚜껑을 이용하느라 곡예를 한 경험들은 없으신지.

벽에 거는 못과 작은 선반 두 개를 다 설치할 수 있다면 금상첨화이겠지만, 하나라면 역시 물건을 놓을 수 있게 하는 편이 낫지 않을까? 화장실을 만드는 사람들은 대부분 밖에서는 앉지 않고 일을 해결할 수 있는 남자들이고 그것을 사용하는 사람은 여자들이기 때문에, 생산자가 생각지 못한 점을 꼭 사용자가 지적해야만 하게 된 상황이란 말인가?

이제 여자들도 혼자 먼 길을 가고 와야 하는 일들이 차츰 많아지는 세상이라 동행이 있어 화장실 앞에서 소지품을 들고 있으라고 할 기회도 점점 드물어진다. 그렇다면, 이는 작은 일이지만 고려해 볼 수밖에.

공중 화장실에 작은 상을 놓으면, 그것을 사용하고는 각자 집으로 가져갈까봐 설치하지 못한다고 할 시대는 아니리라. 매일신문 생활에세이, 991020

## 한강과 잠수교

김포공항에서 내려서 들어오는 길이었다. 양화진 부근을 지나면서 보니, 선착장이라고 쓰여 있었다. 너무 반가워서 기사에게 이곳까지 배가 들어오느냐고 물었다. 한강을 통해서 양화진까지 화물배가 들어오는구나 싶어서 반가웠지만, 사실은 유람선이 기착하는 곳에 지나지 않는다고 했다.

한강은 해방 때까지만 해도 사람과 물건을 서울로 실어 나르는 중요한 교통로였다. 마포 나루터라는 말도 매우 정감 있는 단어였다. 그런데 지금은 한강은 물길 노릇을 못하고 있다. 지금같이 교통이 혼잡한 때 물길 하나쯤을 보존하고 있다면 매우 편리할 것이다.

우리나라는 전통적으로는 도로를 잘 닦지 않았다. 그리하여 하천가를 길로 이용했다. 그러다 보니 다리를 놓는 일은 큰일이었다. 개화기 독일인 봐르텍은 당시인들이 물이 불 때 다리를 떼어놓았다가 물이 빠지면 다시 연결하는 모습을 소개했다. 우리나라 불교에서는 다리를 놓아주는 일을 중요한 공덕 가운데 하나로 평가해 왔다. 전통적으로 객지에 나가서 성공하면 고향마을에 다리를 놓아주는 일들도 흔히 있어 왔다. 그래서인지 국회의원들마다 다리를 놓아주겠다는 공약들을 했다.

한강에는 다리가 30여개쯤 된다. 그런데 그 다리의 기둥받침 간격들 중 하나만이라도 배를 통과하지 못하게 한다면 한강은 물길로 쓰일 수 없게 된다. 나는 잠수교를 보면서 한강에는 배가 들어오지 못하게 될까봐 걱정하기도 했다. 지금은 강 이편에서 저편을 건너가기 위해 다리를 놓는 것이지만, 그것이 하천 수송에 방해가 되지 않게 계산된 다리였어야 한다.

## 신구의 조화

파리 시내를 통과하는 센느강에는 다리가 33개 있다. 그 다리를 놓은 공법에 대한 설명만을 듣는 관광도 있다. 몇 세기에 만들어진 다리, 그 넓은 강을 밑받침 기둥 없이 아치형 지탱형식으로만 만들어진 다리, 러시아에서 기증한 다리… 그 다리 밑만을 다니는 관광코스이다. 나이든 영감님이 아주 열심히 강의를 해 주었다.

아름답기도 하고 활용도도 높은 강이어야 더 정겹다. 파리에는 아주 낡은 다리는 차가 다니지 못하고 보행용 다리로만 이용되고 있다. 그 다리위에서는 전시회가 열리기도 한다. 날이 맑은 날이면 산책하는 사람도 엄청나게 많다. 하긴 김해 공항에 가기 위해 구포역에서 내려 공항으로 가려면 건너는 다리가 있다. 예전 다리 옆에 새 다리를 내고나니 예전의 다리는 쓸 수가 없게 되었다. 그래서 그 다리를 사람이 걷는 다리로 해보는 것이 좋겠다고 했더니, "요즈음 사람들이 어디 걷습니까?" 라고 한다. 만드는 것에 대한 새로운 것보다 있는 것에 대한 조화가 필요하다.

나이가 드니 이제는 옷 살 일이 없어졌다. 있는 것을 어떻게 깨끗하게, 내 분위기를 연출하며 입느냐는 일밖에 남지 않은 것 같다. 나라 살림도 이와 같지 않을까? 가진 세월이 너무 많은 것은 그 안을 조절할 때 살림이 되는 것이다. 우리는 자동차를 만들면서 너무나 물을 소홀히 한 것 아닐까? 한 가지를 하더라도 장래 있을 공간까지 생각하여 계산함이 필요하다. 010314

## 한여름 밤의 꿈을 대구 경북에 펼치자

찌는 낮을 이어 나타나는 여름밤은 세상을 더욱 시원하고 평온하게 만든다. 이번 여름에 사람들은 더위를 피하여 밤에 산에서 지내거나, 친구를 만나거나 장을 보는 등 밤늦은 시간을 이용했다. 나라마다 기온에 따라 식사시간이 달라지고, 취침시간이 달라지는 것은 이러한 환경에 적응한 경험의 축적일 것이다. 가령 스페인이나 이탈리아에서는 오후 2시까지 점심을 먹고 낮잠을 자기도 한다. 이러한 나라에서는 관공서나, 박물관 등이 저녁 늦게까지 열려 있곤 한다.

대구 경북지역이 유치하고자 노력하는 일 중에 하나가 관광산업이다. 관광은 어딘가에 무엇인가를 보고 즐기러 떠나는 일이다. 그렇다면 효율적인 관광을 위해서는 짧은 시간에 많은 장소를 찾을 수 있어야 한다. 우리나라는 4계절이 분명하고 여름 낮이 무척이나 긴 나라이다. 더구나 셰익스피어의 작품에도 있듯이 한여름 밤의 순간은 매우 다른 매력을 지니고 있다. 또 같은 유적이나 물체라 하더라도 밤빛 아래에서는 또 다른 형상을 갖기 때문에 전혀 새로운 두 세계를 체험할 수도 있다. 따라서 이 여름밤을 이용할 수 있는 방안을 마련해야 한다.

### 굴뚝 없는 산업의 창업

박물관이나 고궁, 유적지 등은 개방시간을 연장해서 저녁을 활용하도록 배려해야 한다. 한여름에 5시나 6시에 방문한 장소에서 쫓겨나고 보면 너무나 대낮 가운데로 밀려 나온 감을 지울 수가 없다. 또 우리는 유적지에 대한 야간 조명을 이용하여 유적들의 면모를 일신할 수 있다. 밤에는 조명을 이용하여 사람들의 주의를 한 곳에 모으기가 쉽다. 그러므로 한 여름 밤에는 "빛과 소리" 를 이용하여 색다른 관광 상품을 만들어낼 수 있다. 즉 빛으로 한 유적에서 다른 유적으로 차례로 옮겨가면서, 그 유적에 얽힌 이야기를 극화하여 들려주는 "빛과 소리" 의 향연을 펼칠 수 있다. 또한 야외공연도 성공리에 이루어질 수 있다. 이러한 다양한 테마는 또 하나의 다른 한국을, 경상북도와 대구를 체험하게 하는 방법이다.

우리나라는 국토가 좁고, 다른 나라로 갈 수 있는 길이 막혀 있는 나라이다. 우리나라에 들어서면, 북쪽으로는 북한이 가로 막고 있고, 남동쪽이나 서쪽으로 갈 수 있는 일본이나 중국은 바다로 막혀 있어 또다시 다른 교통편을 이용해야 한다. 따라서 우리나라 내에서의 관광자원의 발굴을 위해 적극 노력하는 일은 절대적으로 필요하다. 다른 나라로 옮겨가기가 힘든 한국을, 이 더운 여름에 찾아온 관광객을 위해 긴 여름밤을 활용하는 소프트웨어를 개발해야 한다. 이는 그야말로 굴뚝 없는 산업의 창업이다. 그리고 한국인들에게도 또 다른 직업의 기회를 열게 할 것이다.

대구MBC논평, 040804

## 행복한 찌개

지금부터도 벌써 몇 년이나 되었다. 나는 서울을 가느라고 동대구 고속버스 터미널에서 표를 샀다. 그런데 시간이 남았다. 또 그때 서울까지는 4시간이나 걸리고 보니, 식사시간을 놓칠 것 같아 바로 옆에 있는 식당으로 들어갔다. 무엇을 먹어야 맛있고 그렇게 배부르지 않을까 하는 생각을 해서 주문을 한 뒤였다. 나는 책을 보고 있었다.

그런데 옆자리에서 한 가족들이 이야기하는 소리가 들려왔다. 고개를 들지 않은 내가 짐작하기로는 한 부부와 두 자녀인 듯했다.

"여보, 정식을 시키면 16000원인데, 찌개를 하나 시키고, 밥을 두공기 시키면 8000원이예요. 비빔밥하나, 찌개 하나 시키면, 10000원이면 돼요. 그렇게 시켜 먹어요. 모자라면 밥 한 공기 더 시키고요."

그건 당연한 소리였다. 그러나 나는 그 소리를 들으면서 내가 먹고 싶은 것과 돈을 계산해서 선택한 적이 오래되었다는 사실을 새삼 깨달았다. 경제적으로 맛있게 먹고 싶어 하는 그들을 돌아보고 싶었다.

얼마나 되었던가? 옷을 산다든다, 물건을 산다든가 할 때는 몰라도, 나는 이미 돈을 계산하지 않고 먹는 것을 고르는 나를 처음으로 볼 수 있었다. 내가 벌써 이렇게도 부자가 되었는가를 돌이켜 보지 않을 수 없었다. 교수생활 4년째였던 해였다.

나는 뼈저리게 가난을 체험하며 성장했다. 그래서인지 나는 가난하다는 생각이 남아있다. 그리고 부자와 나는 다르다고 생각해 왔다. 그래서 나는 교수가 되었을 때도 이제부터 부자가 되었다고는 생각하지 않았다. 교수는 보수를 한꺼번에 주는 것이 아니고, 한달씩 일하고 그 돈을 받으며 생활하고 있기 때문인지도 몰랐다. 그러나 더 이상은 나도 조심하지 않으면 안 되는 부자가 되고 있는 것이었다.

그 부부의 행복한 찌개를 생각했다. 부자는 부자의 의무가 있다. 즉 자기에게 절대적으로 필요한 것 이외에는 언제든 나눌 수 있는 자세가 되어 있어야 한다는, 나눈다는 것은 그냥 주는 것을 의미하는 것이 아니다. 아주 좋은 자리에, 좋은 기회에 쓸 줄 아는 일을 말한다. 따라서 내가 가진 것에 대한 의미를 깨닫지 못한다면, 나로서는 바로 사는 길을 모색하지 않게 되는 것이다. 그 부부의 대화는 나에게 경종이었다. 021226

## 굶는 아이와 돕는 자의 예의

먹는다는 것은 인간에게 가장 기본적으로 충족되어야 할 요건입니다. 요즈음 건강을 위해서 밥을 덜 먹으려는 사람이 많습니다. 그런데, 적지 않은 어린이들은 먹을 것이 없어 굶주리고 있습니다. 이들에 대한 사회나 정부의 적극적인 대책이 절실히 요구됩니다. 그러나 현재 정부는 결식아동 숫자를 정확히 파악하여 넉넉한 대비책을 세우고 있지 못합니다.

교육인적자원부의 집계에 따르면, 현재 전국 초·중·고교 학생 중 가정 형편이 어려운 결식아동이 30만 5112명으로 되어 있습니다. 그러나 참여연대나 한국보건사회연구원 등은 국내 전체 아동 1157만 명 중 110만 명 이상의 아동들이 빈곤선 이하의 생활환경에 놓여 있어, 밥을 먹지 못할 가능성이 있다고 합니다. 이 많은 아동들에 대한 사회적 보호가 절실합니다. 즉 오늘날 우리 사회에서는 서른 명의 어린이 중 세 명이 굶주리고 있으나 정부는 한 명만을 지원하고 있는 셈입니다. 이렇게 극히 일부의 아동들만 정부의 도움을 받고 있습니다.

그러면서도 그 지원이 아동들의 마음에 상처를 주거나, 형식적 도움에 불과한 경우도 있습니다. 현재 정부에는 결식아동에게 학교 점심 급식비를 지원하고 있습니다. 그러므로 집에 아무 것도 없는 결식아동들은 아침이나 저녁에는 굶어야 합니다. 이들에게 있어서 휴일이나 방학 중에는 매끼니를 때울 방도가 막막하게 됩니다. 미취학 아동은 이 숫자에 들지도 못하니, 더 굶주릴 수밖에 없습니다.

## 지원과 배려

더욱이 우리 사회는 결식아동에게 이렇게 인색하게 지원하면서도, 도움을 받는 어린이의 인격을 제대로 대접했는지 반성해 보아야 합니다. 교실에서 공개적으로 지원 대상 학생을 조사하거나, 친구들 앞에서 급식권을 나누어 주는 일은 차라리 안하느니만 못할지도 모릅니다. 급식권은 배고픈 기회를 피할 수 있는 기회임에 틀림없습니다. 그런데도 어린 마음에서 감사보다는 자존심이 상해 지원을 신청하지 않아 굶주리는 어린이가 있다고 합니다. 이는 우리 사회가 미성숙했기 때문일 것입니다. 또 혹시나 급식권을 받는 학생을 놀리는 아동들이 있다면, 이 또한 우리 사회의 병든 구석입니다. 주는 자는 받는 자보다도 더 세심한 예의를 갖추어야 할 것입니다.

인간이 굶주리면 안 된다는 것은 더 이상 되풀이할 필요조차 없는 말입니다. 특히 어릴 때의 결식은 신체적, 정서적으로 온전한 성인으로 자라지 못하게 하고, 가난의 악순환을 거듭하게 합니다. 따라서 이들에게는 우리 사회의 건강한 지원이 필요합니다. 물론 정부는 최대의 힘을 들여 나라의 미래인 어린이들을 튼튼히 키우는데 최선을 다해야 합니다. 그리고 사회도 모두 이 일에 대해 관심을 기울여야 합니다. 결식아동을 돕는 최대의 방법은 그들의 부모가 일을 할 수 있는 자리를 마련해 주는 일입니다. 또는 그 아동 자신이 조금이라도 사회를 거들은 대가로 밥을 먹을 수 있는 기회를 마련해 주어야 할 것입니다.

조건 없이 주기만 할 때에라도 손님을 대접하듯 정중하게 주어야 합니다. 그가 도움 받고 있다는 사실이 드러나지 않도록 배려해야 합니다. 자신이 가난한 이들을 돕는 장면을 사진 찍어 이용하거나, 자신의 이력서에 쓰는 풍토도 사라져야 합니다. 배고픈 이의 자존을 밟으면서 밥을 주어서는 안 됩니다. 오른손이 하는 일을 왼손이 모르도록 하라는 가르침은 이러한 배려에서 나온 말입니다. 이 원칙은 모든 경우에 적용되어야 합니다.

대구MBC논평, 040603

## 어린이를 함께 양육하는 사회

어린이는 인생의 기적이라고 합니다. 아이를 낳는 일은 인간이 할 수 있는 최고의 창조입니다. 이렇게 생에 의미를 주는 어린이는 또한 어른을 재교육시킵니다. 자식을 통해 어른은 변해오는 젊은 문화, 시설, 사고 등에 접하게 됩니다. 따라서 자라는 아이가 있을수록 어른은 더 젊어지고 변해가는 세대에 보다 잘 적응해 나가게 됩니다.

그런데 이러한 아동의 의미는 언제나 한결같은데도 현재 우리나라는 저출산의 위기에 직면하고 있습니다. 더욱이 우리 사회에서는 미래 태어날 아이의 문제뿐만이 아니라 지금 있는 아동들마저 제대로 대우받고 있지 못합니다. 80년도 더 전에 방정환, 마해송, 윤극영 등이 어린이날을 선포했고, 우리 사회는 이에 힘써 왔습니다. 그러나 최근까지 우리나라 아동복지 정책은 UN에서 낙제점을 받고 있습니다. 스웨덴의 아동 일인당 복지비용이 3961달러인데 비해 우리는 대략 40달러 선에 있는 정도입니다.

더욱이 우리나라의 아동에 대한 환경은 점점 열악해 지고 있는데, 한국의 대책은 보다 더 소극적이 되어 간다는데 문제가 있습니다. 보건복지부 예산에서 아동복지사업의 비중은 97년 1.6%에서 2003년 0.99%로 감소했습니다. 반대로 외환위기 이후 우리나라 아동의 빈곤율은 10%대에 이르렀고, 특히 편부모 가정의 빈곤율은 27%를 넘습니다. IMF 이후 해체된 가정이 많아 가정에서 버림받아 사회적 보호가 필요한 아동은 최근 3년간 1만 명대를 넘어섰습니다.

## 남의 아이도 내 품에서 웃는 사회

우리나라에서 근래 장려하고 있는 가정위탁양육제도가 있습니다. 어떤 사람은 자식이 없고, 어떤 사람은 부모가 없고, 어느 가정은 돈과 시간이 있는데 어느 아동은 보호가 필요한 경우를 연결하는 것입니다. 이는 서로 필요하고 행할 수 있을 때까지만 행해도 되는 제도입니다. 아동이 특수시설에 보내지는 것은 심리적으로나 성장 면에 좋지 않은 영향을 미친다고 하여 외국에서는 적극 권장하는 제도입니다.

현재 우리사회에서 가정위탁으로 양육되고 있는 아동은 약 9천 명 정도입니다. 정부는 위탁가정에 필요한 교육도 실시하고, 보조도 하고 있습니다. 그러나 혈육을 중시하는 한국사회에서 위탁교육은 잘 정착되지 못하고 있는 현실입니다. 하지만, 조선시대에도 천주교 가정을 중심으로 이러한 위탁양육을 실시한 적이 있습니다. 또한 일본에서는 자식을 잘 교육하기 위해 상류사회 가정들까지 일정기간 서로 자식을 바꾸어 양육하는 관습도 있었습니다.

이제 정부와 사회는 위탁사업을 적극 홍보하고, 지원자를 모집하며 위탁사업 매뉴얼을 개발하고 전문 인력을 보강하고, 위탁가정 내 아동을 위해 상해보험가입을 하는 등 적극적인 지원을 해야 할 것입니다. 남의 아이도 내 품에서 웃는 사회, 모든 아동이 함께 웃는 웃음이 세상을 바꿀 것입니다. 대구MBC논평, 050505

## 옷 나누기 행사가 이어지기를 바라며

내게는 검은색 목티셔츠가 있다. 원래 얇은 스웨터이지만, 너무 오래되어 아주 얇은 스웨터가 되었다. 그래서 이제는 양장 등 어떤 옷에 받쳐 입어도 편한 티셔츠가 되었다. 그 티셔츠의 목을 접을 때마다 생각나는 일이 있다. 이 옷은 내가 프랑스에서 유학하던 시절, 기숙사 복도에서 가져온 것이다.

파리에는 각 대학마다 기숙사가 있지 아니하고 시내 몇 군데에 커다란 기숙사촌이 있다. 그중 가장 큰 곳이 시떼 위니베르시떼르(Cite universitaire)이다. 약 120개국의 학생들이 모여 사는 이 기숙사촌에는 그곳에만 일어나는 여러 풍경들이 있다. 그 중의 하나가 자신이 학업을 마치고 귀국할 때 가져가지 못하는 물건이나 더 이상 쓰지 않을 물건들을 복도의 일정한 장소에 내놓는 일이다. 그러면 누군가 필요한 사람이 가져가고, 또 자신도 남에게 쓰일 수 있는 물건들을 내어놓곤 한다.

우리 집은 부자는 아니었으나, 남매만 있었기 때문에 내 옷을 남과 나누어 입어 본 적이 없고, 남의 옷을 내가 입어 보지도 않고 자랐다. 그러나 유학시절, 프랑스 기숙사에서 나는 여러 옷을 골라 입었고, 또 다시 다른 이들에게 주었다. 다만, 이 까만 목티만은 가지고 귀국했다. 이 옷은 시간과 공간을 달리하거나 주인이 바뀌면 그 물건의 유용성이 다시 창출됨을 실감하게 해준다.

## 또 다른 우정

지난 12월 2일 여교수회에서는 그동안 여교수들에게 걷은 겨울옷을 외국인 유학생들에게 나누어 주었다. 이 행사는 국제교류원의 협력을 받아 국제교류원 로비에서 이루어졌다. 물론 옷을 모으는 동안 소문이 나서, 총장을 비롯한 교무위원들과 학생들도 여기에 같이 참여했다.

우리나라는 4계절이 분명한 나라이기 때문에 모두들 옷을 많이 가지고 있다. 또한 학생시절에는 돈도 넉넉지 않다. 그나마 베트남 학생들처럼 한국에서 사 입은 겨울옷이 자신의 나라에서는 필요 없는 사람도 있다. 그리하여 지금 자신이 입지 않는 옷을 현재 필요한 사람과 나누어 갖는 일이 있게 된다.

물론 무엇을 남에게 주는 일에는 남으로부터 받을 때보다 더 주의가 필요하다. 나는 이 행사가 매스컴에 보도되어 혹시 그들의 자존심을 건드리지나 않을까 염려하기도 했다. 그러나 앞으로도 우리학교 안에서 옷나누기가 지속적으로 이어가기 바라는 입장에서 이 일을 홍보했다. 이 뉴스 때문에 일부 외부인에게서 더 지원을 얻기도 했다. 그러나 아무리 말해도 나눔에 있어 기본은 받는 사람이 불편하지 않게 하는 점이다.

그리고 옷을 나누는 데에도 예의가 있다. 금방 입을 수 있는 상태로 정리해서 주어야 한다. 즉, 세탁하고 다리고, 세탁소에서 덮어 온 비닐에는 사이즈를 써서 걸어놓아야 한다. 이것은 나누는 일이지 거지에게 선심 쓰는 것이 아니기 때문이다.

이제 우리 학교에도 옷가지나 가전제품, 컴퓨터 등 아직 쓸만한 물건인데 자신에게 별로 소용이 닿지 않는 물건들을 조용히 갖다 놓을 공간이 마련되면 좋겠다. 그리고 학교구성원 모두가 이곳에 물건을 갖다 놓거나 가져다 쓰는 일을 자연스럽게 여길 수 있기를 기대해 본다. 단, 이 일의 관리는 학생회 측에서 해 주면 좋을 듯하다. 이런 일을 하면서 우리는 또 다른 우정을 얻을 것이다. 040102

## 아드님은 행복하게 살 겁니다

지난해 입시문제 도난사건에 이어 새해 벽두부터 조직적이고 대규모적인 대학입시 부정사건에 우리 모두가 휘말렸다. 누가 제일 나쁜는지- 교육자, 부모, 또 우리나라에서는 가장 고등교육기관의 학생 또 거기에 들고자 하는 당사자의 묵시적 동의… 이 일에 대해서는 말하기가 쉽지 않다. 근본적인 것은 내 것이 아닌 성과를 갖겠다는 것과 다른 것을 지불하고 그 성과를 가로채겠다는 마음이었다고 생각한다. 물론 짧은 순간의 판단 잘못이었다고 할 수 있고 또한 우리 누구도 그럴지도 모른다.

어느 날 급한 일로 택시를 탔다. 그런데 얘기 끝에 그 기사분이 요즘 아들이 직장을 그만 두겠다고 해서 걱정이라면서 고등학교를 마치고 취직했는데 일도 별로 차이가 나지 않으면서 대학출신들과 너무나 월급이 차이가 나서 못 다니겠다고 하기에 이렇게 대답했다고 한다.

"그만두고 싶으면 그만 두어라. 그러나 네가 말한 이유는 이유가 안 된다. 잘 생각해 보자. 대학을 나오려면 4년이란 시간과 천만 원 정도는 드는데 그것에 들은 시간과 돈을 이자놓았을 때 얻는 만큼은 더 받아야 대학을 다닐 것 아니냐?"

아버지로서 그 얼마나 가슴 아픈 대답이었을까. 택시에서 내리면서, "아드님은 이 사회에서 행복하게 살 겁니다"라고 말했다.

무척이나 욕심이 많고 하고 싶은 일도 많았던 내가 자랄 때, 어머니는 늘 이러셨다.

"얘야, 뱁새가 황새걸음 따라가다가는 가랑이가 찢어진다."

그러면서도 주저앉거나 나태하기를 용납하시지 않으셨다. "어차피 죽으면 썩을 몸, 아끼지 마라" 라고 하셨다. 이 두 가지 서로 어긋날 것도 같은 말 속에서 나는 최선을 다하되 성과를 훔치지는 않는다고 생각하게 되었다. 내가 하지 않은 일로 칭찬받지도 않았고 내가 한 것보다 많은 보상도 얻으려 하지 않았다. 그러다 보니 정당한 대우를 받지 못할 때 더욱 분노하기도 했지만.

학교를 다니지 않은 분이기에 오늘날 대학의 선생인 나로 하여금 더욱 애절하게 생각하게 하는 어머니, 내가 이 세상에서 참 많이도 마음의 평화를 얻어 가며 살 수 있는 것은 모두 어머니 덕이다. 내가 하지도 않은, 할 수도 없는 것에 대한 효과를 갈구하며 밤새워 허덕인다면 누가 나를 고쳐 줄 수 있을까?

우리 사회가 너무 성과에만 몰두하는 것, 즉 마라톤에서 2등으로 들어온 사람과 1등으로 들어온 사람의 대우를 엄청나게 크게 차별하지 않는다면, 성과를 염두에 두지 않는 평화는 더 쉽게 많은 사람에게 찾아 올 것이다. 가톨릭 신문, 930314

# 다문화사회로 가는 길

도둑을 맞으면 어쨌든 그 물건은 국내에 있다. 그러나 외교에서 밀리면 다시는 우리 것이 되기 어렵다. 그러므로 가장 신경 써야 하는 분야가 이 외교문제일지도 모른다.

미국은 한국의 49배, 인구는 남북한 합해서 3배이다. 중국은 우리나라의 50배, 인구는 남북한 합해서 20배이다. 멕시코는 우리나라의 9배, 인구는 두 배이다. 게다가 한국은 분단되어 있다. 그렇다면 한국은 외국의 자원을 이용해서 살아야 한다.

내가 1981년에 프랑스에 도착했는데, 기차에 관한 서류를 한국어로 번역하는 아르바이트생을 찾고 있었다. 나랑 친구랑 응했었는데, 나중에 보니 그것이 TGV관계 서류였다. TGV는 1992년 미테랑 대통령이 한국에 팔러 왔었다. 그 기차하나를 팔기 위해 십여 년도 더 넘게 준비했던 것에 새삼 놀랬었다.

게다가 한국의 외교관계는 지나치게 편중되어 있다. 이제 다른 쪽 세계도 보아야 한다. 080817

## 영어 유감

동쪽 하늘 끝 지평선에 붉은 기운이 스치고, 새벽의 푸르름이 어둠을 걷어 내면 하루가 시작된다. 날이 밝은 것을 알고야 우는 새들도 아직 일어나지 않는 때이다. 넓고 조용한 거리에는 환경미화원들의 비질하는 소리까지 들려온다. 이 새도 일어나기 전부터 활동을 시작하는 사람들이 있다. 주로 운동하는 사람들이나 학원에 가는 사람들이다. 그리고 학원에 몰리는 사람의 대부분은 바로 영어를 배우려 한다.

우리 사회에서 학교에 다니는 한 영어는 필수이다. 그리고 요즈음은 "영어야 너를 사랑해"라는 플랜카드를 길가에 붙여놓고 어릴 때부터의 영어 교육을 권장하고 있다. 한국인들이 영어에 투여하는 시간과 비용을 모두 합하면 얼마나 될까? 그렇게 배워서 평생에 영어로 사업을 운영하거나, 영어 서류를 만들며 사는 사람은 몇 명이나 될까?

그러나 영어를 배우려는 사람들은 가엾다. 영어는 쓴 대로 발음하지 않는 언어이다. 그렇다면 본국인과 말하면서 배워야 한다는 결론에 이르게 된다. 또 영어는 서양언어 가운데는 상대적으로 문법이 간단하다. 문법이 간단한 언어는 외국인이 배워서 정확히 쓰기에는 어려움이 따른다. 이러한 영어 학습에 어른, 아이 할 것 없이 모두 시간을 투여하고 있다.

### 언어와 관계

그런데 자원이 적은 우리로서는 우리가 외국어를 배워 세계의 자원과 정보를 이용하며 살아야 한다. 미국이나 영국이 세계 자체는 아니기 때문이다. 아랍권에 물건을 파는 경우라면 굳이 그들도 외국어이고, 우리도 외국어인 영어로 통해야 할 필요는 없다. 또한 스페인어도 커다란 언어이다. 반면에 이탈리아어나 폴란드어는 그 나라 사람만 사용한다. 그리고 말레이시아, 인도네시아, 베트남 등과 일하려면 그 나라 언어를 배우는 것이 당연하다. 그 나라 언어나 문화를 배우고 있지 않다면 이 관계는 오래 지속되거나 진실하기 어렵다.

최근, 법무부가 국내 체류를 원하는 이란인 난민 신청자의 자술서를 "출국하고 싶다"는 뜻으로 반대로 번역해 강제 출국시켰다며 유엔난민기구가 정부에 항의하는 사태가 벌어졌다. 이 일이 그 새벽부터 영어만 공부하고 아랍어는 공부한 사람이 없어서 일어난 일이 아니기를 바란다.

매일춘추, 011107

## 외국인도 추석 귀성행렬에 참여할 수 있는 사회

내일부터는 당장 귀성행렬이 시작될 것입니다. 도로는 주차장을 방불하고, 사람들마다 여행의 어려움을 호소하면서 행복해 합니다. 일본이나 중국과도 다른 독특한 우리 문화인 이 귀성행렬은 평소 유지하고 있는 관계의 범위에서 작용합니다. 이러한 특수한 관계문화로 이루어진 한국사회에 아직 사회와 관계가 형성되지 않은 사람들이 늘고 있습니다. 이미 41만 명을 넘는 외국인들입니다. 이 위에 정부에서 '내보내는 유학에서 받아들이는 유학' 으로 정책을 전환하고, 지방대학이 재정자립의 방안으로 이에 보조를 맞추면서 외국인 유학생수도 증가 일로에 있습니다.

영토는 좁고 인구밀도가 높은 한국은 외교정책을 현명하게 운영하며 살아 나가야 합니다. 오늘 노무현 대통령은 러시아 순방에서 외교적 성과를 약속받으며 귀국했습니다. 이것이 성공으로 이어지느냐의 여부는 이제 실무진의 손으로 떨어졌습니다. 외국과 협정을 맺었다고 해서 바로 결실을 맺지는 못합니다. 외국인들이 우리사회와 접하면서 겪은 경험, 인적자원이 성공의 중요한 열쇠가 될 것입니다. 그러나 아직까지 외국인들은 한국사회에서 수시로 바뀌는 정책, 자국의 문화에 대한 몰이해, 관계사회 속에서의 고립을 호소하고 있습니다.

### 외국인의 고립

이제 행정당국도 외국인과 생활할 사회를 준비해 나가야 합니다. 외국인들이 우리사회에 정착해서 생활하는 일은 물론 외국인들에게 우리의 문화를 이해시키려는 노력이 지속적으로 경주되어야 합니다. 한국어 강의 프로그램 운영, 전통문화 현장이나 공연, 전시회 등에 참여유도를 주선해야 합니다. 그리고 행정당국은 외국인들이 국민들과 접촉할 기회를 창출하여 우리가 타국에 대해 이해할 수 있도록 해야 합니다.

그 외에도 제도가 해결하지 못하는 사회의 자발성이 요구됩니다. 우리 앞에 와 있는 외국인들에게 우리의 사는 모습, 문화를 긍정적으로 보여주는 일은 준비된 사회 구성원으로서의 우리의 몫입니다. 가령 TV 오락프로그램에 등장시켜 낯섦을 신기해하기보다는 이들이 일반 가정집 생활, 차례 지내기 등을 경험할 수 있도록 마을단위로 초대할 수도 있을 것입니다. 우리 집은 명절이라 손님이 많고, 외국인에게 보일만큼 대표적인 집이 아니라고 여겨질 수도 있습니다. 그러나 돈 있는 외국인이 아닌 유학생이나 노동자들은 내 집이 아니면 문 닫힌 식당을 여러 개 지나서 밥 먹을 곳을 찾아 다녀야 할지도 모릅니다. 그렇지만 그들의 경험은 우리 우호 외교세력의 원천이 될 수도 있습니다. 대구MBC논평, 040920

## 열린사회와 외국 출신 며느리

이제 명절이나 특별한 날에는, 한국인과 결혼한 외국출신 사람들이 신문방송매체에 등장하여 자신들의 한국사랑을 이야기하곤 합니다. 우리는 정착하기까지 겪은 그들의 고생담을 신기한 듯이 듣게 됩니다. 우리가 함께 보고 즐기는 그 고생담은 그들의 피맺힌 노력이며 인내의 결과입니다. 그러나 어쩌면 그것은 줄여 줄 수도 있었을 고생들이 대부분입니다.

한편 아직까지 우리사회에는 웃으며 지난날을 회상할 수 있는 단계에 이르지 못한 외국출신 배우자들이 너무나 많습니다. 우리나라 국민과 결혼한 외국출신 배우자는 1990년대 들어 크게 증가해 현재 약 16만 명이 생활하고 있습니다. 그러나 이들은 대부분 문화적 차이, 언어소통, 귀화 수속 기간동안 겪어야 하는 어려움에 방치되어 있습니다. 그리고 그 어려움을 스스로나 배우자와 둘이서만 견디어 내고 있습니다. 우리사회에서 이들은 아직까지 복지정책의 사각지대에 놓여 있습니다.

최근 보건복지부는 국제결혼한 이들을 지원할 방안의 마련을 위해, 이주여성의 생활실태와 복지욕구에 관한 조사에 착수했다고 합니다. 이는 늦었지만 필요한 일입니다. 이 조사작업에는 여러 분야의 전문가들이 참여하여 국제결혼과 입국과정, 생활수준 및 혼인생활 실태, 적응과 자립을 위한 교육훈련, 보건 · 의료 및 사회복지 욕구, 외국 관련 정책 등을 검토합니다. 복지부는 이 결과를 토대로 하여, 국제결혼 이주여성을 위한 지원 정책 등을 마련할 예정입니다.

## 동등한 대우, 마땅한 예우

우리사회는 점점 인구가 줄어 결코 5000만 명을 넘지 못하리라는 예측이 나와 있습니다. 더구나 여아 출생률이 현저히 떨어져 외국 여성과의 결혼은 피치 못할 일로 간주되고 있습니다. 이 점을 감안하면, 국제 결혼은 당사자들의 사랑과 선택으로 이루어진 일이어야 하겠지만, 우리사회의 필요에 의해 요청되는 측면도 있습니다. 이 요청은 앞으로 더욱 강화될 것입니다.

이제 우리사회는 국제결혼 배우자들에 대한 정책지원 문제를 매우 뒤늦게나마 생각하게 되었습니다. 그러나 이에 앞서 그들에게 걸맞은 예의가 확립되어야 합니다. 요즈음 일부 지방에서는 "어느 어느 나라 처녀와 결혼하세요. 초혼, 재혼, 장애자 등 확실히 보장합니다" 라는 현수막을 걸어놓고 있습니다. 이미 한국말을 알고 있는 외국 출신 며느리들도 마을 입구마다 걸려 있는 이 현수막을 읽게 되겠지요. 이 때 그들은 자신이 이 땅에서 동등한 대우를 받고 살아간다고 느낄 수 있을지 의문입니다.

국내에 있는 외국인 배우자들은 더 이상 남이 아니라 우리나라 사람입니다. 이제 그들이 정착하기 위해 겪었던 어려움을 들어주기만 하는 단계는 극복되어야 합니다. 그들을 위한 적극적 복지정책이 마련되어야 합니다. 우리는 그들에게 마땅한 예의를 지켜야 하고, 외국출신 며느리가 가진 문화를 통해 우리 사회를 더욱 풍요롭게 해 나가야 합니다.

대구MBC논평, 050127

## 탈북자와의 자매결연 운동

우리는 최근 대규모 탈북자들을 새 식구로 받아들였습니다. 이들은 배고픔을 벗어나기 위해 북한을 떠나서 1~2년간 중국이나 동남아시아 여러 나라에서 정착할 곳을 찾아 헤맨 사람들입니다. 이들을 입국시키기 위해 노력하는 사람들과 단체들이 있고, 우리 정부에서도 이들을 외면할 수는 없었습니다. 탈북자들의 정착을 돕는 일은 단지 인도적 차원에서뿐만이 아니라 우리 민족 미래를 여는 입장에서도 당연히 시행되어야 할 사안이기 때문입니다.

현재 탈북자의 입국과 국내 정착이 점차 증가 추세에 놓여 있습니다. 20여만 명 안팎으로 추정되는 탈북자 가운데, 적지 않은 사람들이 남한에서 살기를 바라고 있습니다. 지난 해에도 2000여명의 탈북자들이 입국했다는 통계가 있습니다. 이들은 탈북의 동기나 과거 행적 등에 관한 조사를 받은 다음, 2개월간에 걸쳐 정착교육을 받게 됩니다. 교육이 끝나게 되면 탈북자들은 약간의 정착금을 받고 남한 사회에 뿌리를 내려야 합니다.

탈북자의 입국이 증가함에 따라 우리 사회에서는 이들을 위한 여러 문제들을 좀더 본격적으로 검토해서 대책을 마련해야 합니다. 이를 위해서 우선 적절한 규모로 국가 예산의 배정이 요청됩니다. 그리고 이들의 정착에 도움을 줄 수 있는 사회적 시스템이 마련되어야 합니다. 이와 동시에 이들에 대한 따뜻한 관심을 촉진할 수 있는 방안들이 모색되어야 합니다. 그리하여 이들이 남한 사회에서 탈 없이 살아나가도록 배려해야 합니다.

탈북자들이 남한에 입국하기 전까지는, 입국이라는 한 가지 목표를 향해 노력하면 되었습니다. 그러나 입국한 이후 이들은 이 사회에 정착해야 합니다. 정착이란 인간으로서 생활하는 일을 말합니다. 혹시 정부에서 대대적으로 지원하고 민간단체들이 그들을 향해 많은 도움을 주어 집과 일자리가 해결되었다 해도 산다는 것은 이것만으로 해결되지 않습니다. 그들에게는 체제와 제도가 다른 남한 사회에 정착하기가 매우 어려운 일입니다. 그리고 가족과 고향과 친척을 떠나야 하는 고통을 안고 있습니다.

## "여름 손님은 도둑보다 무섭다"

탈북자들의 정착을 돕기 위해서는 우리 사회의 절대적 관심과 도움이 필요합니다. 이들이 가지고 있는 아쉬움을 해결해 주기 위해서는 자매결연운동이 일어나야 하겠습니다. 형식적인 결연이 아니라 그들을 실제적으로 도울 수 있는 새로운 가족과 친척들이 결연을 통해서 마련되어야 합니다. 물에 빠진 사람을 구하기 위해 뛰어들 수는 있습니다. 그러나 이러한 일보다는 생활하면서 매순간 타인을 배려하며 타인의 이익을 우선해서 살기는 더욱 어려울지도 모릅니다. 마찬가지로 탈북자를 대거 입국시키고 교육시키기는 쉽습니다. 그러나 그들이 이곳에서 잘 생활할 수 있게 하기는 몇 배 힘이 드는 일입니다. 탈북자들의 정착은 인도적 차원에서 전개되는 선의의 문제에만 그치는 일이 아닙니다. 이는 우리나라의 앞날을 여는 데에도 중요한 문제라는 점을 인식해야 할 때입니다.

"여름 손님은 도둑보다 무섭다"는 속담이 있습니다. 이는 무더위가 한창일 때 남의 집 방문을 삼가야 한다는 말입

니다. 주인이나 방문객이나 다같이 고생스럽기 때문입니다. 그러나 탈북자들은 우리에게 손님이 아닙니다. 그들은 우리의 새로운 형제이고 미래이기 때문입니다. 탈북한 형제들을 따뜻한 마음으로 맞아들입시다.

대구MBC논평, 040729

## 국적을 선택하는 시대에 대한 대비

한나라를 이루는 기본적인 요소는 국민, 영토, 주권입니다. 오랜 역사를 누려온 우리는 주권과 영토에 대한 문제는 이미 눈으로 목격하고 겪어왔습니다. 다만, 국적에 있어 속인주의를 택하는 우리나라는 아직까지는 부모를 타고나듯이 국적도 타고 난다고 생각해 왔습니다. 그러한 우리사회가 최근 국적도 선택할 수 있다는 사실에 접하며 당혹감을 감추지 못하고 있습니다. 더욱이 우리 국적을 포기하는 사람들 소식에 접하면서 그동안 이러한 변화에 대한 정서적, 제도적 대비를 제대로 하지 못하고 있었음을 여실히 드러내고 있습니다.

최근 국회에서는 새로운 국적법의 내용을 입법예고 했습니다. 이중 국적을 가지고 살던 아동이 만 20살이 되어 한국 국적을 포기할 경우, 병역의 의무를 행하여야만 국적을 포기할 수 있도록 하는 내용입니다. 그래서 하루 40명 이상이 국적포기를 신청하는 사태에 이르렀습니다. 이에 대한 비난이 쇄도하고, 국적을 포기한 사람에게는 불이익을 주자는 다른 법안을 예고하고 있고, 국민정서도 그쪽으로 가고도 있습니다. 불이익을 주기보다는 그들이 우리 국적을 선택할 수 있도록 즐거운 군대생활, 살기 좋은 나라를 만들자는 의견도 나오고 있으나, 이는 가진 자를 옹호하는 논리로 몰리기도 합니다.

그러나 우리는 우리의 정서적 충격으로 일을 편견으로 몰아가서는 안될 것입니다. 우리는 이번에 불거진 국적의 선택과 포기의 문제를 병역에 한정함으로써 본질을 놓치지 않아야 할 것입니다. 우선 이렇게 병역을 피하여 국적을 포기한 사람에게 불이익을 준다고 했을 때, 극히 공평치 않은 제도를 만들게 된다는 사실을 지적하고자 합니다. 현재 우리 법에 의하면, 만 20살 당시 외국국적을 가지고 있는 경우 우리 국적은 자연히 상실됩니다. 국적이 저절로 상실된다면 병역을 치르지 않아도 되는 것입니다. 그런데 굳이 서둘러 국적포기신청을 하는 것은 만 18세부터 징집이 되는데, 열여덟 살에서 스물 살 동안에 소집이 될 수 있기 때문에 그를 피하려는 의도라고 판단됩니다. 그러나 대학에 들어가서 학업 때문에 병역연장신청을 한다면 자연히 20살을 넘길 수 있게 됩니다. 따라서 대학을 갈 수 있고 뚜렷한 일을 가질 수 있는 사람은 이러한 법을 빠져나갈 수도 있습니다.

## 이중국적과 연고

지금 우리나라에는 이렇게 병역을 앞두고 공식적으로 국적을 선택해야 하는 경우가 아닌 이중 국적자들이 적지 않은 수가 있습니다. 성년이 되어서 학문연구나, 사업, 외교 등으로 외국에 머물면서 시민권을 얻어 이중국적을 가진 사람들도 다수입니다. 우리는 성년이 되고 나면 그들이 신고하지 않는 한 우리정부가 이중국적의 여부를 파악하지 않고 있는 것이 현실입니다.

국가의 중요한 일들을 하면서, 그렇지 않다 하더라도 양국의 이익을 누리겠다거나, 혹은 한국이 여의치 않을 경우 피신처로서 이중국적을 보유한 사람들이 많다면 한국은 분명 불행한 나라입니다. 그렇지만 반대로 그들이 연고를 가지고 있는 나라를 우리나라에 이롭게 할 수 있는 연고로 활용할 수도 있습니다. 이제 세계는 정말로 다양한 국제화 시대로 가고 있습니다. 우리 국민이 외국에 가고, 외국인이 한국에 오고, 국적에 관한 여러 가지 경우들이 일어날 수 있습니다. 이 기회에 보다 넓고 멀리 장래를 보는 입장에서 지금 사회에 잠재해 있는 이중국적, 앞으로 발생할 이중국적에 대한 대책과 활용에 대한 적극적인 검토를 해야 할 것입니다. 인구가 정체하고 있고, 국제교류를 통해서 모든 자원을 충당하고 있는 우리나라에서 한국국적을 선택할 수 있는 요건과 대비 등에 대해 철저히 준비해야 할 것입니다. 대구MBC논평, 050519

## 외국인을 수용할 프로그램을 가져야 할 때

한국이 세계인권위원회로부터 지적을 받았다. 우리나라 사람들만큼 단체를 위해 자기 시간을 희생하고, 너와 나와의 구별이 적은 사람들도 많지 않다. 그러고 보면 억울한 지적일 수 있다. 그러나 조금만 다른 쪽으로 눈을 돌리면, 우리나라 사람은 나와 관계가 형성된 '너' 아닌 사람들에게 무관심하다. 게다가 '적' 이나 '나쁜 사람' 혹은 '불필요한 사람' 으로 분류되면 그 사람도 사람임을 잊을 만큼 냉정하다. 그래서 오랜 동안 법위반자들은 기본적 인격도 대우받지 못하기도 했고, 인권의 유린을 논하는 중요한 사회적 요소를 만들어 왔다.

이러한 속에 아직 사회와 관계가 형성되지 않은 사람들이 늘고 있다. 이른바 외국인이다. 약 41만을 넘는 외국인 중에 한국에서 불러온 그룹이 있다. 유학생들이다. 지금 세계는 외국유학생을 'Money Cow(돈줄)' 라고 부르며 엄청난 유치작전에 돌입하고 있다. 최근 정부도 유학생이야말로 자국의 우호세력의 원천이라는 생각에서, '보내는 유학에서 받아들이는 유학정책' 으로 전환했다. 우리나라에서 외국으로 공부하러 가는 학생이 15만 명이 넘는 반면, 현재 국내에는 약 7천명의 유학생이 등록하고 있기 때문이다. 따라서 정부에서는 다각적으로 대학국제화 정책을 내놓고 있다. 정부는 외국인 학생의 국내 입국심사 절차와 연장요건을 완화하는 한편, 2005년까지 총 30억원을 들여 영어전용강좌를 개설하고 어학연수 프로그램을 개선한다고 발표했다. 국내 대학들도 정부의 이와 같은 정책에 발맞추어 교육의 국제화, 시장화라는 기치아래 여러 방안을 내고 실시하고 있다. 외국 유학생 유치를 통해 국제수지 개선 효과는 물론 고등교육의 질적 수준 향상을 통한 한국교육의 국제적 역할을 수행한다는 목적이며, 계속해서 줄어드는 국내 학생수의 공백을 메워, 재정의 어려움을 이겨내는 돌파구로 찾는다는 방안이다.

## 유학생을 맞는 소프트웨어 개발

영남대학도 국제 교류의 폭을 점점 높여 나가도록 다각도로 노력하고 있다. 우리대학 학생들 50여명이 자매교류 학교로 나가 있으며, 현재 우리대학에는 360여명의 외국인이 생활하고 있다. 또한 1년에 해외파견 교수들이 40여명 되고, 교내에 들어와 있는 외국인 강사, 교수들도 상당수 된다. 이들 각자가 1년 동안 만날 수 있는 사람 수를 센다면, 무척 많은 국제외교의 폭을 상정할 수 있다. 그러나 국제적 접촉이 중요하기는 하지만, 그 접촉이 바로 국가 간의 이해를 높이고 문화적 이해를 증진하지는 않는다. 그것은 외국인 유학생들이 그들의 젊음을 이곳에서 잘 보냈느냐의 여부에 따라 결정되는 결과이다. 그렇지만 아직까지는 외국인 유학생들이 어려움을 호소하고 있다. 대학에서는 아직 강의가 준비되지 않았고, 수시로 바뀌는 정책이나 제도에도 적응하기 어렵다고 지적한다.

프랑스에서는 외국인 유학생들을 관리하고 그들을 위한 프로그램을 개발하는 기구가 있다. 쿠르스(CROUS)라는 학생정보센터를 중심으로 매주 영화, 전시회, 음악 등의 공연기회를 함께 참여할 수 있도록 표를 할인해서 팔며, 프랑스 전역을 여행할 수 있는 프로그램은 물론, 결혼식 등의 전통관습을 볼 수 있는 기회 등을 제공하고 있다. 외국인들의 논문교정을 돕는 프로그램, 기숙사 구하는 일, 아르바이트 찾는 일까지 해 주고 있다. 또한 일본은 자국에서 유학하고 나간 사람들을 지속적으로 관리하도록 하고 있다. 일본에서 유학을 마치고 온지 20년이 넘는데도 그 학교에서 소식지가 지속적으로 보내져 오고 있는 것은 보통이다. 일본에서는 외국 졸업생 초대사업도 계속 운영하고 있다.

유학생을 받으려면 그에 맞는 제도가 마련되고, 그것을 운영할 소프트웨어가 함께 개발되고, 또한 사회가 준비되어야 한다. 이 점에서 아직 한국은 대처가 약하다. 그러므로 이 준비의 시간이 요구되고 있는 사이, 우리가 생각하기도 전에 우리 앞에 와 있는 외국인들, 특히 외국인 본교 학생들에게 우리의 사는 모습, 문화를 긍정적으로 보여주는 것은 우리 각자의 몫이 되었는지도 모른다. 가령 올 가을에 입학해서 아직 거리도 익히기 전에 긴 추석휴가를 맞게 되는 경우에는 더욱 절실한 기회일 수 있다. 우리 집에 명절이라 손님이 많고, 외국인에게 보일만큼 대표적인 집이 아니라고 여겨질 수도 있다. 그러나 외국에서 찾아 온 우리 학생들이 내 집이 아니면 문 닫힌 식당을 여러 개 지나서 밥 먹을 곳을 찾아 다녀야 하는 기간이 될 지도 모른다고 생각해 보아야 옳을 것이다. 영대신문 사설, 040920

## 미군의 이라크군 포로 학대와 상처받은 인류애

최근 이라크인 포로들에 대한 폭행과 고문 등에 관한 사실이 드러났다. 이 일이 외부에 알려지자 세계는 온통 이라크 포로들이 당한 부당한 처우에 대해 분노하고 있다. 이라크 전쟁의 정당성에 대한 문제가 다시 거론되기 시작했다. 미국을 도와 이라크에 군인을 파견했던 국가들 가운데는 군대 철수문제까지 거론하기도 한다. 지금 우리도 이라크에 서희부대와 제마부대를 파견하여 전후 복구에 참여하고 있다. 우리는 곧 대규모의 부대를 이라크에 증파할 예정으로 되어 있다. 그러므로 이라크에서 일어난 포로학대에 관한 문제는 결코 남의 일이 아니다. 이는 이라크에 주둔하는 한국군의 안전과 직결되는, 바로 우리의 문제이기도 하다.

작년에도 미국은 이라크가 테러세력과 연결되어 있고, 대량학살무기를 숨기고 있다고 지목했다. 그리고 테러의 확산과 전쟁을 예방하기 위해서는 이라크의 정권을 무너뜨려야 한다고 주장했다. 이 예방전쟁론에 따라 미국은 이라크에 전쟁을 도발했고 승리를 거두었다. 많은 이라크 인들이 자기나라 땅에서 포로로 잡혔다. 그러나 전쟁이 끝난 후, 이라크와 테러세력과 관계가 없음이 밝혀졌다. 미국은 대량학살무기도 찾아내지 못했다. 그러자 미국대통령 부시는 다시 이라크에 자유와 민주주의 그리고 인권이 보장되는 사회를 만들어주어야 한다고 하면서 전쟁과 군대 주둔의 명분을 수정했다.

바로 이 상황에서 이라크의 포로수용소에서 자유와 민주주의 그리고 인권을 철저히 유린하는 포로학대 사건이 발생했다. 이에 미국의 여론마저도 그 부당성에 들끓었다. 중동 여러 나라에서는 이번의 사건이 미국이 말하는 민주와 인권의 허구성을 나타낸다고 주장하기에 이르렀다. 이에 대한 미국의 공식입장은 이라크에 파견된 15만 명의 미군 가운데 20명 내외의 탈선한 미군들이 저질은 일로 규정했다. 아마도 미국은 이 선에서 일이 마무리되기를 바랐던 모양이다.

그러나 포로 학대가 아부 그라이브 수용소 한곳에서만이 아니라 전반적으로 진행된 현상임이 계속 밝혀졌다. 이라크의 남성포로에 대한 폭행과 고문뿐만 아니라 여성 포로들에 대한 성폭행 사실까지도 전해지게 되었다. 이로써 세계의 여론은 더욱 미국의 처사에 대해 등을 돌리게 되었다. 그제야 이라크 내 포로수용소 총감독관 제프리 밀러 소장은 아부 그라이브수용소 내 일부 병사들이 저지른 "불법적이며 독단적인 행동에 사과한다."고 공식 발표했다. 그리고 그는 국제적십자사와 이라크 내무부, 국제인권단체들이 아부 그라이브에 사무소를 설치할 것도 허용한다고 밝혔다. 그는 이번 사건을 계기로 일부 포로 심문 방법도 중단될 것이라고 지적했다.

그러나 이와 같은 조처만으로는 충분치 않다. 포로에 대한 학대는 전쟁포로에 관한 제네바 협정을 정면으로 위반한 일이다. 포로학대는 인류에 대한 범죄이며, 인간성을 거스르는 죄악이다. 미국의 부시 대통령은 전쟁 발생초기 이라크 인들이 미군포로들을 부당하게 대우하면 전쟁범죄자로 법정에 세워 처단하겠다고 공표한 바 있다. 이렇게 미국 대통령 부시도 지난날 포로 학대를 전쟁범죄라고 선언한 바 있다. 그가 전쟁 발생초기에 주장했던 대로 포로 학대는 틀림없이 전쟁범죄 행위이다.

그러므로 미국대통령 부시는 이라크 포로 학대에 대해 이라크 국민과 인류에게 공식적으로 사과해야 한다. 그리고 이에 관여한 미국군인들도 전범으로 국제 재판정에 세워야 한다. 이 사건을 가해자인 미국군 당국이 조사하는 행위는 이미 신빙성을 상실했다. 그러므로 미군 당국이 아닌 국제기구를 통해서 이 일련의 사건들은 철저히 조사되어야 한다. 그렇지 않으면 돌아선 아랍의 민심을 되돌릴 수 없을 것이다. 미국은 인류 양심의 외침에 더 이상 귀를 막아서는 안 된다.

이와 같은 조처가 뒤따르지 않는다면, 분노한 이라크 인들은 이라크에 주둔하는 외국군을 더 이상 용납하지 못할 것이다. 따라서 이와 같은 포로 학대 문제는 우리나라 군인들의 안전과 직결되는 일이다. 우리 군인들이 평화와 전후복구 사업을 위해 이라크에 간다고 한들, 누가 이를 믿어주겠는가? 자유와 민주주의 그리고 인권을 위한다는 미군주둔의 명분이 짓밟혀진 이상, 우리의 파병 명분이 과연 살아남을 수 있겠는지 의심된다. 이라크 포로에 대한 학대 사건을 계기로 하여 우리는 이라크의 추가 파병에 관해서 근본적으로 재검토해 보아야 한다. 평화를 사랑하고 인류애를 존중하는 대한민국으로서는 이라크 파병에 대해 신중을 기해야 할 의무가 있다. 대구MBC논평, 040506

## 애정과 증오의 나라 미국, 한미관계를 생각한다.

미국뿐 아니라 세계의 이목을 집중시켰던 미국 대선이 막을 내렸다. 존 케리 민주당 대통령 후보가 백악관으로 전화를 걸어 축하의 말을 전하며 국론의 분열을 걱정했다. 이에 부시 대통령은 케리에게 "당신은 존경스럽고 훌륭한 반대자였다'고 대답했다. 이로써 부시 대통령의 재선이 확정되었다. 오늘 새벽 부시 대통령은 재당선 인정연설에서 힘과 정의, 평화의 미국을 강조했다. 전통적 보수주의가 미국에서 다시 출발하게 되었다.

우리나라는 1866년 미국 상선 제너럴셔먼호 사건이 대동강에서 일어나던 때부터 미국과 본격적인 관계가 시작되었다. 2차대전 이후부터 미국은 한국의 최우방국으로 활동하고 있다. 어려울 때 한국은 미국에 도움을 청했고, 국내외 많은 일들이 미국과 연관되어 왔다. 한국의 학자들 기술자들, 정치가들은 대부분은 미국에서 지식과 기술, 경험을 익혔다. 또 많은 한국인들이 미국 내에서 생활하고 있다. 그리하여 미국은 정치적, 문화적, 경제적인 면에서 한국에 큰 영향을 주는 나라가 되었다. 십수 년 전만해도 세계정세에 어두운 일부 외국인들은 한국이 미국의 식민지이거나 식민지였을 것이라고 생각하기도 했다.

### 미국만의 정의, 미국만의 평화는 안 된다

영향력이 서로 큰 사이에서는 당연히 존경과 사랑, 두려움과 미움이 함께 존재한다. 영향력이란 감사를 자아내지만, 반대로 역감정을 키우기도 한다. 더욱이 미국과 한국처럼 대등한 나라가 아닐 때에는 더욱 그렇다. 미국은 여전히 우리에게 최우방이긴 하지만, 현재 한국 내에서는 미국을 바라보는 시각에 커다란 차이가 나타나고 있다. 미국과의 관계를 유지하고, 서로 함께 발전을 도모해야 한다는 입장과 함께, 미국과 관련된 불유쾌한 기억 때문에 반미 감정도 존재하고 있다. 이 두 가지 상반된 견해에 대한 조절이 우리에게는 항상 요청되고 있다. 부시 대통령이 당선됨으로써 한미 관계에 큰 변화는 일단 없을 듯하다. 그러나 그동안 제기되어온 두 나라 사이의 입장차이는 계속 해결할 문제로 존재하고 있다. 한국 정부는 현재 북한에 대한 견해에 있어 미국과 다른 입장을 취하고 있다. 그리고 이라크 파병문제에 있어서도 한국 내에는 미국의 주장과 달리 생각하는 그룹들이 적지 않다. 그밖에 여러 가지 이유로 말미암아 파생되었던 반미 감정도 만만치 않다.

미국은 세계에 영향을 미치는 나라이다. 그러므로 미국만의 힘, 미국만의 정의, 미국만의 평화를 생각해서는 안 된다. 강자는 약자보다 더 공공의 이익, 공공의 정의를 존중해야 한다. 강자의 영향력은 약자의 그것보다 월등히 크기 때문에 그 사회적 책임 또한 클 수밖에 없다. 때로는 약자를 아주 몰락시켜 스스로도 망할 수 있기 때문이다. 양반은 베풀 줄 알았기 때문에 그 가문을 유지하고 살았던 우리의 역사이야기가 이를 실증한다. 또한 한국인들도 그동안 받아온 영향에 대한 역으로 감정적 차원에서 미국을 대해서는 안 될 것이다. 좋은 쪽이든, 나쁜 쪽이든 영향을 받은 것의 상당한 책임은 본인에게 있다는 점을 인정하고, 미국과의 관계에 있어서 냉정하게 관찰하고, 이성적으로 행동해야 한다. 기본적으로 미국은 우방국이지 내 나라가 아님을 늘 확인해야 한다. 또한 미국의 새 정부도 한국에 대한 타성적 인식을 버리고, 한반도와 세계의 평화에 대한 자신의 책임을 새롭게 인식해 나가야 한다. 두 나라는 서로에게 해 줄 수 있는 일이 많이 있기 때문이다. 대구MBC논평, 041104

# 세번째 이야기
# 여성과 사회의 소통

역사를 전공하다 보면
사람들의 이름을 많이 기억한다.
그런데 대부분은 죽은 사람들의 이름이다.
그리고 대부분 남자들의 이름이다.
오랜 세월 속에 여성들은 다 어디로 갔을까?

지금 그 여성들이 새로 태어나고 있다.

# 여성의 일이 변하는 시대

한국사회는 다른 나라가 2~300년 걸려서 경험해 온 역사를 50년 내에 이루어냈다. 그 중 가장 큰 변화 속에 드러나는 것이 여성사회이다. 여성들만의 직업을 창출하고, 남성들의 분야라는 곳에 진출하고, 남성들과 어울려 일하고 있다.

한편, 비녀 없는 종부와 딸네들이 있다. 그들의 시어머니는 종들을 데리고 살며 종손가의 일들을 해 내었다. 지금의 종부들은 종이 없다. 그들은 전통을 이고 스스로가 그것을 살아냈다. 그렇다고 그들의 며느리가 그들이 한 일을 하리라는 보장이 없다. 때로 직장을 가진 며느리를 얻은 시어머니는 며느리 생일까지 챙겨주어야 한다.

우리나라는 현재, 이 모든 단계의 여성이 함께 만나고 있다.

## 신라 여성의 사회생활과 지위

우리나라 역사에서 신라에만 여왕이, 그것도 세 명이나 있었다. 화랑을 거느린 원화들도 있었다. 아마 조금만 역사에 관심을 기울인 사람이면 신라에서 시조제사를 지낼 때 남해왕의 여동생인 아로가 사제직을 담당했음을 알 것이다. 또 여성이 제사의 대상이 되기도 했다. 박혁거세를 낳았다는 선도산 성모, 박제상의 아내인 치술성모 등 많은 성모들이 나타난다. 또한 신라사회에서는 석탈해가 성군이 될 것임을 알고 바닷가에서 끌어 올리는 노구老軀 등의 역할도 만만찮다. 한편, 황남대총 북분과 서봉총 등에서는 여성이 화려한 금관을 착용하고 있기도 하다. 그러면서도 현실적으로 경상도는 소백산맥과 태백산맥으로 둘러싸여 한반도내에서 이 지역이 가장 고유한 습속을 보유하고 있다고들 한다. 그렇다면 고대는 여성의 지위가 남성보다 높았다는 이야기일까?

### 고대 여성의 생활은 얼마나 다른가?

신라시대 혼인제도는 이미 부거제父居制가 시행되는 등 남성위주인 사회를 드러낸다. 그렇지만, 신라사회 여성들의 기동성 및 활동력은 조선시대보다 훨씬 뛰어났다. 그들은 남성과 같이 여행했다. 박혁거세는 왕이 되고 전국을 순행할 때, 왕비를 대동하고 떠났다. 또한 신라에서는 관리들이 임지로 부임할 때, 부인과 같이 임관하도록 했다. 수로부인이 강릉으로 가다가 노인으로부터 꽃을 받은 때가 바로 이 임지로 가는 도중이었다.

교통의 편의를 위해 신라 여성들은 남성과 같이 말을 타고 다녔다. 오늘날 우리들은 신라여성들이 울주 천전리 서석書石과 같은 곳에 와서 귀족들과 들놀이하고 자신의 이름을 남긴 모습을 볼 수 있다.

## 변화를 만들어 낸 여성성

여성의 사회적 활동이 공식적으로 인정받는 분위기에서 여성은 국왕으로 즉위할 수 있었다. 물론 여성이 국왕으로 즉위했던 사실은 남녀의 차이보다는 신분에 따른 역할구분에서 이루어진 일이었다. 다만, 현재 우리는 그들을 여왕이라고 부르는데, 당대의 기록은 왕王이었다는 사실에 환기를 요한다.

신라에서 세 명의 여성이 국왕으로 통치했던 시기는 모두 합해서 30년 정도이다. 특히 선덕왕과 진덕왕은 신라 역사 문화에서 르네상스를 이룩했고, 통일의 기틀이 이때 다져졌다. 분황사, 황룡사 구층탑, 첨성대 등도 이때 창건되었다. 그리고 백제에게 빼앗겼던 7성을 다시 찾았고, 대야성을 회복했으며, 대당외교에서 통치능력을 발휘했다. 다만 진성왕의 통치기부터는 신라가 하대동요를 걷고 있었다. 이를 통해 볼 때 여성이 통치를 하면서 부흥하거나, 멸망의 길을 향해 걷고 있다. 이는 여성의 힘이 큰 것이라고 할 수도 있겠으나, 남성사회에서 새로움이 요구되었을 때 여성이 나타났기 때문일 수도 있다.

또 여성은 변혁기에 빨리 적응하는 것을 볼 수 있다. 여성은 불교를 수용하는 단계에서도 적극적인 역할을 했다. 고구려의 아도阿道가 불교를 전파할 때 신라에서 최초로 선산 모례毛禮의 누이 사씨가 귀의 출가했다. 신라불교는 이렇게 수용 · 실천되었고, 도유나랑都唯那娘이라는 여성 승직도 설치되었다.

## 권리와 의무의 관계

한편, 신라 여성들은 이러한 권한을 누렸던 대신에 역役도 함께 담당했다. 고대 경상도 여성들도 물론 가사노동의 양이 많았을 것이다. 그러나 전통적인 가사일 말고도 신라 여성들은 일정하게 세금을 부담했고 역에 동원되었다. 신라왕실에서는 신라적성비나 촌락문서 등에서 보이는 바와 같이 역이나 세금부과 등을 위해 여성을 남성과 같이 등급 매겨 파악하고 있었다. 이는 권리와 의무가 상관관계에 있음을 보이는 대목이다.

고대사회에서도 남녀의 차별은 보인다. 그러나 그것보다 우선하는 일은 신분에 의한 차별이었다. 그러면서도 신라사회는 의무를 똑같이 나눌수록 여성의 권한은 확대되어 감을 일갈하고 있다. 나아가 오늘 우리사회 변화와 개혁을 위해서 여성성이 대안임을 전하고 있는지도 모르겠다.

경대신문, 040306

## 여성전용선거구제와 여성의 정치 참여

국회 정치개혁특위는 여성의원 비율을 높이기 위해 26명의 여성전용선거구제 도입에 합의한 바 있다. 그런데 이 합의가 정식으로 발표되기 전부터도 남성을 역차별 한다는 위헌소지로 논란이 일었다. 또한 이렇게 특혜를 받아 선출된 여성정치인들은 이류정치인처럼 인식될 터이다. 여성들 사이에서도 이러한 제도를 굳이 만들 필요가 있는가라는 회의적 반응이 나왔다. 지금은 비례대표 중 50%를 여성에게 할당하는 방안이 논의되고 있다.

사실 우리사회는 오랫동안 남성들이 주도해온 사회였다. 그러나 오늘의 한국정치는 지연과 학연과 혈연에 얽혀 있다. 이로 말미암은 정치적 부패는 민족의 앞날을 위협하고 있다. 이 상황에서 여성들이 정치를 더 잘할 수 있는 이유가 있다. 여성들에게는 문제투성이의 이 사회를 바로 잡아나갈 수 있는 능력이 많다. 우선, 여성은 구석구석을 샅샅이 살피는 눈썰미와 따뜻한 마음이 있다. 또한, 여성은 학연이나 지연 등의 조직에서 비교적 초연할 수 있다. 무엇보다도 여성은 남성보다 도덕적으로 투명하며 부패의 가능성이 월등히 적다. 국민을 살피는 애정 어린 시선, 무연고성, 도덕성이 현재 개혁을 원하는 우리 사회의 절대 필요한 정치인의 덕목임은 누구나 알 것이다. 여성은 이 과제를 더욱 잘 수행할 수 있다.

### 여성의 시각이 필요한 문제

하지만 현재 우리사회에서는 여성 정치인에 대한 인식에 문제가 있다.

여성이 여성정치인을 지지하는 예는 매우 적다. 남성들도 정치는 여성의 일이 아니라는 편견을 가져온 듯하다. 그러나 최근 아일랜드의 여자대통령은 88%의 지지율을 나타냈다. 핀란드의 여대통령도 94%의 지지율을 보였다. 이는 현대 선진 사회에서 여성의 시각으로 처리해야 할 사회문제가 산적해 있기 때문이다.

오늘날 우리나라에서 논의되는 여성전용선거구제는 여성을 한시적으로나마 보호하려는 의식에서 나왔다. 그러나 여성선거구제가 시행되면, 여성끼리만 경쟁하게 된다. 여성 비례대표제를 도입하면, 마음을 긴장시켜 유권자의 목소리를 생생하게 찾아내고 유권자와 일치하려는 노력의 기회가 줄어든다. 따라서 여성선거구제 논의 자체는 여성의 정치적 지위를 더 불행하게 만들 우려마저 있다. 오늘날 우리 사회에 진정으로 요청되는 것은 여성도 현실 정치에 있어서 제대로 된 역할을 수행하고 평가받는 일이다. 이를 위해 후보자나 유권자 모두가 사회를 직시해야 여성정치인이 설 자리가 나올 수 있다. 여성만을 보지 말고, 문제투성이의 사회를 보아야, 여성 정치인이 활동하고 인정받을 수 있을 것이다. 대구MBC논평, 040226

## 여성의 당당한 자리매김

여성이 장군이 되었다. 국방의 의무는 전통적으로 남성의 영역이라고 생각되어 왔는데, 그곳에서 여성이 별을 달았다. 남성과 여성의 역할구분이 완화되어 가는 것이 반갑다. 여성의 장성 진급은 적지 않은 남성이 간호사가 되고 미용사가 되는 요즈음 또 하나의 자극이었다. 새 길을 개척한다는 것은 힘이 든다. 그러나 그는 새 길을 열었다.

일반 일터에서도 여성이기 때문에 겪는 일이 허다하다. 교수는 일반화되어 있는 직업이다. 그러나 내가 봉직하고 있는 학교에 처음 왔을 때, 내 연구실이 있던 건물에는 여성용 화장실이 따로 없었다. 지금 연구실이 있는 건물로 옮겼을 때에는 복도에 남녀 교수용 화장실이 있기는 했지만, 여자 화장실은 창고로 쓰이고 있었다. 비어 달라는 내게, "아, 이 건물의 화장실에는 남자교수용, 김정숙 교수용이라고 적혀 있네요" 라며 농담들 했다.

사람은 자신이 즐거워하는 일을 하면서 살아야 한다. 그리고 그 일이 자신의 생활비를 충족시킨다면 행복한 사람이다. 그러나 사회에는 너무나 많은 조건 때문에 이 행복을 얻기가 쉽지 않다. 특히 여성에게 사회역할을 주지 않았던 전통 때문에 여성에게는 이 점이 더욱 심각하게 다가온다. 이제는 또 여자는 어느 분야이든 양념처럼 한 명쯤 있으면 된다는 사고가 강하다. 그래서 여성이 한 명쯤 이미 자리 잡고 있는 곳에 취직하려는 다른 여성들은 서류접수조차 시도하지 못하기도 한다. 이것이 우리 사회에서 일하는 여성은 많이 생겼어도 정책 결정자리에 있는 여성은 전체 4% 정도밖에 되지 못하는 현상을 빚고 있다.

최근 대통령 후보들이 여성존중 정책, 여성고용균형 정책들을 주장하고 나온다. 그러나 여성이라는 이유로 일정 비율을 채우기 위해 남성보다 실력이 없는데도 같은 자리에 오른다면 이 또한 불평등이다. 그런 방식으로 여성이 진출하게 되면 남성과 대등하게 일하기 어렵다. 여성장군은 군의 양념이 아니다. 그도 그 분야에 있어서 핵심으로 인정되어야 한다. 오늘의 우리 사회는 아직도 여성에게 적지 않은 차별을 하고 있다. 여성은 이에 대응하면서 당당하게 서야 한다. 그러나 그 모든 것은 여성 자신의 실력으로 이루어져야 한다. 악조건이 있다면 남녀 모두 같이 감당하면서.

매일춘추, 011115

## 여성의 일이 변하는 시대

세상은 늘 변하고 있다. 그리고 자기 자신도 변화에 일조하게 된다. 그러나 자신의 변화는 본성의 변화라기보다는 주변 여건의 변동에 따른 결과인 경우가 많다. 한 예를 들어보자. 최근 핸드폰이 널리 보급되고 있다. 그 결과 시계를 차고 다니는 사람이 줄었다. 또 핸드폰의 사용이 급증하자 우체국은 우편판매와 같은 기능을 확장해야 했다. 여기에서 우리는 핸드폰의 빠른 보급이라는 제1차적 현상을 이해하기는 쉬워도, 우편 판매가 급증했다는 제2차적 현상이나 그 원인을 이해하기 위해서는 또 다른 노력을 들여야 한다.

여성생활의 변화를 파악하는 일도 마찬가지다. 여성생활의 변화가 제1차적 현상인지 또는 제2차적 현상인지, 아니면 이 두 현상이 함께 나타나는 일인지를 정확히 파악해야 한다.

### 타인을 통한 사회 참여

사람은 사회적 동물이라고 했다. 즉 사람은 사회생활을 하고 있다. 그런데 사회생활의 형태에는 여러 가지가 있다. 그 중 한 형태는 타인을 통해서 사회에 참여하는 모습이다. 즉, 남편이 힘껏 활동할 수 있도록 준비해 주고, 아들이 보다 더 잘 살아갈 수 있도록 돌볼 수 있다. 심지어는 시집간 딸이 사회에 좀더 잘 적응하도록 딸의 아이를 돌보아 주는 일도 있다. 그것은 모두 아름다운 일인 동시에 타인을 통해서 하는 사회 참여이다.

그러나 이렇게 이차적으로 사회에 참여하는 그룹이 한쪽 "성性"에만 형성되어 있다면 이 변동하는 시대에 고려해 볼일일 수밖에 없다. 더욱이 그것이 한 성에 한정되어 그 성으로 태어났기 때문에 자신의 역할이 정해진다고 가정해 보자. 즉, 여성이기 때문에 타인을 통해서만 사회에 참여해야 한다면, 그리고 그렇게 교육시켜 오고 있다면, 이는 분명 점검되어야 할 일이다.

어느 집에 돈이 모자라 아들만 교육하고 딸에게는 그 기회를 주지 않았다고 하자. 그렇다면 그 딸은 역량이 있었다 하더라도 후일 이차적인 사회 참여로 나갈 수밖에 없다. 어느 한 때는 이 형태의 삶이 통했다. 그러나 산업이 발달하고 생활이 변하는데도 이러한 삶의 형태는 종전과 동일한 의미를 부여받을 수 있을까?

여성은 두 개밖에 없는 인류의 성에서 반수를 차지하고 있다. 인류의 반에 해당하는 여성에게는 오랫동안 그 삶의 형태가 이차적 참여로 규정되어 왔다. 사람들은 그렇게 세뇌되어 왔고 이를 관습으로 지녀왔기 때문에 아무런 생각 없이 모두들 이 현상을 인정하고 있다. 그렇다면 이는 심각한 문제이다.

이 현상이 문제로 지적되는 분명한 이유는 세상이 바뀌고 있다는 사실 때문이다. 약 20~ 30년 전부터 여성문제가 불거지기 시작했다. 그때는 시간 있고 여유 있고 할 일이 정확치 않은 여자들이 이곳저곳 다니면서 땅을 사서 집을 짓고 재산을 늘렸다. 그러나 그 이후로 여성들의 춤바람이나 야유회는 사회적 비난의 대상이 되었다. 오늘날도 몸을 단련하는 곳이나 쇼핑 장소 등

은 모두 여성의 장소로 인식되고 있다. 물론, 여성들은 사회봉사도 하고, 무언가를 배우기도 한다. 그러면서도 그들은 "배우는 것도 한도가 있지 심심해요"라고들 한다.

물론 여성이 일을 하지 않는다는 말은 아니다. 여성은 고대부터 현대까지 형태가 약간씩 다르다 하더라도 일을 해 왔다. 조선시대 이후부터 집안을 통한 간접적 사회참여로 변화되었지만, 그 일의 양이나 중요성은 매우 크다. 경제적인 측면에서도 알뜰한 구매를 통해서 가계를 절감하고, 가족의 건강을 돌봄으로써 많은 비용을 절감하고 있다. 그러므로 일의 양이나 중요성, 경제적 수익에 있어 전업주부의 노동도 조금도 떨어지지 않는 사회참여이다.

그런데 우리가 생각해야 할 점이 있다. 우선 세상이 변한다는 사실이다. 하루세끼 불 때서 밥 짓던 때보다는 연탄불에 밥솥을 올려놓으면 시간을 좀 줄일 수 있다. 전기밥솥이 나온 뒤로는 밥하는데 드는 시간을 더 줄일 수 있다. 아울러 전기밥솥 덕분에 밥을 하루세끼 짓지 않는다면 일의 양은 더욱 달라질 수밖에 없다. 또한 사계절이 분명한 우리나라에 냉장고가 나옴으로써 계절음식을 마련하고 저장하는데 드는 시간이 줄게 되었다. 세탁기가 등장하고, 옷감이 변하면서 하루 종일 빨래하고 삶고 다듬이질하던 시간들이 줄었다. 더욱이 집에서 일일이 대접하던 손님 접대라든가, 4대까지 모시던 제사가 줄면서 여성의 시간은 더욱 많아졌다. 여성의 이 시간들은 모두 비용을 들여서 사오고 있는 것이다. 게다가 오늘날은 여성도 남성과 똑같이 교육을 받고 있다. 이제 일은 줄고 여성은 사회적 교육을 받았다.

이러한 상황에서 여성이 사회적 일을 찾아 나섰고 또 찾아 나서는 것은 당연하다. 그런데 적지 않은 여성들이 어려운 일에 부딪칠 때마다 일을 하지 않아도 살 수 있을 것 같은 유혹에 빠진다면, 이는 사회변화를 읽지 못하는 태도이다. 또 그것이 여성을 약하고 좌절하게 한다면, 이는 단호히 생각해 볼 일이다. 취직시험에서 두 번쯤 떨어진 다음 "결혼 할래요"라고 말한다면 옳은 것일지? 또 능력은 있는데도 여성이니까 남성보다는 직장이 덜 급하다고 보는 사회 인식은 언제까지 지속될 것인지? 여성들까지도 적지 않은 수가 취업을 결혼하기 전의, 또는 아기를 낳기 전의 과도적 현상으로 인식하기도 한다. 그러나 이러한 시각은 앞으로 틀림없이 극복되어야 한다.

우리 사회는 아직 여성을 실업인구에 넣지도 않는다. 그리고 한 가장의 최저 임금을 그 가장 혼자 벌어 한 가족이 먹고 사는 것으로 계산하니 문제가 없다. 모두들 우리나라 직장의 월급이 다른 나라의 같은 직종과 비교하여 많은 편이라고들 지적한다. 그것은 우리사회에 배우자가 돈을 번다는 개념이 들어 있지 않기 때문일 뿐인데도 말이다. 그래서 아직까지는 우리 사회에서 여성의 직업에 대한 갈등은 귀족스런 철학쯤의 문제일 수 있다. 그리고 배우자까지 직장생활을 하는 것은 부富를 축적하려는 수단으로 간주될 수 있다. 그리하여 직장생활도 잘하고 가정도 잘 이끄는 여성을 커리어 우먼이라고 칭찬처럼 말한다.

그러나 앞으로는 여성의 취업이 필수적 사항이 된다. 이러한 현상이 당분간은 일어나지는 않고 한참 후에나 이루어 질 듯이 생각되었다. 그런데 IMF 사태가 오고 나서 그 시점은 훨씬 당겨지게 되었다. 지금부터 10년쯤

후에는 여성의 취업에 대한 개념이 보편화될 것이다.

만일 지금 학생들이 그때서야 직업에 대한 준비를 한다면, 이미 때는 늦었다. 올라오는 세대들은 이미 직장생활을 필수로 교육받았으므로 직장생활을 하면서 가정생활을 하게 된다. 그러나 지금의 학생들은 어정쩡한 형태로 뒤 세대를 견디면서 살아내야 한다. 프랑스에서 직장을 갖지 않은 여성이 열등감에 빠지는 것을 종종 보았다. 언젠가는 여성의 직장이 필수인 날이 온다. 그 현상을 미리 읽고 준비해야 하는 사람들은 바로 오늘날 대학에 있는 여성들이다. 뒤 세대는 이미 그를 대비하고 커올 것이기 때문에 이는 바로 오늘 세대의 문제이다.

배움은 준비이고 자기와의 대화이지만 직업은 사회 속에서의 자기실현이다. 생계를 충분히 다 해결할 수 있는 사람이라도 직업이 있어야 하는 이유는 여기에 있다. 사랑하는 사람을 통해 사회에 참여하는 일이 자기실현의 욕구를 만족시킬 수도 있다. 이는 세기를 이어 오면서 가치 있는 일로 인정되어 왔다. 그렇다 하더라도 세상이 변하기 때문에 여성취업에 대한 관념도 단호히 추구되어야 할 사실로 변하고 있다. 그리고 우리는 이를 이루기 위해서 일상적인 노력을 기울여야 한다는 점을 잊어서는 안 된다.

지금 세대도 생을 마칠 때까지 행복하게 살 권리가 있다. 그래서 미래를 준비해야 한다. 직장을 찾되 남성처럼 절박하게 준비해서 찾아야 한다. 직장생활을 하되 남성과 동등한 책임감을 가져야 하고 같은 능력을 발휘해야 한다. 남성은 직장은 포기해도 직업을 버릴 생각은 않는다. 여성의 경우 간혹 직장과 직업을 같이 포기하려는 경향도 있다. 일을 갖지 않은 여성이 오늘날 실직한 남성이 느끼는 만큼의 고통을 느끼게 될 시대가 멀지 않았다. 그날도 우리는 살아있을 것이다.

전통 속에서 변화로 나가려는 발걸음은 더 많은 돌부리에 부딪치며 길을 내어야 한다. 외투를 걸치면서 집을 나서고 그때 우편함에서 꺼낸 우편물들을 지하철에서 점검하는 여인-. 저녁에 퇴근하면서, 지하철에 자리를 잡자마자 가방을 열고는 그 날의 학생들 시험지를 꺼내 채점을 하는 선생-이렇게 아낀 시간으로 여행을 가고, 음악회를 가고, 친구와 만나고, 자기와 대화하며 살아야 하는 날들이 계속될 것이다. 010223

## 여성과 역사

이번 방학을 지나고 나서 학생들이 가끔 화장실을 혼동한다. 방학동안 공사를 하면서 남녀 화장실을 바꾸어 놓기 때문이다. 오랜 전통을 가진 학교이다 보니 학교가 창립될 때에는 여학생이 드물었다. 그러나 현재는 여학생 수가 크게 증가하여 그 현실을 반영해서 화장실을 늘린 결과였다.

그러나 한국역사책에서는 여성이 거의 없다. 교과서에 있는 여성인물을 세어 본 적이 있다. 이 문명개화 된 시기에 교과서에 편견이 작용했다고 보기는 어렵다. 그렇다면 여성은 살기는 했으나, 그 삶이 역사적으로 화하지 못했다는 결론에 이른다. 즉, 여성도 활동하고 살았으나, 그 활동이 사회적 역할이 아니었다는 말이다. 여성이 역사적 사건에 참여하지 못한 이유는 무엇일까?

우리는 우스개 소리로, "군인 1명하고 사람 간다"라고 한다. 이때 군인은 사람의 범주에 속하지 않는다. 그런데 우리는 역사 속에서 여성이 오랫동안 사람의 범주라는 개념에서 빠졌던 사실을 알게 된다.

### 사람의 범주에 빠진 여성

여성에 대한 소외는 가장 민주주의를 표방한다던 미국이 헌법을 제정하던 1776년에도 강요되고 있었다. 당시 노예의 투표권이 문제가 되었다. 북부와 남부의 치열한 공방 끝에 노예의 투표권은 보통 성인의 5분의 3으로 결정되었다. 5명이 투표권 3장을 받게 된 것이다. 그러나 이때도 여성에 대한 논의는 없었다. 여성들을 '자유인의 전체 숫자'에 넣어 셈하긴 했다.

그러나 여성들은 여전히 투표권이 없고 공직에 임명되지도 못했다. 그리고 그 이유를 설명한다든지 변명할 필요조차 느끼지 못했다. 즉 노예의 권리에 대해 토론할 때도 여성은 주목되지 않았다. 미국에서 여성이 투표권을 가진 것은 남성보다 146년 늦은 1920년의 일이다.

이점은 여성의 활동영역이 제한되어 있었던 점에서 그 원인을 찾을 수 있을 것이다. 즉 여성에게는 가사와 육아라는 범주를 여성의 행복으로 규정해 놓으니, 노예의 권리에 대해 토론할 때도 여성은 주목되지 않았다. 종속이나 예종이 없는 선량한 자연 상태를 상정했던 로크와 루소가 사회계약설을 내놓을 때도 그 안에 여성의 사회적 역할에 대한 개념이 없었다.

존 로크(1632~1704)는 개인은 생명, 자유, 재산에 대해 양도할 수 없는 권리를 가지고 있다고 보았다. 인간은 이 권리를 보호하기 위해 사회 계약을 맺고 정부를 설립한다고 했다. 그러므로 정부는 개인들로부터 자연권을 박탈할 수 있는 권리를 가지고 있지 못하며, 또 정부는 피치자들의 합의에 기초하는 합헌 정부여야만 한다고 그는 외쳤다.

그러한 로크도 가족 내에서 여성들이 남성에게 예속되어 있는 것이 조직사회보다 먼저 생긴 일이라고 주장하여 결과적으로 여성을 사회계약으로부터 분리시켰다. 여성을 '가사' 라는 울타리에 가두고 그 외의 역할논의에서 아주 제외시킨 것이다. 여성 자신도 또한 이에 오랫동안 익숙해 왔다. 이미 선각자 여성들이 이를 지적했는데도.

그럼에도 불구하고 사회에서 여성의 역할이 필요했음을 단적으로 드러내는 역사사건들은 많다. 예를 들어 한국 역사에 나타나는 성모숭배 현상이다. 현재 남성들이 기록해 놓은 역사서에는 건국주들에 대한 서술이 주류를 이루고 있다. 그러나 지방에 전해오는 전설 등은 그들의 부인이나 어머니가 성모로 숭배되고 있다.

정견모주는 오랫동안 민간인들의 어려움을 해결해 주는 신으로 숭배 받았다. 이외, 고주몽의 어머니인 유화, 중국에서 와서 박혁거세를 낳았다고 전해지는 선도성모, 박제상의 부인인 치술성모, 김수로 부인 허왕후 등에 대한 신앙도 지역에는 강하게 남아 있다. 이들은 모두 역사에서 어려운 사건이 일어났을 때나 괴로울 때 나타나서 그 문제들을 해결해 주었다. 심지어는 일본이 임진왜란 때 정견성모에게 전쟁에 이기게 해 달라고 빌었다가 이루어지지 않자, 사당을 허물고 갔다는 이야기도 전한다.

## 성찰과 분석

이렇게 역사에서는 여성의 힘이 필요했고, 활동이 있었음에도 여성이 그 이름이나 존재가치를 찾지 못했다. 여성의 역할을 '가사' 로만 한정시켜 놓고, 그 밖에서 일어나는 역사에서는 여성이 활동하지 못했기 때문이다. 그 오랜 전통의 짐 때문에 자칫하면 우리도 이러한 개념에 빠지는 오류를 범할 수가 있다. 우리는 취직이 안 되었을 때 여성이니 덜 문제가 된다고 생각하는 등의 경우도 적지 않다. 그러나 여성도 남성과 같이 생활비가 필요하고, 남성과 같은 에너지가 있다고 했을 때 이 점은 문제가 된다.

역사 속에서 여성을 제외하는 일은 악의라기보다는 무지에서 올 수가 있다. 무의식에서 일어난다고 할 수 있다. 이 여성을 제외하는 개념이 악의에서라면 싸울 목표는 뚜렷해진다. 그러나 무의식에서 일어나는 일은 그 상대와 개념을 찾기가 힘들다.

그래서 우리는 이 제외된 개념 찾기에 노력해야 한다. 우리는 시대가 여성의 일이라고 규정해 주지 않아서 자신을 발견하지 못한 사람들을 찾아내어 역사 앞에 살려야 한다. 또 시대가 자신의 개성스타일을 인정하지 않아서 자신을 실현하지 못하는 여성이 없어야 한다. 더욱이 자기 자신이 그런 삶의 주인공이어서는 안 된다.

이러한 것은 우선 교육과 자신의 성찰, 사회를 분석하는 일로부터 해답을 찾을 수 있을 것이다. 그리고 우리는 공부를 해서 스스로가 자신감을 찾고 또 그 자신감을 타인에게 나누어주는 일을 해야 한다. 이것이 배울 기회를 부여받은, 그것도 역사를 배울 기회를 부여받은 여성들의 절실한 숙제일 것이다. 2002년, 『돋을새김』 2호

## 주례

우리나라는 종교심이 짙은 국가이다. 어떤 경우 종교인숫자를 전부 합쳤더니 본래 인구보다 많은 결과를 받았다고 하는 때도 있었다. 이처럼 종교바탕이 짙은 사회에서 결혼식은 종교의식으로 하지 않는 경우가 많다. 아마도 사회 속에 서로 다른 종교들이 산재해 있기 때문에 축하객들에게 불편을 주지 않기 위해서일지 모른다. 그뿐 아니라 서로 종교가 달라도 결혼하는 경우들이 있으니 사돈들 간에도 가장 일반적인 식장을 선택하는 때도 있기 때문이다.

남자교수들은 어느 일정한 나이가 되면, 봄 가을철에는 주말이 없다고 한다. 즉 주례의 테이프를 끊고 나면 결혼철에는 주례로 나가는 일 때문에 주말에는 아주 바쁘다고 한다. 대학사회에서는 비교적 남녀가 평등하게 대우받는다고 한다. 그렇지만 이 주례만은 예외이다. 여자교수들이 주례로서 초대받는 경우는 거의 없다.

물론 남자교수들 중에서 재혼을 했거나 아들이 없거나 하는 경우는 주례를 서지 않는 편이다. 간혹 제자들이 초대를 해도 본인들이 사양하는 편이다. 그러나 여자교수들은 재혼도 하지 않았고, 아들 딸 다 낳아서 잘 기르고 있어도 초대받는 예가 아주 드물다.

20년이 넘는 교수생활에서 꼭 한번 여자교수가 주례로서 초청받은 경우를 보았다. 제자가 그 선생님이 주례를 서주셔야만 잘살겠다고 하도 떼를 써서 어쩔 수 없이 허락했다고 한다. 그런데 초청장이 인쇄되어 돌기 시작하면서 집안에 문제가 생겨서 고민을 했다. 남편이 주례를 서면 이혼하겠다고 했다가 나중에는 자신이 대신 주례를 서주겠다고 했다고 한다. 결국 그 여교수가 주례를 했지만.

여성이 남성과 같이 할 수 없어서 안 되는 일도 물론 있을 수 있다. 그러나 우리 사회에는 아직도 여성이나 남성들 마음속에 여자가 할 수 있는 일, 남자가 할 수 있는 일이 많이 구분되어 있다. 현실에서 안 되는 것이 아니라 머릿속에서 안 되는 일은 부딪쳐보고 결정해야 하지 않을까? 080820

## 맞잡은 두 정치지도자의 손

악수에도 격식이 있다. 두 손을 부여잡는 것은 엄밀히 악수의 격식은 아니다. 그런데 어제 오전 남의 김대중 대통령과 북의 김정일 국방위원장, 남과 북을 상징하는 두 최고위층은 평양 순안 공항에서 두 손을 감싸듯 맞잡았다. 그것이 어울리는 정치적 사이였다.

55년만의 만남이었다. 55년이란 세월은 분단 시작 당시 태어난 사람이 초등학교 때 6.25를, 중학교 때 4.19와 5.16, 대학생 때 전태일을 듣고, 그리고 직장인이 되어 일한 기간이다. 그 사람이 결혼해서 아기 낳고 그 아기가 자라서 이미 결혼해서 손주를 보기도 했다. 이 긴 시간동안 북에 부모를 두고 내려온 청년인 내 아버지는, 비빌 데 없는 객지에서 노인이 되어버린 당신의 모습에도 아직 부모님이 돌아가시지 않았다고 믿고 싶어 했다. 그리고는 어제 종일 TV 앞에 계셨다.

그동안 남과 북은 서로 많이도 상처내고 아파했다. 어제 대통령이 내린 평양 순안공항은 국군 포로가 닦았다고 한다. 그 일을 할 때 유엔군의 폭격으로 많은 군인이 죽었다고도 한다. 순안공항에 대통령의 발이 닿은 것과 같이 내 발이 닿았으면 하고 바라는 이도 많았을 것이다. 반대로 저 손을 저렇게 잡을 수는 없다고 외치고 싶은 사람은 왜 없었겠는가?

이 만남은 모든 것을 해결하는 것이 아니라 실마리이다. 그 실타래를 푸는 것은 더 인내하겠다는 각오로부터 시작될 것이다. 사열대 앞을 지나는 김대중 대통령의 다리 저는 모습이 유난히도 눈에 띄었다. 그 다리가 있어 오늘에 이르게 한 것이라면, 그보다 더 느긋하게 인내한다는 각오를 해야 할 것이다. 그리고 작은 일부터 차례로 해결해 나가야 한다.

## 여성은 약함이 아니고 부드러움

"여성이 너를 구원하리라"라는 말이 있다. 이제는 우리가 모성적 존재, 여성적 존재가 우리 민족을 구원할 수 있음을 기억해야 한다. 모성은 상호 간의 증오와 아픔을 상대방의 입장에서 어루만져 준다. 그렇게 하여 서로의 다름을 인정해 줄 수 있다. 다름을 안다는 것은 바로 서로를 인정하고 나아가 존중하는 것이다. 그러면, 상대방이 나처럼 되어야 한다는 주장에서 벗어나 대화할 상대를 눈앞에 직시하게 될 것이다.

여성은 약함이 아니고 부드러움이며, 부드러움은 상처의 치유이자 창조이다. 그동안 우리는 서로 강건해지려고 노력했다. 우리문화에서 여성적 문화가 간과되어 왔다. 그러므로 이제 우리 전통 속의 화쟁론和爭論으로 민족의 일을 생각해야 한다. 변증법도 그 안에 폭력이 있다. 정正과 반反이 합合이 되었다 하더라도 그 안에 또 하나의 폭력인 반反이 자라게 마련이다. 그러므로 상대와 같이 사는 지혜를 전하는 우리 민족의 화해의 전통, 상생相生의 철학으로 나아가야 한다.

"부엌에 가면 며느리가 옳고, 안방에 가면 시어머니가 옳다"는 말이 있다. 실상을 알려면 이 둘을 함께 만나서 정리해야 한다. 역사 전통을 함께 한 남과 북이 서로 역사를 달리 설명해 왔지 않은가? 이것이 무엇보다도 우리가 만나서 이야기해야 하는 이유이다. 자기의 정체를 알고 완전해지는 것이다. 그리고 나도 내 아버지가 꼬마시절 다니던 길을 보고 싶다.

매일신문, 000614

# 대신 생각해 드립니다.

분업화된 시대 속에서 개인은 전체를 보기가 어렵다.

정보화의 홍수 속에서 여론은 대중매체가 만들어 간다.

나는 내 눈으로 세상을 보고 있는가?

유학 시절 초기에 가끔 "한국이 아직도 미국의 식민지냐?" 라는 질문을 받곤 했었다. 처음에는 그들의 무지를 원망했다. 그런데 생활하면서 우리는 미국의 눈으로 세계를 보는 것이 많다는 점을 깨달았다.

다른 나라 국가國歌는 잘 모르는데 미국국가는 낯익은 음악에 속했다. 베트남을 도우러 우리 국군이 간 줄 알았는데, 우리 국군을 싫어하는 베트남인을 만나기도 했다. 이스라엘이 가나안땅을 차지하는 것이 당연한 줄 알았는데 오랫동안 살아왔던 땅에서 쫓겨난 팔레스타인들을 만났다.

사회가 만드는 정의와 모습이 자신이 취득하는 정보에 의해 한정되며, 그 정보는 거대한 힘의 지배를 받는다는 것을 알기에도 시간이 많이 걸린다. 또 이 사실을 알고 있다 하더라도 여간해서는 자신이 보는 사실마다에 이 조건을 맞추어보며 분석하지 못한다. 또한 현재 인터넷 강국이라고 하고, 모든 국민이 '시민혁명 중' 이라고 하는 우리사회에서는 이런 분석을 할 시간이 매우 적다.

나는 더불어 토론하기 무서운 사람들로 신문이나 라디오, TV 등의 매체를 통해 정보를 얻고 그것을 종합하는 사람들을 꼽는다. 그들은 유식하기는 한데, 자신이 얻은 정보들에 대해 그 결론에 이르는 과정을 알지 못하기 때문에 그 정보에 고집적으로 매달린다. 따라서 대화할 여우가 없다. 그래서 저자가 직강하는 것보다 읽고 감동한 사람이 그 책의 내용이 더 거침없이 강의할 수 있다고 하지 않는가? 또한 우리는 설문조사의 허수 속에 빠지는 경우가 많다. 대부분의 설문조사가 몇 명이라고 하지 않고 몇 %라고 하기 때문에 개별을 전체화시키는 허점이 있다.

## 비판적 미디어읽기

나는 일반적으로 미디어로 정보를 얻고 생각하는 한국인들은 '미디어 만들기와 미디어 읽기' 에 대해 한번씩은 참여해 보아야한다고 생각한다. 그리고 글 쓰는 훈련도 해 보아야 인쇄되어 나온 것의 한계를 알 수 있을 것이다.

또한 한국의 대중 매체들은 매체 자체의 한계와 더불어 각자마다 자신들의 안경이 뚜렷하다. 한번은 학생들에게 국내 두 신문을 같은 기간에 한정하여 사설과 독자투고 내용을 비교하라고 한 적이 있다. 사설은 그 신문사의 논조라 예외라 친다하더라도 독자투고의 성격도 확연히 다르다는 것을 알게 하고자 했다. 독자투고를 신문사의 입장에서 골라서 소개하는 것인지, 아니면 투고하는 사람들이 성격이 분명하여 신문을 골라서 투고하는지는 모르겠다. 어쨌든 매체들이 자신의 색깔을 가지고 있다는 점만은 분명하다.

학생들에게 이렇게 말한다. 혹시 친구가 와서, "사람들이 다 그러는데,

너는 어떻다"고 하거든 그 학생이 모든 사람에게 다 들어본 것이 아님을 알라고 한다. 우선 그 말을 하는 사람이 그렇게 생각하고 있고 그 사람의 친한 친구들 한두 명이 그렇게 생각하고 있다고. 080820

## 대신 생각해 드립니다

누가 있어 대신 생각해 주겠다고 하면, 아마들 화를 낼 것이다. 그러나 과연 우리는 화를 낼 자격이 있을까?

지난 주 한 탤런트가 마약복용 혐의로 체포되면서 TV화면을 메웠다. 미디어들은 푸른 색 옷을 입고 고개를 떨어뜨리고 있는 그녀의 모습과 그녀가 연출했던 가장 청순했던 때의 사진들을 교대로 비추면서 적지 않은 시간을 할애했다. 심지어 몇몇 사진기자들의 고개를 들라는 외침도 화면과 함께 전해졌다. 그 다음날부터는 그녀의 사생활에 대한 보고가 스포츠 신문들을 메웠다. 잘못을 저지른 이에게 할 수 있는 가장 잔인한 방법들이 동원되었다.

시장 논리가 지배하는 현대 사회에서는 뉴스의 비중 자체가 상업적 이윤에 기초해서 선정된다. 또 거의 모든 뉴스는 여론을 형성할 정도로 편집되어 제시되기도 한다. 그리고 독자나 청취자들은 강자 쪽의 정보나, 관계가 깊은 나라의 정보만 접하게 된다. 마치 지금, 미국이 아프가니스탄을 공격하는데 한국에는 영어권 정보는 많으나, 그 상대국인 아랍권의 정보는 거의 들어오지 않는 것처럼.

지난주 우리 정부는 결핵백신을 북한에 다 주었다는 뉴스가 짤막하게 전해졌다. 이 사건이 한 탤런트의 마약 복용보다 더 비중이 낮을 수는 없다. 그러나 우리 대부분은 편집된 뉴스에 자신의 정신을 마비시켰다. 그 탤런트는 마약을 먹었지만, 뉴스는 우리에게 또 다른 마취제를 먹여주었다. 또한 그 탤런트를 그런 방법으로 단죄할 권리가 보도자들에게 있지 않을 것이다.

우리는 이러한 현대의 함정 위에서 살고 있다. 특히 여론의 방향을 미리 결정할 만큼 편집된 뉴스나 논평들에 접하면서, 우리는 자신과 스스로 대화하며 자신의 의견을 찾아내기가 어렵다. 그러나 자신에게 도착한 편집된 의견들을 마치 자신의 의견인 양 믿는 사람들도 적지 않다.

생각할 수 있어 인간이라고 하는 우리가 머리는 미디어에게 내주고, 몸만 다니고 있지는 않은지? 월남전이 성전인 줄 알았던 나는 한국군인들에게 당한 한을 말하는 월남인들을 만난 바 있었다. 그 후부터 나는 나 대신 생각해 주려는 사람들에 대한 맞섬을 시도하기 시작했다. 매일춘추, 011121

## 프랑스의 마네와 일본의 마네

일본 나라현奈良縣에 있는 황실 유물 창고인 정창원正倉院은 신라 촌락문서 등 한국고대사에서 참고할만한 유물을 많이 보유하고 있다. 일본은 이 정창원 유물을 중심으로 해마다 10월 말부터 11월 중순까지 갖가지 축제를 열고 있다. 올해도 53회 정창원 특별전이 열렸고, 필자도 이를 보기 위해 일본을 찾았다. 그곳 나라의 현대미술관에서는 때맞추어 프랑스 인상파의 화가 가운데 선두주자인 마네의 특별전도 개최하고 있었다. 마네의 작품들을 본고장 프랑스가 아닌 일본에서 본다는 데에 흥미가 발동되었다.

### 전체와 부분

나는 동대사東大寺와 정창원을 찾은 다음, 현대미술관으로 발길을 옮겼다. 그러나 일단 전시실에 들어서자 작품의 양도 상당했지만, 그 내용이 충격적이었다. 마네의 대표적 작품 수가 극히 적고, 나머지는 소품이나 사진으로 상당량을 대치해 놓은 점에서는 우리의 특별전의 경우와 같았다. 그러나 이 특별전에는 일본 내에 소장된 마네의 작품들이 전부 모여 있었다. 그들은 마네의 작품 중 일본과 조금이라도 관계있으면, 모두 사 두었던 것이다. 게다가 그들은 마네가 그린 삽화 하나에서까지도 일본 영향을 받았다고 생각되는 작품을 찾아내어 그 사진을 자신들의 책과 비교해서 같이 전시해 놓았다. 그 전시회를 보고 나오면, 마네가 일본을 매우 좋아했던 것으로 생각될 정도였다.

어떠한 인물이나 사건을 평가할 때 한 측면만을 집중적으로 묘사할 수 있다. 그렇게 되면, 그 인물이나 사건의 전체적 양상을 객관적으로 이해하기보다는, 자칫 부분적 현상을 전체로 오해하게 된다. 이는 사람이 살아가는 데에 있어서 피해야 할 편견이며, 건전한 인간관계를 해칠 수 있는 요인이 된다. 바로 이 점은 국제관계에 있어서도 마찬가지다. 사태나 상황에 대한 객관적 이해는 원만한 국제관계를 위해 필수적이다. 자국 중심적 생각이 타국에 적용될 때 원만한 국제관계란 애초부터 불가능하다.

프랑스의 마네와 일본의 마네는 서로 달랐다. 프랑스에서 본 마네의 전체 작품에서는 일본의 영향이 거의 무시되었다. 그러나 일본의 특별전에서는 일본이 아니면 마네가 없었을 듯이 각색되어 있었다. 이 전시회에서 전시품의 기획과 진열도 자국의 눈으로 추진하고 있는 일본의 노력과 의도가 나를 긴장시키며 다가왔다. 그리고 그것을 보고 자라날 일본의 후세들과 우리 외교의 현재와 미래를 생각하게 했다. 이러한 사고의 일본에 대해 우리는 어떻게 대처해 나가야 할 것인가? 매일춘추, 011101

## 청소년 축구와 박주영 기르기

한국은 얼마 전부터 축구에서 많은 스트레스를 풀고 축구로 국민의 마음을 모으고, 축구로 나라이름을 드날리고 있습니다. 광장마다, 축구장마다 붉은 옷을 입고 한마음을 드러내는 일은 이젠 아주 익숙한 우리국민의 모습입니다. 오늘 새벽도 축구경기를 관람하며 위로 받은 분들이 많은 날이었습니다. 청소년 축구가 마지막 5분을 남겨놓고 역전승을 하는 모습은 비록 우리 국민이 아니라도 드라마같이 느낄 수 있는 모습이었습니다. 나이어린 선수들이 뒤져 있는 상황에서도 침착하게 마지막을 향해 끝까지 달렸기 때문에 빚어낼 수 있는 모습들이었습니다.

그런데 여기서 우리는 축구스타로 부상하고 있는 어린 선수에 대해 다시 생각해 보아야겠습니다. 세계 청소년 축구대회에 지옥을 만들고 천당을 만드는 축구의 천재라고 언급한 박주영입니다. 그는 과연 공을 자신의 몸의 일부인 것처럼 놀릴 수 있고 판단력도 빠른 선수입니다. 그리하여 대회마다 정말 소설 같은 장면들을 연출하고 있습니다. 그 덕분에 모든 언론들이 그를 비추고 있고, 그는 축구팬들을 몰고 다니고 있습니다. 그리하여 올해에 이미 프로팀에서 성년축구팀까지 넘나들며 경기를 하고 있습니다.

그러나 축구는 혼자 하는 경기가 아닙니다. 오늘 아침 그는 인터뷰에서 "(실축한 뒤) 나는 별로 기분이 좋지 않았는데, 친구들이 자꾸 괜찮다고 해주어서 잘 할 수 있었다"고 했습니다. 바로 축구가 혼자 하는 경기가 아니기 때문입니다. 따라서 너무 일인의 활동을 중심으로 하여 경기를 모두 평해 버리는 언론은 문제가 있습니다. 특히 그들이 자라나는 청년들이며 한팀에서 같이 뛰는 동료선수들이기 때문입니다.

그러나 그보다 더욱 우리가 조심해야 할 것은 우리는 유망한 한 선수를 아끼며 키우지 않고 급한 대로 내다 쓰고 있다는 사실입니다. 월드컵 예선전에서 뛰고 청소년 축구대회에 날아갔기 때문에 너무 혹사하는 것이 아니냐는 의견도 간혹 나오고 있습니다. 이것은 더 설명할 필요 없이 고려되어야 할 의견입니다. 그러나 그보다는 더욱 생각해야 할 것이 한 장래성 있는 젊은 축구선수를 오늘 당장 써먹기에 급급해서는 안 된다는 사실입니다. 그가 맥주광고에 나와야 하는 것인지, 그 유망한 선수가 지금 축구 외의 일에 불려 다녀야 하는지는 생각해 보아야 합니다.

우린 여러 사람의 세계올림픽 스포츠 선수들을 배출해 왔습니다. 그러나 그들이 끝까지 자신의 일에 정진할 수 없도록 하지는 않았는가를 생각해 보아야 합니다. 어느 소설가가 자신의 소설이 노벨상을 타게 되자 이름을 감추고 집을 옮겼다고 합니다. 그냥 있으면 글 쓸 시간을 빼앗길까봐 걱정스러워서였다고 합니다. 박주영, 김진표 등의 축구선수들은 지금 한창 자라날 유망한 선수들입니다. 지금의 편의를 위해서 마구 불러내는 것은 싹이 빨리 자라기를 바라서 뿌리를 밖으로 빼어 당기는 일이 될 수도 있습니다. 우리 사회는 진정한 인재를 사회의 정성을 들여 기르고 아껴야 합니다. 대구MBC논평, 050616

## 마음의 질병을 위로받는 사회

최근 우리 사회는 널리 알려진 몇몇 사람들의 자살로 인해 큰 충격을 받았습니다. 나이나 직업, 사회적 위치를 가리지 않고 여러 사람들이 자살의 길을 택했습니다. 그들 가운데는 사회적 지도층에 속하는 사람들이나 교육자, 종교인들까지도 포함되어 있었습니다. 2003년 한 해 동안 우리나라에서 약 1만 천명이 자살해서 48분마다 한명 꼴로 죽었다고 합니다. 그리하여 우리나라는 최근 OECD 가입국 중에는 가장 빠른 자살 증가율을 기록하게 되었습니다.

스스로 목숨을 끊은 사람들에게는 그 나름대로 딱한 이유가 있습니다. 실직 등 경제적 어려움이나, 실연 또는 이혼 등 인간관계의 파탄, 그리고 생활환경 변화 등 이유들이 많습니다. 그런데 최근 젊고 유능한 여배우가 죽음의 길을 스스로 걸어갔고, 열심히 살아가던 주부, 고위공직자, 젊은 경마 기수도 죽음을 택했습니다. 이들의 죽음은 우리에게 우울증이라는 또 하나의 커다란 질병에 주목하게 했습니다.

우리 사회는 인정이 많은 사회입니다. 그러나 유독 정신적 고독이나 질병에 대해서는 대책이 제대로 마련되어 있지 않습니다. 홀로 지내던 사람이 하룻밤을 앓았다는 소식이 알려지면, 이웃에서는 그를 찾아서 위로해 줍니다. 그러나 마음이 아프다고 하면, 이에 대한 관심은 상대적으로 떨어집니다. 마음의 병은 타인이 도와주지 않아도 치유할 수 있는 가벼운 증상으로 생각하고 있습니다. 이 마음의 병 가운데 하나가 사람을 죽음으로 이끄는 우울증인 경우에도 말입니다.

## 상식이 통하는 사회

그런데 문제는 이러한 심적 고통이 질병으로 나타난다는 사실입니다. 마음의 병이 일어나면 뇌신경 전달 물질의 분비에 이상이 생겨 신체가 고장 나 우울증으로 발전합니다. 우울증은 질병으로서 전 국민의 5% 이상이 앓고 있는 질병입니다. 게다가 이병은 유전적 요인이나 분명한 발병 계기가 있는 경우를 제외하고도 누구에게나 감기처럼 별다른 이유 없이 일어날 수도 있습니다.

따라서 이제는 우리도 우울증을 질병으로 인정하고, 이에 대한 사회적 관심을 제고해야 합니다. 우울증이란 마음의 병도 신체적 병과 함께 관리해야 합니다. 선진국에서는 일반인들이 일상생활을 하면서 정신신경과 의사와 상담을 하는 경우가 매우 흔합니다. 실연을 당했거나 배우자를 잃었거나 실직을 당했거나 하는 경우에도 정신과 의사를 만나 상담하곤 합니다. 그 비용이 만만치 않은데도 건강보험에서는 이를 질병으로 인정하고 치료비를 지원해 주고 있습니다. 이러한 판단은 그 사회 전체가 밝은 미래를 설계하기 위해서입니다.

그리고 개인의 마음병이 우울증으로까지 발전하지 않도록 사회에서도 대책을 세워야 합니다. 이들을 위한 상담 조직을 강화하고, 이들에게 삶에의 기쁨과 희망을 주어야 합니다. 이들의 불안감을 제거해야 합니다. 이를 위해서 상식이 통하는 사회를 위해 노력해야 할 것입니다. 상식이 통하는 사회라는 믿음이 있을 때 사람은 혼자 있어도 불안하지 않을 수 있습니다. 그리하여 다가올 미래를 부정적인 면으로만 해석하는 데서 벗어날 수 있습니다. 귀중한 생명을 지키는 데에 우리 사회 자체가 공동으로 노력해야 합니다. 이 공동의 노력을 통해서 우리 사회는 밝은 미래를 기약하게 됩니다. 대구 MBC논평,050310

## 인터넷의 능력과 홈페이지 관리의 윤리

문명이 발달하면 할수록 한번 사고가 일어나면 대형사고가 됩니다. 최근 정부 주요기관들의 홈페이지가 해킹 당했다고 합니다. 그것은 능력의 문제입니다. 능력이 없으면서 집안일을 벌려 놓으면, 손해 보기 일쑤입니다. 물론 발전만 생각하고 안전을 생각하지 못하는 것도 일종의 무능력으로 간주될 수 있습니다. 최근 기관마다 단체마다, 개인마다 홈페이지를 운영하고 있습니다. 이때에 그 관리 능력이 문제가 됩니다. 그것과 아울러 홈페이지의 운영 도덕도 중요합니다.

어제 청와대 홈페이지에는 모 정당의 전 대표 사진이 패러디되어 게재되어 문제가 되고 있습니다. 또한 그 정당의 홈페이지에서는 현직 대통령을 패러디한 민망한 내용이 계속 실려 왔다고 합니다. 이제는 공공기관의 홈페이지 운영 능력에 대하여 다시 점검해야 할 때입니다. 그리고 우리 사회가 가지고 있는 인터넷에 대한 윤리의식을 다시 생각해 보아야겠습니다.

청와대는 우리 국가의 최고 통치자가 사는 곳입니다. 그곳에 열려있는 홈페이지는 이와 관련된 내용이며, 국정통치에 도움이 되거나 도움을 받을 내용들일 것입니다. 공당公黨의 홈페이지도 마찬가지입니다. 이러한 홈페이지 게시판에 올리는 내용이나 예의는 이에 걸맞아야 할 것입니다. 우리 국어를 너무 격하시켜 쓰고 있거나 심지어는 욕설이 들어있는 내용은 이 홈페이지의 성격을 인식하지 못하는 태도일 것입니다. 아울러 특정인을 비방하거나 광고성 글을 올려서도 안 될 것입니다. 물론 이를 방지하기 위해 어느 홈페이지나 홈페이지 관리자가 있습니다.

그런데 최근 청와대는 홈페이지 운영에 허점을 드러내고 있습니다. 얼마 전 특정 장관 후보자가 인사 청탁을 했다는 항의성 진정서가 7시간이나 방치되어 있었다고 합니다. 더욱이 어제의 모 정당의 전 대표의 패러다임 사진은 게시판에 올려졌던 것을 홈페이지 관리자가 전면 창으로 옮겨 띄웠기에 문제가 발생했습니다. 개인의 홈페이지라 하더라도 타인을 비방하는 글이 올라오면 삭제하고 있습니다. 하물며 청와대 홈페이지에서 삭제해야 할 글의 위치를 바꿔서 다시 올렸다면 이는 홈페이지 운영의 윤리문제를 다시 생각하게 합니다.

이 윤리문제는 청와대뿐만 아니라 정당의 홈페이지 경우에도 동일하게 적용되어야 합니다. 특정인에 대해 노골적으로 패러디한 화면이 정당의 홈페이지에 계속해서 실렸다면 공당公黨의 홈페이지 관리에도 구멍이 뚫린 것입니다. 앞으로 홈페이지는 더욱 많이 열릴 것이며 그 기능은 활성화될 것입니다. 그런 때가 되기 전에 우리는 홈페이지 운영에 대한 능력과 윤리를 가르쳐야 합니다. 그리고 이것이 어긋났을 때 규제할 방안을 심각하게 생각해야 합니다. 아니 이미 늦었는지도 모릅니다. 대구MBC논평, 040715

## 불량만두 보도와 잊혀지는 진실들

대란이 일어나면 인간적 품위를 고려하지 못하기가 십상입니다. 그래서 대란이 진정되고 나면 그것이 아닌 다른 것들을 잃고 마는 경우가 많습니다. 우리사회는 벌써 며칠째 대중매체들을 통하여 불량식품, 특히 불량만두에 대해 분노하고 있습니다. 최근 우리는 만두소를 만드는 비위생적 과정이나 시설, 논바닥에 고인 물을 끌어다 쓰는 현장 등을 보도로 접했습니다. 그래서 그동안 자신이 먹은 만두는 몇 개나 되며 내 몸에는 괜찮은가를 되묻고 싶어 합니다. 이번 사건이 국민의 기본 식품에 관한 일이었고, 또 그 연루된 범위가 워낙 광범하여 그 파장 또한 클 수밖에 없었습니다.

그러나 우리는 이 시점에서 이번의 만두 파동이 실제와는 달리 부풀려진 부분은 없는가를 생각해 보아야합니다. 우선, 당국은 적발한 업체를 밝히지 않고 만두라고만 함으로써 애꿎은 희생자들을 양산해 내었습니다. 얼마 전 만두 공장을 경영하던 젊은 사장 한 사람이 한강다리에서 투신했습니다. 물론, 자살 그 자체는 찬성할 수 없는 일이지만 이 죽음은 불량 만두사건이 파생시킨 안타까운 죽음이었습니다. 또 많은 외국업체들이 만두 수입을 금지하고, 백화점 매장마다 온갖 만두를 치워버렸습니다. 이러한 일들은 일부 불량만두와 전체 만두를 구별하지 않은 보도 태도와 우리의 편벽된 사고에 기인한 측면이 있습니다. 당국은 불량만두소를 사용하여 만두를 만든 업체의 이름을 처음부터 밝혔어야 합니다.

## 언어폭력

그리고 이번 만두파동에서는 용어의 문제도 짚어야 합니다. 쓰레기 만두인가 불량만두인가를 확실히 구별해야 했습니다. 이 단어의 개념은 만두 제조 공정과 재료를 따져서 규정되어야 합니다. 쓰레기란 그야말로 먹어서는 안 될 것을 말합니다. 그러나 이는 식품의 자투리와 엄연히 구별해야 합니다. 김밥의 끝부분도 먹어왔듯이, 우리 식생활에서는 음식물의 자투리까지 먹는 일이 일반적이었습니다. 단무지를 잘라서 포장해서 팔기 때문에 단무지 뒤끝은 상품포장에 들어가지 않습니다. 그러나 우리가 단무지를 통째로 사오면 집에서는 그 뒤끝까지도 먹습니다. 이것을 넣어 만두를 만들었다고 하여 이를 쓰레기 만두라고 부를 수는 없습니다. 이렇게 하여 만두를 즐겼던 많은 사람들의 속을 뒤집어 놓은 일은 일종의 언어폭력입니다. 이 언어폭력 때문에 선의의 많은 피해자가 나와서는 안 됩니다. 악덕업자를 규탄하려는 폭력적 언어로 인해 소비자가 만두를 외면하고 양심적인 젊은 기업인이 목숨을 끊었다면 그 책임은 누구에게 물어야 하겠습니까. 물론 음식물은 아껴야 되며, 자투리까지도 먹을 수 있습니다. 그리고 자투리 단무지와 온전한 단무지를 사용한 만두는 각기 구별하여 표시하고 가격에서도 차이를 둘 수 있을

것입니다. 이는 썩은 무말랭이를 사용한 불량만두와는 구별되어야 합니다.

만두파동은 큰일입니다. 그리고 이번 기회에 불량식품에 대해서는 엄중히 처벌하는 법을 마련해야 합니다. 법을 만든 후에도 이를 철저히 적용하고 관리해나가야 합니다. 그러나 언어폭력으로 선의의 피해자를 만들어서는 안 됩니다. 이제는 만두 대란으로 인해 빚어진 문제들을 추스를 때입니다. 대구MBC논평, 040615

## 대구 경북의 평화주간

최근 이라크에서 미군이 폭발물을 조사한다며 KBS 취재진 세 명의 손에 수갑을 채우고 연행하여 4시간 동안 감금했다가 바그다드 주재 한국 대사의 항의를 받고서야 풀어준 사건이 발생했습니다. 이 사건의 본질은 폭탄 테러에 대한 현지주둔 미군의 공포심에 있습니다. 이 일은 자신이 살기 위해서는 타인을 죽일 수 있고, 자신의 안전을 위해서는 타인의 인격적 존엄성을 무시해도 된다는 잘못된 판단에서 유래되었습니다.

현재 이라크에서는 전쟁의 상처가 아물 날 없이 파헤쳐지며, 이라크 국민들은 고통을 지속적으로 강요받고 있습니다. 이라크 국민들이 처해있는 부당하고 비참한 상황에 대해서 세계의 인권단체들은 말하고 있습니다. 미국은 이라크인을 후세인 독재에서 해방하기 위해 전쟁을 일으켰다고 말해 왔습니다. 그러나 많은 이라크 인들이 처해 있는 오늘의 불행한 상황을 살펴보면, 미국이 전쟁을 일으킨 진정한 목적이 어디에 있었는지를 되묻게 됩니다.

고대 로마의 속담에서 "평화를 원하면, 전쟁을 준비하라"고 했습니다. 이는 로마제국이 이웃 나라들을 짓밟으며 팽창해 나가면서 자신의 전쟁준비를 정당화하기 위해 한 말이었습니다. 고대 로마인들이 추구했던 평화는 자신의 힘 안에 모두를 끌어넣은 뒤의 평화였습니다. 그러나 이는 공동무덤의 평화와도 같은 거짓 평화일 뿐이었습니다. 거짓 평화는 전쟁의 공포를 낳고, 전쟁의 공포는 광기를 가져올 뿐입니다. 이 광기가 바그다드에서 평화로운 취재활동을 하던 우리 기자들의 손을 뒤로 하여 수갑을 채우게 했습니다.

이제 국내에서는 각 단체마다 반전 평화주간을 정하고 다양한 행사를 준비하여 평화에 대한 마음을 다지고 있습니다. 특히 대구 경북의 시민단체들은 3월 17일부터 20일까지를 평화주간으로 선포하고 이러한 운동에 동참하고 있습니다. 평화는 인간의 상호 이해 위에서 시행됩니다. 평화는 다양성과 인간존엄의 가치를 깨달은 뒤에야 이루어집니다. 평화란 남을 없애고서 나만 남아서 이루어지는 것이 아닙니다. 평화주간이라는 이 신선한 기회에 이라크의 평화를 기원해야 할 것입니다. 그러나 그 평화는 미국인에게도 필요하며, 우리 한국인에게는 더욱 절실합니다. 대구MBC논평, 040311

## 말을 할 줄 아는 사회, 들을 줄 아는 사회

올 한해도 가장 국민의 의사를 대변하러 모였다는 국회에서 국민의 의사를 핑계로 고함과 몸싸움이 일어나곤 했습니다. 또 한해를 넘기는 지금도 사회 곳곳에는 표어성 현수막이 날리고 있고, 곳곳에는 시위가 일어나고 있습니다. 이것을 사회가 다양해 졌다는 결과이며, 국민소득 2만 불을 향한 성장에 따라오는 2만 불짜리의 갈등으로서 반드시 거쳐나가야 할 과정이라고도 합니다. 그러므로 우리 사회에는 이러한 갈등에 대해 겁내거나 비켜가야 할 이유는 없을지도 모릅니다. 그렇지만 반드시 겪어야만 할 일이라면 보다 진지하게 제대로 이루어져야 할 것이며, 그 중심적인 해결 요소는 서로의 표현의 가교인 말하기와 듣기일 것입니다.

전통적으로 우리사회에는 역지사지易地思之한다는 말이 있습니다. 그러나 오늘날 대중매체가 발달하고 교육의 기회가 많아진 우리사회에서는 입장을 바꾸어 놓고 생각해 본다는 이 말이 빛을 발하지 못하고 있습니다. 그렇다면, 이제 사회에서 우리가 정보의 수단으로 채택하고 있는 매체들의 성격을 점검해 보아야 합니다. 인간은 학교에서 정보를 가장 많이 얻고 그것을 분석하고 종합하는 능력을 배웁니다. 그러나 그것은 살아가는 과정에서 가장 기본적인 태도일 뿐입니다. 우리가 일상의 생활에서 접하는 수없는 정보들은 거의 대중매체를 통해서입니다.

역지사지

대중매체란 온 세상 인류의 온갖 이야기를 다 전할 수가 없습니다. 그렇다면 사람들은 남의 정보를 듣다가 자신의 생활을 할 수 없을지도 모릅니다. 그러므로 대중매체는 매체 자신의 성격과 규모에 따라 이야기들을 선택하고 모습을 그려내고 있습니다. 가장 객관적인 기준으로 사건을 담는다고 하더라도 그 '객관적인 기준'으로 재단되어 역지사지한다는 입장과는 멀어진다는 것입니다. 또 하나 대중매체 자체가 사업이기 때문에 사건들마다 시선을 끌기 위한 치장을 했다는 사실입니다. 따라서 우리는 자신이 접한 정보가 타인의 입장을 고려한다는 쪽에서는 멀다는 사실을 인지하면서 말하고 들어야 할 것입니다.

그리고 사회가 급속도로 성장해 온 결과가 언어개념을 불분명하게 만들었다는 사실을 기억해야 할 것입니다. 언어란 시대의 흐름에 따라 그 사회현상을 담아내면서 변화하고 있는 살아있는 도구입니다. 그런데 다른 사회에서 몇 백 년에 겪을 일들을 우리 사회가 몇십년에 이룩해오면서 우리는 같은 단어에 담긴 그 다양한 개념들을 서로 편리한 입장에서 사용하고 있는 경우가 많습니다. 그러므로 같은 단어를 사용하되 개념이 서로 달라 서로 다른 이야기들을 하고 있기도 합니다. 고도성장 속에서 서로 겪은 경험들이 달라 그룹마다 다른 언어개념을 구사하기도 합니다. 우리 사회는 이러한 언어개념을 분명히 하는 작업도 서둘러야 하며, 아울러 우리가 말을 하고 있는 동안에는 상대방이 다른 개념으로 말할 수 있다는 가능성을 늘 염두에 두어야 할 것입니다.

남과 대화하는 일은 내 의견을 주장하는 것이 아니라 서로 말하고 듣는 것입니다. 그러면 여기에는 양보와 타협, 상생이 필수적입니다. 그렇지만 덮어놓고 나만 양보하거나 상대편만 양보하라고 할 수는 없을 것입니다. 이때 양보의 기준은 큰 적인가 작은 적인가를 구별하는 기준이 필요할 것입니다. 나라를 위한 일인지, 내 당을 위한 기준인지, 자신을 위한 원칙인지 등을 분석하면서 대화한다면 보다 분명한 선이 설 수도 있습니다.

새해는 갈등이 더 많이 표출되기도 하지만, 보다 더 많이 해결책이 나오는 날들이 되어야 할 것입니다. 대구MBC논평, 041230

## 목소리의 다이어트

저녁 해가 지고 세상 빛깔이 바뀌고 있을 때, 굴뚝마다에서는 연기가 나고 있었다. 내 기억 때문인지, 지금도 으스름히 깔릴 때는 그 연기 내음이 나는 듯하다. 마치 저녁노을에 연기냄새가 배어 있는 것처럼. 이때쯤 되면 골목마다 소란스러워졌다. “영이야, 밥 먹어라”, “어딜 그렇게 왼 종일 쏘다니냐” 등등 일상사와 꾸지람을 섞어서 하는 소리들-

우리사회에는 소리가 많고, 어우름 한판을 소중히 여기며 살고 있다. 그래서 생동감이 있다. 예로부터 한국 사람은 말소리가 크다고 들어 왔다. 한국의 음악도 커다란 소리를 낸다. 그러나 우리사회에서도 말소리는 사회와 위치에 따라 차이를 드러낸다. 자리를 하나 차지하고 사무실의 장長이 되면 소리를 지르지 않아도 된다. 아니 지르면 안 된다.

우리 사회는 다른 나라보다는 활기차고, 아직까지는 지위변동이 자유로워서인지 이런 원칙이 가끔 무시되기도 한다. 작게 말해도 되는 사회에 어느 날 갑자기 큰소리를 지르는 사람이 들어오게 되면, 자신은 단지 의견을 말했을 뿐이지만, 그 목소리는 자신의 의도와는 달리 그 사회를 흔들게 된다. 어떤 사람이 단체의 장이 되었는데도 아닐 때의 톤으로 말하고 있다면 그 또한 혼란을 야기한다. 시장에서 호객하여 물건 팔던 목소리로 수도원 복도나 사무실 안에서 말할 수는 없을 것이다. 그것은 솔직하다거나 소박하다는 말과는 구별되어야 한다.

## 목소리 큰 사람이 이기는 사회

우리 사회는 언젠가부터 목소리 큰 사람이 이긴다는 말이 있다. 목소리가 커야한다는 데는 두 가지 경향이 있다. 대화가 안 되고 있거나, 떼를 쓰고 있는 것이다. 대화의 장애는 남과 의견을 나누기 위해 노력하지 않거나 내 말만 할 때 일어난다. 나하고 대화하지 않는 사람이 같은 공간에 있어도 내 이야기가 남에게 퍼지는 일에 아랑곳하지 않기도 한다.

한번은 기차를 타고 서울에 가는 길이었다. 대구에서 탔는데, 옆자리에 앉은 남학생이 핸드폰으로 통화하고 있었다. 역무원이 와서 타인에게 방해가 된다고 해도, "네"라는 대답뿐, 제 이야기를 계속했다. 대전에 다 와 가자 한마디 하지 않을 수 없었다. "학생, 내가 학생 연애 이야기를 다 알고 있어야 되는 건 아니지?"

떼를 쓰는 경우는 대화의 준비가 되어 있지 않거나 그 대화를 감당할 실력이 없기 때문이다. 대화는 말하기와 듣기에 대한 준비가 되어 있어야 가능하다. 그 준비는 멀리를 볼 수 있고, 종합할 수 있는 능력을 갖추는 일을 말한다. 또한 상대편과 나의 대화 스타일을 알아야 된다. 외국어들을 배우면서 힘들었던 언어가 일본어였다. 일본어에서는 자신의 의사를 분명히 잘라 말하지 않는다. 이런 상대를 만나 한국식으로 단도직입적으로 말한다면 문제가 발생할 수밖에 없다.

현재 한국인들은 외모관리에 매우 신경을 쓰고 있다. 다이어트 시장 규모가 상상을 불허할 정도라고 한다. 그런데 목소리에는 전혀 신경을 쓰지 않는다. 목소리도 외모만큼이나 중요하게 인상을 좌우한다. 목소리에 장기長技가 있는 사람이라면 오히려 외모보다 더 큰 자산을 가졌다고 할 수도 있다. 그러기에 목소리를 가다듬는 일종의 다이어트가 필요하다.

물론, 누구나 품격 있는 인간으로 대우받고, 작게 말해도 의견으로 통하는 사회는 혼자서 이루지 못한다. 사회지수가 같이 높아져야만 한다. 그러나 우선은 각자의 말씨를 다듬어야 한다. 사람은 보지 않고 목소리만 듣고도 점잖은 분, 나이든 분, 외교적인 분 등으로 구별한다. 내 목소리를 들은 사람은 내가 원하는 대로 나를 평가해 주고 있을까? 031015

## 적과 동지(Frenemy)

장자의 도덕경에 천리千里를 달리는 말과 만리萬里를 달리는 말을 가진 사람의 이야기가 있다. 어느 날 도둑이 자신의 만리마를 훔쳤다. 놀란 주인은 천리마를 타고 도둑을 잡으러 갔다. 그런데 도둑이 만리마를 잘 몰 줄 몰라서 바야흐로 주인에게 잡히게 되었다. 그 순간 주인이 "만리마는 이렇게 몰아야 한다"고 소리를 쳤다. 그 소리를 들은 도둑은 만리마를 몰 줄 알게 되었고 주인은 결국 도둑을 놓쳤다. 사람들이 주인에게 왜 말 모는 방법을 가르쳐 주었느냐고 물었더니, 그러면 내 만리마가 천리마한테 잡혔다는 소리를 남겨야겠냐고 되묻더란다.

2008년 올림픽을 보면서 우리나라가 무척 성장했음을 확인한다. 예전에는 우리나라가 금메달 수가 은이나 동메달보다 많은 때도 있었다. 그리고 선수들이 금메달을 못 따면 울기도 했다. 이번 젊은이들을 보면서 우리나라가 많이 넉넉해지고 성장했구나 싶었다.

박태환은 펠프스의 8관왕을 저지하겠느냐는 질문에 이렇게 답했다. 물론 박태환은 참여하는 종목이 적어서 그 질문자체는 우문에 속한다. 그런데 이 젊은이는 아주 대답을 잘했다.

"할 수 있다면 펠프스의 8관왕을 저지하고 싶다. 그렇지만 그의 기술이나 경험과 비교하면 나는 아직 어린아이에 지나지 않는다."

펜싱에서 은메달을 목에 걸은 남연희는 자신감에 차 있었다.

"사람들은 1점차로 제가 졌다고 하지만 그는 아주 훌륭한 선수였어요. 그리고 제가 그를 칭찬해주어야만 다음번에 제가 이길 수 있다고 생각해요."

또 부상으로 역도경기를 제대로 할 수 없었던 이배용 선수는 자신에게 스스로 메달을 부여하고 싶다고 말할 정도로 자신감들이 있고 의지가 있었다.

## 함께 뛰면서 경쟁하는 사이

최근 생긴 신조어가 많은데 그중에 주목하고 싶은 단어가 있다. frenemy, 또는 Champetitor이다. 친구와 적敵의 합성어인 frenemy는 같이 밥 먹고 혹은 같이 훈련하고 또는 teammate로 함께 뛰면서도 경쟁하는 사이를 일컫는다. 사실 적이 자신을 제일 잘 아는 사람일지 모른다. 모차르트의 능력을 잘 안사람이 살리에르라고 했듯이.

우리는 누구나 서로에게 frenemy인지 모른다. 그에게 자극을 주고 또 그의 자극과 용기에 힘입어 내가 성장하고 있다. 그러므로 경쟁상대를 순수하게 받아들이고 키우는 것이 또한 나의 능력을 최대한 발휘할 수 있는 아름다운 계발이 될 것이다. 지난 총선 때처럼 적장이 나오는 출마구에 적장을 때려눕히기 위한 전략을 세우는 일은 가장 치졸한 전술일 것이다.

080820

# 네번째 이야기
# 사소한 불편, 위대한 도전

인간이 사회속의 일원으로 살기 위해서는
지켜야 하는 규칙들이 있다.

규칙은 사회 속에서 서로 다른 여럿이
함께 살 수 있도록 하는 보호 장치이다.

마치 교통신호가 초보운전자들에게도 안전하게
길을 갈 기회를 주는 것과 같다.

# 전통의 무게, 현대화의 힘

한국인은 머릿속의 문화와 실제 삶 속의 문화가 다르다. 한국문화를 소개하라고 하면 모두다 전통문화를 소개한다. 그러나 살기는 그렇게 살지 않는다.

한국이 작성한 관광포스터에는 주로 한복을 입은 여인이 한옥 대문에서 나오고 있거나 아니면, 사물놀이, 고적古蹟이 있다. 그런데 이러한 모습을 보려면 우리도 이제는 민속촌이나 TV화면을 보아야 한다. 혹시 사랑하는 사람이 있어 결혼하고 싶다고 할 때 꿈에 사모관대하고 족두리 쓰고 말 타고 결혼하는 것을 꿈꾸는 사람이 있을까? 결혼은 인생에 있어 단한번인 사건이기 때문에 사람들은 이 예식을 매우 중요시 여긴다. 그런데 이 예식이 이렇게 변했다. 이것은 일제 식민정책이 그렇게 하라고 한 것이 아니다.

그럼에도 세계에서 살아남으려면 우리의 독자성을 찾아야한다. 한 나라의 문화란 그 구성원들의 신체적 조건, 환경적 조건, 역사적 조건이 만든다. 예를 들어 한복의 아름다움은 언제든지 어느 곳에서나 다른 의복을 압도한다. 하지만 아무래도 한복이 기와집 한옥 대청마루에 있을 때가 시멘트 콘크리트 사이에서보다 아름다운 것은 명약관화하다.

문화재로 지정된 한옥에 사는 가족이 있었다. 어른이 병환이 나시자 한

옥 장판위에 보일러를 깔았다. 어른이 돌아가시고 어느 날, 관청에서 나와서 원형을 보존해야 한다면서, 보일러를 뜯어 놓고 갔단다. 우리는 문화를 과거로 보존하고자 하는지 아니면 그 문화를 안고 살아가는지를 결정해야 할게다. 과거는 과거로 정지시켜 놓고, 새로 생기는 의복상표, 과자, 아파트 이름 등등 모든 것을 거침없이 외국 것으로 바꾸어 가야 하는가? 080817

## 길에서 태어난 세종대왕

우린 새 마음을 갖는다고 하면서 옛 물건이나 기록을 다 버리곤 한다. 새해가 되었다고 또 많은 것들을 버리고 있지나 않은지.

얼마 전 한국고대사연구회 교수들이 경복궁 근처의 지식산업사를 방문하러 갈 때였다. 보도블록 위에 「세종대왕 태어나신 곳」이라는 돌 안내판이 떡 버티고 있었다. 그것을 보고 "아, 세종대왕이 길에서 나신 걸 미처 몰랐네"라고 누가 말하자 "그 열등감 때문에 한글을 열심히 만드셨군"이라고 또 누가 받았다.

5천년 역사를 자랑하는 우리에게 궁궐로는, 경주는 궁이 남아 있지 않고 평양과 개성은 북쪽에 있으니, 현재 서울에 있는 궁이 고작이다. 그런데 이 궁마저 많이 훼손되어 결국 현재 헐리고 없는 건물에서 나신 세종대왕은 길에서 태어난 꼴이 되었다. 일본이 궁 안에 대로를 내었고, 그 뒤 길가에는 현대식 건물들이 들어서 마치 궁궐은 빌딩 사이에 여기저기 흩어져 있는 집들이 되고 말았다.

한국문화사를 가르치는 선생으로서 슬플 때가 종종 있다. 우리의 사고방식은 그렇지 않지만 사회는 너무나 급격한 속도로 변해서 생활양태가 전통과 전혀 달라져 있는데다가, 또 유물, 유적의 보존상태가 형편없기 때문이다. 그래서 학생들, 즉 필요를 피부로 절감하지 못하는 세대에게 민족의 과거와 현재를 애정으로 느끼라고 고집하다가 문득 외국에서 외국 사람에게 가르치고 있는 건가 하는 반문이 일 때가 있다. 혹시, 우리는 우리의 문화유산을 기록으로 남겨 놓은 것으로 이미 만족하고, 가슴에 품을 유물자체를 너무나 소홀히 하는 것이 아닐까? 거기서 나온 애정은 미래를 향

한 활력인데도 말이다. 매일춘추,19930112

## 창과 말의 공연

우리는 중고등학교 시절, 음악시간에 음악하면 현재 서양음계로 된 음악들을 말했다. 창이나 판소리는 배우지도 않았다. 그래서인지 난 오랫동안 창이나 판소리를 들을 줄 몰랐다. 추석이나 명절 때 들려주는 우리가락 프로그램이 내게는 지루했었다.

2년 전, 나는 10여년 만에 내가 공부하던 학교를 다시 찾았다. 그곳의 사람들은 외국인이 모교를 찾아 왔다는 사실에 무척 친절하게 대해 주었다. 옛 지도교수는 나를 한국학 하는 사람은 다 보았다는 공연에 초대하겠다고 했다. 여러 마리의 말이 음악에 맞추어 춤추는 「징가로」라는 공연이었다. 이 공연은 프랑스에서 시작되어 유럽 및 미국 등 아메리카 전역을 순회하고, 당시는 마침 파리에 와 있었다. 공연의 인기도 상당해서 이미 20년이나 지속된다고 했다. 공연장에 들어서자 나는 지도교수 가족이 나를 위해 이 공연을 다시 보려고 한 이유를 알았다.

관중석 반대편은 무대였다. 작은 조명으로 노래 부르는 사람만 비추는데, 조명 속에는 한 사람이 한복을 얌전히 입고 창을 하고 있었다. 가끔 장구로 장단을 맞추는 남자들도 비추었다. 그리고 모래가 깔린 커다란 스타디움에는, 검은 색과 흰색의 한복을 변형한 의상의 기수들이 나와서 말과 공연을 했다. 기수들은 한없이 늘인 한복 치마로 공연장을 다 덮으며 앉기도 하고, 바람을 일으키며 달리기도 했다.

## 전통의 재창조

이 공연은 우리의 고유한 소리인 창과 한복이 제 스스로 자리를 찾아 실력을 뽐내고 있는 현장이었다. 안내문에는 한국의 창을 반주로 공연이 진행된다고 설명되어 있었다. 그리고 창은 매우 호소력 있고 관능을 불러일으키는 음악이라고 평되었다. 변형 한복을 입은 기수들은 한국인이 아니었지만, 창하는 한국인들은 수없이 바뀌면서 20년 세월을 이었다고 한다.

나는 우리도 모르게 우리의 매력을 찾아서 접목시킨 이 프랑스인 연출자를 생각했다. 한국인 누구와의 연고가 있어서도 아니다. 그는 우리 것의 매력을 나름대로 읽어 그 가치를 실시하고 있었다. 말이 꼬리를 내치면서 달리는 징가로 공연은 세계를 향해 문을 열고 있는 우리문화와 세계문화의 접목에 대한 격렬한 자극이었다. 우리 것의 세계화란 우리 것을 보여주는데 그쳐서는 안 된다. 그것은 우리전통의 재창조요, 재해석이 되어야 한다. 매일춘추, 011208

## 장지문

현재 정부는 아파트 분양의 활성화를 유도하고 있다. 나도, 7년 전 아파트를 한 채 분양받았다. 그 장소가 마침 출근길에 있어 매일 미소 지으며 바라보았다. 드디어 입주를 했다. 그런데 첫날 들어서서 보니, 아파트란 이중으로 된 유리문과 시멘트벽으로 공중에 잡아놓은 공간일 뿐이었다.

넓기만 한 유리문에는 무언가 있어야 했다. 서류할 때부터 벌써 커튼, 새시 가게들이 광고 하고 법석이었다. 문득 장지문을 해달면 어떨까 하는 생각이 들었다. 장지문을 하면 커튼도 필요 없을 테고, 공간도 커튼보다는 덜 차지할 것이며, 더욱이 문살이 비치는 은은한 빛 그림자를 보면서 새벽을 맞볼 수도 있을 것이다. 습기와 통풍조절도 한다는 한지의 뛰어난 기능이 17세기에 이미 유럽에 전해졌던 사실까지 기억되어 나를 더욱 고무시켰다. 현관에 서서, 아파트는 '집' 인가 아니면 '방' 인가를 질문하던 나는 장지문 덕으로 좀 더 집 같아질 아파트를 기대했다.

그런데 장지문을 짜는 사람이 마땅히 없었다. 어찌어찌 지내던 중에 어느 음식점 실내 장식이 꽤 전통적인 것을 발견하고 그 공사를 한 사람의 연락처를 알아냈다. 상대편은 "요즈음 재실 외에는 장지문을 하지 않으니까, 대구에서도 문 짜는 사람이 별로 없습니다. 저는 대구에 남은 세 사람 중에 한명입니다" 라면서 아주 잘 해줄 것같이 이야기했다.

문도 재어 가고, 니스칠은 싫으니 황토칠로 해달라고 특별히 주문도 해서 마침내 문이 완성됐다. 아직은 창호지를 붙이지 않은, 창살만 있는 문을 달아 놓고 가는 그들에게 수고했다고 인사도 열심히 했다. 그들이 문을 닫고 나가자마자 당장 장지문을 여닫으며 행복해 하고 싶었던 나는 이상한 점을 발견했다.

문을 거꾸로 해 놓은 것이다. 창호지를 바르면 문살이 방 안쪽에 있게 만들어져 있었다. 문의하는 내게 시공자는 "아니, 누가 17층을 지나가면서 본다고 그렇게 아름다운 문살을 밖에다 놓겠습니까? 그래서 일부러 한 것입니다"라고 대답했다. 다시 해 달라고 하겠다는 내게 어머니는 요란 쫌 떨지 말고 살라고 하셨고, 그래서 그렇게 놓아두게 되었다.

## 민족의 생활경험

내 방의 문을 문이 아니라 인테리어 장식으로 변화시킨 시공자와 다시 짜야하는 수고를 끼치지 못하게 하는 어머니 덕분에 역사 선생이 장지문을 거꾸로 달고 살게 되었다. 창호지 사이로 보겠다는 문살 그림자는커녕, 마치 마루에 앉아 있는 느낌이었다. 24평 아파트를 고스란히 공중에 바치고, 나는 툇마루에 앉아서 살게 되었다. `하느님의 방에 문달아 드린 걸로 하지 뭐' 라고 자위할 수밖에.

하지만 나는 또 실패하더라도 현실이 허용하는 범위 내에서 내가 사용할 수 있는 우리 전통의 요소들을 환기해 볼 것이다. 시간과 함께 색이 바래는 플라스틱 바가지보다는 박 바가지, 숨 쉬는 옹기 그릇 등 우리 자연에서 생겨났으며 민족의 생활경험이 배어 있는 전통의 물건들이 살아날 수 있는 방법을 찾아서 오늘도 난 이 마루같이 생긴 내 집에 앉아서 골몰한다. 그리고 그 물건을 제대로 만들 줄 아는 사람들이 사라지기 전에 찾아내고 싶다. 매일신문 생활에세이, 991201

## 호 칭

대통령 선거가 끝난 지 벌써 두 달이다. 곧 새 대통령이 취임한다. 이제 변화를 기대해도 좋을지. 요사이 활자매체에 두드러지게 달라진 것이 있다. 즉 YS, DJ, CY등의 호칭이 사라진 것이다. 굳이 서양문자로 불렀던 호칭.

어느 분이 우리는 미스터 아무개나 미스 아무개라는 말을 너무 흔히 쓴다는 지적을 하였다. 서구 우월주의라고 개탄도 하였다. 말씀은 옳으나 우리 사회에서 반드시 배운 티내려고 해서만은 아닌, 다른 저변의 이유를 생각해야 할 것 같다.

우리문화는 서열이 있는 문화이다. 웬만하면 상대편의 서열을 높여주고자 한다. 박사학위를 받은 바로 다음 날, "박사님" 이라고 즉시 칭호를 바꾸어준다든가, 전직 장관을 계속 "장관님" 이라고 부르면서 그 속에서 관계를 규정한다. 이러한 사회구조적 환경에서 자란 우리에게, 현대화라는 상황으로 모르는 이들이 함께 모이고, 서로 서열이 분명치 않은 채로 같이 일하게 된 사람들과의 사이, 특히 동년배, 더욱이 이성간의 호칭은 여간 불편한 것이 아니다. 갑자기 같은 일을 나누게 된 남녀간에 무어라 부를 것인가. 이때 어정쩡하게, 적어도 우리에게는 서열이 모호한 미스터나 미스를 사용하게 된 것이리라 싶다. DJ나 YS도 이 맥락에서 김 총재님이나 김 대표보다는 간단하고 뒤에 경칭 없이 쓸 수 있어서 선호된 것이리라.

그러나 낯선 외국어로 속없이 대체해서야. 군에 갔다 온 복학생들을 "아저씨" 라고 부르고, 상점에서 손님을 "언니" 라고 하는 등 우리문화 본질이 생활변화에서 많이 부대끼고 있는 것이 보인다.

수직질서 본연인 우리 문화와 수평질서를 기저로 하는 사회 변화에서 편리와 조화를 살리면서 새 요소들을 적응시키는데 이제 보다 정확하고 섬세해져야 되지 않을까. 매일춘추, 930217

## 밸런타인데이와 소외된 이웃의 의미

"이번 토요일이 무슨 날인지 기억하시지요?" "2월 14일이 다가오네." 라고 묻거나 생각한 분들은 아마 사랑하는 사람이 있거나 아니면 사랑하고 싶은 사람들일 것입니다. 요즈음 밸런타인데이라는 토요일을 향하여 모든 상점, 사람들이 초콜릿과 꽃송이들로 들뜨고 있습니다.

얼마 전까지 우리는, "원 젊은이들이…" "원 서양풍속에 따라서…" "원 상혼商魂에 흔들려서"라고들 고개를 흔들곤 했었습니다. 그러나 오늘날 그 확산되는 세력을 보면서 우리 사회의 성향을 다시 생각해 보게 됩니다. 가령, 군부대가 소재해 있는 강원도 홍천의 우체국은 밸런타인데이가 다가오면 군복무 중인 장병에게 보내온 초콜릿 소포 물량을 처리하기 위해 4.5톤 우편차량 3대를 긴급 임대하고 관내 다른 우체국 직원을 증원 배치하는 등 비상사태에 들어간다고 합니다.

전해 내려오는 이야기로는 기원전 3세기 로마 시대에 Claudius II세 황제가 군 전력유지를 위해 법으로 원정하는 젊은이들의 결혼을 금하였답니다. 그런데 당시 사제 발렌타인은 몰래 젊은이들을 결혼시켰고, 이것이 발각되어 처형되었습니다. 그 뒤 2월 14일 이날은 그의 이름을 기리며 서로간에 사랑을 전하는 날이 되었답니다. 처음에는 어버이와 자녀가 사랑의 교훈과 감사를 적은 카드를 교환하던 풍습이, 20세기에는 남녀가 사랑을 고백하고 선물을 주고받는 날이 되었습니다. 특히 이날은 여성이 남성에게 사랑을 고백할 수 있는 날로서 인정받았습니다.

즉, 발렌타인은 타인의 사랑을 연결해주다 순교한 사제입니다. 그리고 또한 이날은 깊은 은혜를 입은 이에게 감사하는 날로 내려왔습니다. 그러다가 남녀의 사랑을 고백하는 날로 정착했는데, 그것도 365일 중에 단 하루 처자가 마음에 품고 있었던 사랑을 고백해도 흉이 되지 않는 하루였습니다. 역사에서 남녀가 불평등해지면서, 동서양을 막론하고 사랑의 고백은 남성이 하는 것이었습니다. 그런데 이날은 여성이 사랑을 고백할 수 있는 약자의 날이었습니다.

## 토 종

밸런타인데이가 우리사회에 확산되고 있는 것은 우리전통에 사랑을 표현하는 방법이 적고 어색해서 일 것입니다. 우리는 정조를 지키거나 의리를 지키는 교육은 많이 시키는데, 사랑을 표현하는 교육은 매우 적습니다. 연애편지를 쓴다는 젊은이들은 거의 외국작품의 문구를 인용하곤 합니다. 여기에 굳이 칠월칠석에 떡으로 우리의 밸런타인데이를 지내자라고 하는 것이 욕심일지도 모릅니다. 하긴 우리의 영리한 젊은이들이 외국에서 유래한 이 풍습에 맞서 11월 11일 빼빼로 라는 과자를 먹는 「빼빼로데이」라는 「토종」 기념일을 만들어 내었듯이, 칠석날도 또 지낼 수 있을 것입니다.

사랑을 표현하는 일은 적극 권장되어야 합니다. 그런데 그 많은 사람들이 있는데도 자살하는 사람과 같이 소외된 이웃이 나오는 우리사회를 생각하게 됩니다. 사랑하는 마음은 전염병과 같아서, 한 사람을 깊이 사랑하면 인류의 소중함을 알게 됩니다. 자신이 사랑하는 사람이 잘 되기를 비는 마음으로 이웃을 대할 수 있을 때, 사랑의 진정한 의미를 알게 될 것입니다. 최근에 유행했던 모 연속극에서 눈이 보이지 않던 여주인공이 죽었습니다. 그 끝 장면에 바닷가에 혼자 서 있던 남자 주인공이 자신들의 사랑덕분에 여주인공과 같은 처지에 놓인 수많은 이들을 사랑할 수 있게 되었노라고 외쳤더라면 하고 바란 적이 있습니다. 밸런타인데이에 가까운 이들의 장점을 하나씩 찾아 표현해주면 어떨까요? 대구MBC논평, 040211

## 침묵하는 이유

아프가니스탄의 거대한 석불이 손상된 사실이 보도되었다. 집권 탈레반 정부가 아프간 수도 카불 서쪽 125km 지점의 바미안 지역에 세워진 50m가 넘는 석상과 그보다 약간 작은 석상을 다이너마이트로 처리했다. 역사 선생이 왜 가만히 있느냐고들 물어왔다. 물론 그것은 파괴되면 안 된다. 그러나 무엇을 쓰려면 그것에 대한 애정이 있어야 한다. 남이 쓴 글에 서명을 하는 것이 아니고 내가 글을 쓴다면, 적어도 그 유적을 보았고 그리고 애정이 있어야 할 것 같다. 그런 의미에서 아직 가보지도 못한 나는 무척이나 이 사태를 억울해 한다. 또 하나 그 사건에 대한 원인을 알아야 한다. 그러나 나는 이 둘 중 어떤 것도 가지고 있지 않다.

약 1500년 동안 많은 사람에게 경외와 위로를 주었던 석상을 제거하는 이유가 정치적인 것인지 아니면 종교적인 것인지 잘 알 수가 없다. 그들이 그 거대한 유산을 부셔서 얻는 효과를 어떻게 계산해 내었는지 잘 모른다. 이 문제, 이 계산에 대한 어리석음에 많은 사람이 개탄하고 있다.

그러나 실은 내가 침묵할 수밖에 없는 다른 이유가 있다. 불상이 연기에 쌓인 사진들을 보이며 안타까워하는 세계의 보도와 지성들의 분노를 사고 있는 그 유적이 부럽기 때문이다. 바미안 석불만큼의 역사적 상징이면서 훼손당해도 누구의 분노도 사지 않는 많은 우리 유적들이 생각나기 때문이다.

현재 서울을 들어서면서 그 냄새를 우선 맞는 것은 서울역 건물과 남대문이다. 서울역 건물은 그것이 내 여행의 귀착지이기 때문이나 남대문은 그 역사적 상징 때문에 다가온다. 남대문은 오랜 세월 사람들이 서울에 도착했음을 느끼게 했고, 간혹 늦게 도착하여 성안에 들어서지 못하면 그 주변에서 밤을 새우면서 설레곤 했다. 서울은 도성과 대문에 둘러싸인 도시였다. 이 성벽들은 거대한 역사의 물결에서 훼손되었다. 1898년 "전차"라는 신식 물건을 맞으면서 동대문興仁門과 서대문敦義門 주위의 성곽이 일부 헐렸다. 이때에도 전차는 남대문의 대문으로 통과했다. 그러나 1897년 일본 황태자 요시히토친왕嘉仁親王은 문으로 들어오지 않고 성벽을 허물고 옆으로 들어왔다. 그 이후로부터 문은 문이 아니고 달랑 길 복판에 남아 있는 건물이 되었다. 그때 누가 분노했는지는 모른다.

## 개발과 보존

그 뒤 남대문 옆에는 올림픽 운운해가면서 높다란 현대식 건물들이 들어섰다. 일제나 신문물이 아니고 우리 자신이 남대문의 위용을 전혀 느낄 수 없게 해도 단지 존재시킨다는 이유로 세계는 물론 국내 사람들도 분노하지 않는다. 집안에 따로 정원을 만들지 않고 주위의 산과 내를 조합하여 지은 우리의 건축물들에서 그 주위를 뜯어낸다는 것은 보존이 될 수 없다. 남대문을 엽서에서 보는 것이 더 감동적인 이유는 이에 있다.

현재 국내에서는 유교문화권이나 안동문화권이니 가야문화권이니 하며 관광자원을 개발하겠다는 여론이 높다. 그러자 갑자기 모든 문화재가 보존되어야 한다는 쪽에 생각들이 미치고 있다. 그러나 보존은 무엇인가? 그 시대를 느끼게 하고, 그 상징을 체험하게 하는 것이 아닌가? 경주 바로 그 자리에 경마장이 있어야 하는지는 모르겠다. 그 옆의 도시와 연계하여 양쪽이 다 잘 살 수 있는 방법은 없는가? 스카이라인까지, 당대 분위기까지 살리는 도시도 있고, 그 옆에서 오늘의 편의를 제공하면서 연계하는 도시도 있을 수 있지 않는가? 지금 당장 세계인류의 유산이 사라짐을 눈앞에 보면서 내 것을 생각하여 깊이 분노하지 못하고 있음은 너무나 소인배류의 감정임을 잘 안다. 그러나 내 나라에서 내 역사를 가르치는 역사선생이 꼭 남의 나라에 있었던 유적처럼 자세히 설명해야 하는 일은 분명 또 다른 아픔이다.

매일신문, 010314

- 남대문은 2007년 방화에 의해 불타 버렸다.

## 정착한 원숭이

한동안 데스몬드 모리스의 『털없는 원숭이』라는 책이 읽혔었다. 오늘날 지구상에는 1백 93종의 원숭이와 유인원이 살고 있는데 그 중 오로지 한 종류 털없는 원숭이가 인간이라고 하면서, 이들이 털을 버리게 된 과정을 말해 적지 않은 공명을 얻었었다.

그러나 발생론적 기원이나 섹스, 탐험 등등보다도 간과할 수 없는 인간의 기본적인 특성이 "정착하게 되었다"는 사실이 아닐까 한다. 이야말로 인류가 인류다운 특징을 누릴 수 있게 한 요인이며, 아울러 인류에게 짐을 지운 대 사건이 아닐지.

정말 오래 전에 지구위에 나타난 인류는 1만 년 전쯤부터 한 곳에 살게 되었다. 농사를 지을 줄 알고, 그 장소를 방어할 줄 알게 된 것이다. 이제 많은 것들이 대를 이어 전해질 수 있게 되었고, 문화는 급속도로 발전하였다. 그러다 보니, 본래 너무나 오묘한 생태계는 각종 생물에게 조화를 유지할 만큼만 번식하고 그 균형을 유지할 만큼의 능력만 주어졌는데, 인간은 이 제한점을 극복한 것이다. 자기가 현재 써야 하는 물건 외에도 내일 쓸 것, 아니 언젠가는 필요할지도 모르는 것까지 저장하여 아무리 가난하다고 해도 자신의 소유물이 스스로 지고 다닐 만큼보다는 많게 되었다.

이러한 우리에게는, 결국 인간이 자연의 균형을 깨뜨리

는 것이나 인간의 자연성을 어그러뜨리는 점을 머리로 생각하고 반성하지 않을 수 없다는 의무(편리함이나 발전을 누리면 누릴수록 깊이 사고해야 하는)가 지워지게 된 것이다.

요사이 필요한 모든 것을 다 싸가지고 증명사진을 찍으러 가는 것이 아닌, 우리가 집착하고 있는 필요이상의 물건이나 사고를 솎아내는 원시로의 여행이 더욱 필요한 때구나 싶다. 매일춘추, 930224

# 사소한 불편, 위대한 도전

약 130년 전 프랑스인 달레 신부(Charles Dallet:1829~1878)는 한국인의 경제관념을 혹독하게 평했다. 그는, "조선인은 소유권을 보호하고 도둑질을 금하는 도덕률을 거의 모르며 더구나 존중은 하지 않는다" 라고 썼다.

기실 그는 한국인 내부에 흐르고 있는 개념을 잘 모른 것뿐이다. 한국에게는 작은 것은 그리 크게 시비하지 않는 경향이 있다. 남의 호박넝쿨의 호박정도는 따기도 하고, 참외서리를 가기도 하는데 이것을 도적질로 생각하지 않는 편이다. 외국인은 이러한 한국사회내의 아량이라는 것을 해석할 줄 모른다.

하지만 이러한 융통성은 때로 원칙을 지키는데 장애가 된다. 성적평가나 실력을 겨루는 평가에서조차 흔들릴 때가 있다.

## 소말리아와 에티오피아

신께서 당신의 형상과 같이 인간을 빚었다고 배워온 유럽인들이 아프리카를 발견, 흑인과 신은 어떤 연관이 있는지 등을 놓고 열띤 논쟁을 벌였었다고 한다. 그러니 지금. 그들이 사는 땅이 어디인지도 모르고 그곳 공기 한 번 호흡하지 않은 사람들이 소말리아를 위한 성금을 내는 것은 참으로 귀한 인류애이다.

소말리아를 비롯한 아프리카의 기아현상은 비단 어제 오늘의 일이 아니다. 20여 국가에서 2천9백만 명이 배고파 허덕이고 있으며, 해마다 대구시 인구만큼의 생명이 죽어간다.

이들 나라는 대부분 사막이다. 사막은 인간이 자연과 싸워 살아남는다는 것이 얼마나 힘들고 가치 있는가를 깨닫게 하는 험한 곳이다. 이 위에 이데올로기, 종교로 인한 내란이 있고, 교통 때문에 도착한 원조물 나누는 데만도 또 다른 시일을 허비하는 곳이기도 하다. 부족식량은 연간 4백만 톤인데, 구호활동으로 4분의 1정도 충당된다고 한다.

그런데 더욱 심각한 것은 필요는 늘어 가는데 도움은 줄고 있다는 사실이다. 돕는 이들이 지쳤다던가-. 헌금이나 성금은 그 일이 일어났을 때뿐이지 그 다음엔 관심이 없어지는 것인가 보다. 옛날 솔로몬을 찾아왔다는 시바여왕의 나라 에티오피아는 현재도 7백 70만이 기아로 허덕이며, 한해 1백만 명이 죽어가고 있다. 2백만이 굶주리는 소말리아보다 훨씬 많은 숫자이다. 1984년부터 이듬해까지 10여개국의 수백만 명이 에티오피아를 도왔다. 그런데 큰 변화를 가져오지 못했다. 그러자 이제는 언론에서도 잘 보도하지 않는 일이 되어 버렸다.

소말리아여, 관심이 집중되었을 이때 빨리 털고 일어서야 한다. 사람들은 인류애란 이름으로 참 짧은 관심만 보이고 말 수도 있다. 매일춘추, 930119

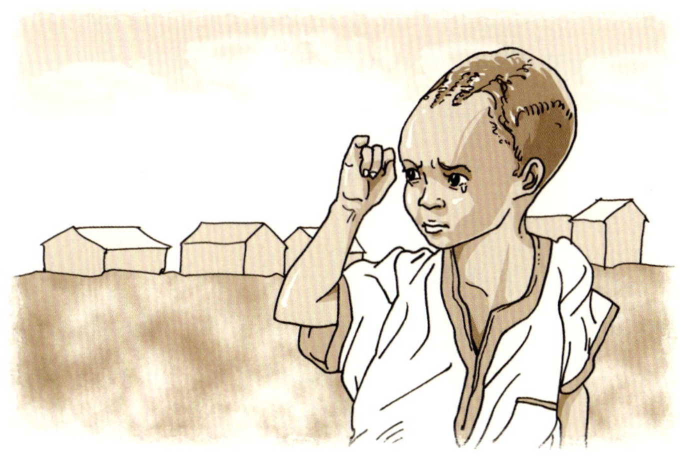

## 개수대 깔판 버리기

12월이 시작된다. 우리는 똑같은 24시간의 날인 줄 뻔히 알면서도 어떤 날에 대해 특별히 의미를 부여한다. 지난 1월의 결심과 다가오는 1월을 설계하는 12월의 첫날은 늘 새로운 의미를 생각하게 한다.

새 느낌을 갖고 싶을 때 나는 집 청소를 시작하곤 한다. 제대로 청소를 하지 못하고 살면서도 수도자의 빈방과 같은 공간을 만들고 싶어 하는 나는 하기 싫은 청소를 시작할 때마다 스스로에게 되뇐다. "이제 아파트 두 평을 벌어 보자" 고. 그런데 그 아파트 두 평 벌기의 관건은 버릴 줄 아는 용기와 제대로 버리는 지혜에 있다.

그 날도 막 청소를 시작했는데, 베란다에 쌓아 두었던 개수대 밑에 까는 깔판이 생각났다. 초록과 빨간색 앞뒤로 붙어 있는 판이 푹신해서 한꺼번에 두 개를 샀었다. 그러나 나는 깔판을 산 뒤에도 여전히 습관처럼 개수대 밑에는 수건을 깔기 때문에 그 깔판은 사용되지 않았다. 풀어보니 먼지가 잔뜩 덮여 있었다. 나는 방 치우던 것을 놓아두고 그 버릴 깔판을 닦기 시작했다. 그리고는 그것을 예쁘게 말아서 끈으로 묶어 아파트 쓰레기 통 옆에 내려다 놓았다. 이 꾸러미는 즉시로 누군가가 가져갔다. 그것이 없어진 자리는 내게 이웃을 느끼게 해주는 또 다른 속삭임이었다.

언제인가 북한에 보낼 옷을 모은다고들 했다. 그때 어느 선생님께 그 행사에 참여하겠다고 말씀드렸다. 그랬더니, 선생님은 이렇게 말씀하셨다.

"그러면 지금부터 가서 보낼 옷을 모두 찾아서 세탁소에 맡겨 드라이클리닝 하십시오. 그리고 비닐로 포장해서 그 위에 사이즈를 쓰십시오. 그렇지 않으면, 그 사람들이 어떻게 옷의 스타일을 알며, 어떻게 일일이 입어보겠습니까?"

역시 난 시간이 없어서 그렇게 정성스런 행사에 참여하지 못했다. 그렇지만, 내게서 어떤 물건을 내 보낼 때 남이 쓸 수 있게 해야 한다는 그 말씀은 늘 지워지지 않게 되었다. 역사를 하는 나는 어려서부터 버리지 않기로 유명했다. 그러던 내게, 버리는 물건이 소멸되는 것이 아니라 남에게 쓰일 수 있다는 사실은 위로가 되었다. 두면 언제인가 쓰일지 모르는 물건을 현재 필요한 어느 모르는 이에게 선물처럼 준비하여 내 놓는 것도 새로운 내 일을 맞는 지혜가 되리라. 011101

## 되돌아온 봉투

요즘 팔아달라고 내놓은 중고물건 중 고급스러운 것들, 새것들이 많다고 한다. 이런 이야기를 들으면 부평에 있는 성모자애병원 원목 신부님의 편지가 생각난다. 그는 프랑스인으로 나하고 공동으로 일을 한 적이 있는데 일이 바빠서 만날 수 없을 때는 서로 편지로 주고 받곤 했다. 그런데 답장을 받을 때 봉투는 어김없이 내가 보낸 것, 아니면 누군가 보낸 봉투를 잘라서 뒤집어 다시 주소를 쓴 것이다.

되돌아온 봉투, 두 번 쓰인 봉투-.

우리사회는 흔히 주소를 써서 우정을 싣고 오는 편지들 외에도 봉투를 많이 쓰고 있다. 예의를 갖추어 담아 보낸 봉투, 이를테면 책 넣어 주는 봉투, 출제하라는 요청서, 점심값, 부조금, 겸손한 광고 등등. 간혹 이름이 씌어있다고 하지만 대부분은 멀쩡한 봉투다. 유학시절 이미 쓴 봉투에 종이를 붙여 다시 쓰는 일을 보아서인지, 차마 버리게 되지 않아서 모으다 보니, 선생이 된지 6년이 지난 지금, 봉투가 상자에 가득하다. 이걸 다 어쩐담.

### 함께하는 자원 절약

내 이름을 지우고 제자에게 편지 쓰는데 이용한다면, 그걸 받은 학생은 다음 날로 편지봉투를 한 묶음 사가지고 와서, "선생님, 이거 쓰십시오" 할 테고, 만약 은사님께 보내면 선생님께서는 뭐라 하실지-.

이래저래 헌 봉투는 아파트 관리비 낼 때나 잔돈 넣을 때, 보관용 성적표 넣을 때 외에는 쓰이지 않는다.

모으기는 했으나 다시 쓰는 방법을 찾지도 못하고 그것을 쓸 용기도 없는 나-. 차라리 휴지통에 넣어 주었더라면 벌써 재활용 휴지가 되어 다시 쓰이지 않았을까.

모아 놓은 봉투의 부피가 유난히도 두껍게 느껴져 보이는 아침. 한 사회에서 자원을 절약하는 방법이 혼자의 힘에 의해 이루어지는 것이 아님을 절감하게 된다. 이웃이여, 고급가구를 내다 판다는 이때 내친 김에 놓쳐 왔던 작은(?) 일들도 함께 모색하여 봄이 어떨지. 매일신문 여성컬럼, 930326

## 냉장고

조카들이 어렸을 때는 방학 때마다 동생네 가족과 국토답사를 다녔었다. 1995년 그해는 내가 영남대학교 교수사택이 있던 AID 아파트에서 새로 분양받은 시지동의 제림은탑아파트로 이사한 때였다. 동생네 가족은 경주에 간다고 우리 집으로 왔다. 도착한 이튿날 아침, 식사 후 떠날 채비를 한창하고 있는데 동생이 어디를 나갔다. 들어오면서 하는 말이, "누나 냉장고 새로 올 거야."라고 하는 것이었다.

내 냉장고는 가정형 중에 제일 작은 것이었다. 그리고 냉장고의 흰색은 세월이 지나면 누런색으로 변한다. 그렇지만 아직 작동이 되므로 이사 올 때 당연히 가지고 왔었다. 아마 동생이 보기에는 아파트의 새 벽지에 비추어 그 냉장고가 무척이나 작고 헌 것처럼 보였는가 보다.

"이거, 아직 작동되는데 뭐,"라고 반사적으로 대답했더니, 동생은 쓸 수 있으면 절대로 버리지 않는 내 성격을 잘 알고 있다는 듯이 천연덕스럽게 대답했다.

"그 사람들이 이 냉장고는 사회시설에 갖다 준다고 했어."

그렇게 해서 나는 냉장고를 바꿨다. 동생은 경주에 가려던 비용으로 내 냉장고를 바꾸어 주고 우리집에서 놀다가 그냥 서울로 올라갔다. 그렇지만 그 이야기를 들은 우리 어머니는 너무나 좋아서 동생에게 그 냉장고 값을 해 주셨단다.

어쨌든 물건을 바꾸는 경우 이 정도는 아주 우수한 수준이다. 우리는 '새 술은 새 부대에' 를 실천하는지 물건을 바꾸게 되면 쓸만한 헌물건도 살려서 쓰지 않는 편이다. 더구나 돈 한 푼 보태주지 않으면서, 그 물건 좀 바꾸라든가 그 옷을 그만 입으라든가, 벽지를 새로 하라든가 하는 이야기를 무척 수월하게 한다.

프랑스에서 유학시절 남동생이 만년필을 한 개 부쳐주었다. 그 만년필을 정말로 열심히 사용했다. 귀국할 때 가지고 왔는데 문제가 생겼다. 만년필은 뚜껑이 깨져서 테이프로 붙였지만 문제는 잉크 넣는 고무튜브였다. 그것이 달라붙어서 사용하기가 어렵게 되어 고무튜브를 바꾸러 갔더니 만년필 가게에서 이제는 그런 것을 만들지 않는다고 하면서, "요즈음 만년필 가격 많이 내렸는데 한 개 새로 사시지요"라고 하는 것이었다. 만년필은 심을 길들이는 것이 큰일이어서 새 만년필과는 비교가 안되는 것이며, 더욱이 아직 쓸 수 있는데 바꾸란다. 부품이 계속되지 않아서 결국 쓸만한 것을 버린다는 이야기가 된다.

모나미 볼펜이 예전에는 볼펜심을 따로 팔았고 그것을 사서 쓰는 것이 매우 흔한 일이었다. 그런데 언제부터인가 모나미 볼펜을 사면 100원인데 심 하나에 60원이나 한다고 하면서 학생들이 볼펜을 새로 사기 시작했다. 본인의 입장에서는 40원 차이지만 국가적으로는 볼펜 몸체를 다시 만들지 않아도 되는 이중의 절약인데도 말이다.

지금은 많이 변했지만 한국은 물건을 팔 때 세트로 파는 편이다. 내가 처음 유학 가서 냄비를 샀는데 뚜껑을 주지 않아서 달라고 했었다. 그랬더니 따로 돈을 내라는 것이었다. 냄비라는 것이 늘 뚜껑을 덮어 두어야 하는 것이 아니니까, 냄비마다 뚜껑을 살 필요가 없다는 것이 그들의 생각이었다. 카메라를 사면 카메라 케이스는 없고 달랑 카메라만 준다. 케이스는 따로 사야한다. 사는 한국인의 입장에서는 돈을 더 쓰는 것 같지만, 실제로 케이스가 있으면 그걸 쓰면 되는 것이다. 한번은 일본인 유학생 오카상에게 일어, 한국어 전자사전을 부탁했었다. 그랬더니 사전은 샀는데, 사전집은 100엔 코너에 가서 사왔다고 하면서 이것이 더 사용하기 좋다고 설명하는 것이었다.

아직도 한국에는 중고 가격이 형성되지 않았다. 한번은 일문학과의 외국인 교수가 일본으로 귀국하는데 그동안 가지고 있던 TV와 VIDEO 세트를 팔고 싶어 했다. 도와주는 겸 연구실에 놓지 싶어 내가 사겠다고 했다. 중고는 거의 거저주다시피 한다는 우리 관념에 비하면 그 가격은 비쌌다. 그러나 그 교수는 3년 전에 살 때 받은 사용설명서와 영수증까지 다 챙겨주는 것이었다. 물건의 재사용을 언제나 생각하고 있었던 것 같다.

이제는 쓰레기를 칠 때도 돈을 내어야 하는 시대이다. 또 쓰레기가 많을수록 지구가 망가지는 것은 분명하다. 우리도 선진국이지만 내가 공부하러 갔던 프랑스나 미국, 그리고 관계를 갖고 일하는 일본인들은 우리보다 훨씬 구두쇠이다. 우리가 생각해 볼 부분들이 있다. 080817

## 성적평가

대학생은 정신적으로는 성인이지만 경제적으로는 독립적 성인으로 인정받기 어렵다. 이들은 졸업을 하고 취직을 해야 정상적인 성인으로 대우를 받는다. 따라서 졸업을 앞둔 대학생들에게 취직이란 지상최대의 과제이다. 요즈음같이 취직이 어려운 때는 더욱 그렇다.

나는 강의 첫 시간에 결석이 전체 수업일수의 1/3에 이르면 어떠한 경우도 수강을 인정하지 않겠다고 설명했고 이를 지켜왔다. 이 원칙 때문에 2학기말이 되면 문제가 발생한다. 취직시험 공부를 하다가 결강했다는 학생, 취직을 했기 때문에 나올 수 없었다는 학생들이 선처를 부탁한다. 이들은 내 성적이 나가지 않으면 취직이 취소된다는 딱한 사정을 호소한다. 나는 이들에게 언제나 같은 말은 되풀이하게 된다.

"성적평가는 학생과 나만의 문제가 아닙니다. 성적평가는 과거, 현재 그리고 미래에 나의 강의를 듣는 모든 학생에게 지켜지는 균형입니다. 내게는 이미 같은 이유로 성적을 받지 못하고 나간 학생들이 있습니다. 따라서 나는 성적에 한해서는 더 이상 자유롭게 운신할 수 없습니다."

학생은 이 말에 절망하고 나도 그 순간 내가 싫다. 그러나 대학이란 무엇 하는 곳인가?

사람이란 눈앞에 보이는 문제는 배우지 않아도 해결할 줄 안다. 따라서 배움이란 전체 구조 속에서 보이지 않는 규칙들의 가치를 깨닫고 준수하기를 가르치는 일이다. 이를 위해서 가르치는 사람은 자신과 전체의 균형을 잡아야 한다. 그리고 배우는 이는 자신의 행동을 자신이 책임지는 훈련을 해야 한다.

“겨울방학동안 열리는 계절강의로 학점을 채우십시오”라는 내게, 학생들은 “교수님 죄송합니다. 많이 배웠습니다”라며 돌아선다. 나는 이 학생들에게 이 하나의 쓴 경험을 통하여  사회에서 더 큰 것을 지키며 살게 하고 싶다. 그러면서도 돌아서는 그들의 등 뒤에서 꼭 이래야만 하는가를 자문하곤 한다. 그 학생들보다 훨씬 더 많이 세상을 살아온 나도 자신에게 귀찮고 손해가 나는 일을 받아들이기는 힘들다. 그러나 그것을 해내는 학생들이 있어 나는 순간마다 더욱 최선을 기울이는 교수로 살아왔고 또 그렇게 살아갈 수 있게 된다고 전하고 싶다. 우리 사회에 스승이 없다면 우리는 서로 스승을 만들어가야 한다. 매일춘추, 011221

## 수영장의 법칙

전 세계 수영장은 모두 바닥을 푸른색으로 칠했나 보다. 팔 한번 저음에 몸이 푸른 물을 가르고 나아가는 수영은 운동이전의 매력이다. 인간이 하늘을 날고 싶은 욕망을 수없이 품어 왔듯이 물 속을 헤엄치고 싶은 욕구도 늘 실현해 왔다. 그래서인지 인간은 실내 수영장을 만들어 수영의 계절적 한계를 벗어나게 했다.

이 수영장에 들어서면 참 묘하다. 물에서 손 한번 젓는 것을 보면 저 사람이 몇 달 동안 수영을 했는지를 알 수 있다. 수영은 오래했는데 강습을 받지 않았는지, 나보다 수영속도가 빠른 사람인지를 정확히 가려낸다. 그래서 수영장에서는 자신이 속도가 늦으면 앞의 사람에 방해가 되지 않도록 비껴준다. 또 앞에 가는 사람이 자유형을 하고 가더라도 속도가 늦다 싶으면 자신은 평형이나 배형 등으로 영법을 바꾸며 속도를 조절한다. 이것은 누가 이야기해서가 아니라 저절로 배워지는 원칙이다. 물론 자기가 물 위에 떠 나아가는 것만이 신기해서 이 묵계를 모르는 사람도 있기는 하다. 그러나 그것은 아주 초보일 때뿐이다. 아니면 너무나 집념이 강한 사람들이다.

이 상식처럼 지켜지는 간단한 법칙들이 사회에서는 지켜지지 않는다. 사회의 계산은 매우 허황하다. 특히 정치가 등 일차적 생산에 종사하지 않고 사람을 다루는 사람들에게 있어서는 그렇다. 사람들은 자신의 능력을 가늠할 때, 자신에게 없는 능력까지 기대하거나, 자기가 알고 있는 사람의 능력까지를 합산한다. 그러니까 정치가들의 이합집산이나 단 10표도 얻지 못하면서도 당선된다고 믿었던 사람들이 나타난다. 자신의 형편이나 마음도 변하는 세상에 이것은 매우 불안한 계산이다. 그래서 사회는 어수선해진다.

수영장에서 능력에 대한 예의가 지켜지는 것은 그것이 가장 간단한 운동이기 때문이다. 수영은 다른 도구에 의지하지 못한다. 덜렁 하나 입는 수영복 자체도 몸에 최대한 방해되지 않는 것으로 선택하고 자신의 실력으로만 나아가야 하는 것이다. 이때 인간은 자신을 정확히 보게 된다. 사람들이 사회에서 계산을 정확히 하지 못하는 것은 옷을 입고하는 계산이기 때문일지 모르겠다. 우리 정말 맨몸으로 자기의 능력을 가늠하고 다가오는 새해를 정직하게 바라보아야 하지 않을까? 그러면 새해는 조직에 의해서가 아니라 능력으로 일을 맡는 사회가 되리라. 매일춘추, 011228

## 은메달 수상자에 갈채를

운동경기에서 2등은 최선을 다했으면서도 단 한발, 단 1초가 뒤져서 카메라 플래시와 박수갈채를 받지 못하는 사람입니다. 운동경기나 일상사에 있어서 차라리 꼴찌는 기억하고 위로받지만 2등은 잊기 쉬운 존재입니다. 사람의 생활을 생존경쟁으로만 생각하던 사회진화론적 사고에서는 오직 1등만이 의미가 있었고, 2등은 경쟁에서 탈락한 사람 가운데 하나였을 뿐이었습니다. 그렇지만 그들은 1등과 대등한 실력을 가졌고, 또 1등의 우수성을 가장 잘 읽는 사람들입니다.

현재 아테네에서는 올림픽이 열리고 있습니다. 곧 더 많은 메달이 나와 그 등수가 올라가겠지만, 한국은 아테네 올림픽에서 현재까지 금 6, 은 10, 동 5개로 10위를 마크하고 있습니다. 금메달을 바랐던 종목이 은메달로 바뀌면 국민들도 안타까워합니다. 이번의 올림픽에서는 금메달을 딴 기쁨보다는 은을 따게 된 아쉬움이나 동메달에 머문 서운함이 더 많았다는 말이 됩니다. 그러나 이러한 일반적 생각에 대해 다시 한번 생각해 보아야 하겠습니다.

1970년대에 이르기까지 올림픽에서 한국이 거둔 성적은 보잘 것 없었습니다. 한때 우리는 올림픽 게임에서 금메달 획득에 국민적 열망을 두기도 했습니다. 이 열망이 성취되어 우리나라가 처음으로 금메달을 딴 때는 1976년 몬트리올 올림픽이었습니다. 그때의 성적은 금메달 하나, 은메달 하나, 동메달 네 개에 머물렀습니다. 우리나라가 메달을 10개 이상 딴 때는 1984년 로스앤젤레스 올림픽부터입니다. 그때부터 한국은 서울 올림픽을 거쳐, 바르셀로나 올림픽 때까지 금메달의 숫자가 은메달보다 많은 나라

였습니다. 그러나 스포츠 세계에서도 금메달보다 은메달이 많고, 은메달보다 동메달이 많은 것이 순리일 듯합니다. 우리나라는 1996년 애틀랜타 올림픽 때부터서야 금메달보다 은메달 숫자가 더 많은 나라가 되었습니다.

오늘날 스포츠 게임에서는 대규모의 재정적 뒷받침과 과학적 훈련이 있어야 세계의 1위에 이를 수 있게 되었습니다. 이 때문에 올림픽의 메달 수는 국력과 비례하고 있습니다. 그러기에 스포츠를 통해 국력을 과시하려는 스포츠 내셔널리즘이 등장하기도 했습니다. 이 경우 국가가 앞장서서 엘리트 스포츠를 강화하여 금메달을 제조해 내기도 했습니다. 그리고 금메달을 생산하는 데에도 국력이 뒷받침되어야 했습니다. 그러나 국가의 엘리트 스포츠 정책도 금메달을 생산하는 데에는 한계가 있습니다. 이를 위해서는 스포츠의 탄탄한 저변이 마련되어 있어야 하기 때문입니다. 그러기에 올림픽의 메달 수가 느는 현상은 어쩌면 이제 우리도 살만한 나라가 되었다는 말일 것입니다.

살만하다는 말은 문화를 의도적으로 향유하며 즐길 수 있는 기회가 보장된다는 말입니다. 생존경쟁의 세계에서 결과만을 위해 악착같이 살아왔던 우리가 이제 인간의 품격을 지키면서 살 수 있다는 전언입니다. 그러므로 애석한 눈물을 흘리는 2, 3등에게는 안타까운 일이지만, 은메달은 우리에게 이제 정말 인간다운 삶을 누릴 수 있다는 희망과 자부심을 주고 있습니다. 우리는 이러한 의미를 주는 은메달리스트나 동메달리스트에게 아낌

없는 박수를 보내야 합니다. 우리의 이 자세에서 피 튀기는 생존경쟁의 세계보다 인간다운 삶을 보장하는 대등세계로 바뀔 수 있을 것입니다.

대구MBC논평, 040826

## 카드 • 연하장

난 우편집배원은 천국에 갈 거라고 생각한다. 배를 불쑥 내밀고 있는 빨간 통에 넣으면 내 인사가 산 넘고 강도 건너 멀리 있는 친구에게 도착한다는 것이 얼마나 고맙고 기특하기조차 한지.

그런데 얼마 전 연하장 안보내기 운동을 한다고 하며 또 이 영향으로 우편물이 줄었다는 보도를 들었다. 카드나 연하장을 성의 있게 써서 제 기능을 발휘하도록 해야지 안보내기로 해서야. 우리에게는 카드나 연하장이 편지 쓰는 어려움을 많이 덜어주고 있다. 그림과 말로 내용을 이미 골랐으니 짧게 적어도 된다. 또 일년 전 답장을 하기도 한다. 내용도 대부분이 감사와 축복의 인사가 아닌가? 그러니 오히려 정겨움을 전하는 카드가 보다 더 다양하게 있어도 좋겠다. 어버이날, 스승의 날, 팔월 추석이라든가, 그 외, 아침에 토라진 아내에게 퇴근한 남편이 내밀 수 있는 다정한 말이 담긴 카드 등등.

유학시절, 특히 부활절방학에는 나같이 언어가 모자라는 학생을 빼고는 거의 다 여행을 떠나 기숙사가 빈다. 그러면 워낙 한국인은 편지가 드문데다가 나만 남았으니 내 편지함만 비게 된다. 아침엔 기숙사 문 옆 우편함을 지나면서, “저녁에 오겠지"라며 씩씩하게 도서관으로 향하지만 저녁에 들어올 때는 차마 살필 수가 없어서 고개를 반대편 방향으로 돌리고는 "내일 아침에 보면 더 좋잖아" 하고 방으로 올라간다. 저녁을 먹고 나서는 그래도 왠지 가보고 싶어 내려갔다가 역시 빈 칸을 보고는 "아마 오고 있는 중일거야" 하고 다시 방으로 올라가던 기억이 새롭다.

짧은 말이면 어떤가? 카드나 연하장으로부터 정나누기 훈련을 할 수 있지 않을는지. 매일춘추, 930127

## 불합격자의 변

또 입시발표가 한창이다. 난 지난 92년에 은사님들께 묵은세배 올리는 일을 생략했었다. 거의 댁마다 자녀가 이번에 입시를 치르게 되었는데, 신년 새해 직전에 발표가 났기 때문이다. 고득점이어도 낙방했다는 소리는 무성하고, 차마 전화 드리거나 알아낼 수가 없어서 세배를 포기했었다. 물론 은사님이야 세배와 입시 불합격을 구분 못할 분이 아니시지만. 그러다가 후기 입시는 구정 직후여서 또 세배를 생략했다.

중대하고 숭고하기까지 한 입시에서, 아직까지는 합격자와 불합격자를 갈라내는 일을 피할 수가 없다. 난 1차 대학에 떨어졌었다. 그날 그 고통이란-. 그러나 날이 지나고 또 내 사랑하는 사람들이 이 일들과 마주치게 되면서 보다 달리 생각하게 되었다.

우선, 시험이란 출제된 문제에 대한 평가라는 사실이다. 즉 나오지 않은 더 많은 내용을 알고 있을 수 있다는 것이다. 또 하나, 대학에 떨어지는 건 발표가 나는 그 순간이 아니라는 점이다. 당시는 한 문제 실수했을 수도 있고, 1, 2점 차이였을 수도 있다. 그러나 문제는 날이 갈수록 떨어진다는 사실이다. 자신이 떨어졌다고 생각하는 한 말이다. 떨어졌다는 것은 도전했다는 사실의 확인이다. 그리고 그것은 밖에서 내린 평가이다. 지금 합격한 학생보다 앞으로 시간이 좀 더 들고, 노력이 좀 더 들고, 돈이 다소 더 들지 모른다는 말이지, 무엇을 할 수 없다는 최종적 결정은 아닌 것이다.

우리 사회의 모든 분야는 양적 발전에서 질적 발전을 모색할 시기에 와 있다. 그러기위해서는 독특한 의견과 다양화가 크게 요구된다고 말할 수 있다.

2차 대학에 가고, 다른 진로를 모색해야 하고. 정착하기에 남보다 쉽지 않을 수는 있으나, 어느 날 오히려 남보다 다른 안목 때문에 자신만이 해내는 많은 일을 갖게 될 것이다. 우리 눈을 크게 뜨고 멀리보자. 매일춘추, 930203

## 어느 선생님과 그 아드님

제자를 체벌, 상처를 입힌 죄책감을 이기지 못하고 투신자살한 여교사의 아들이 어머니 1백일 탈상 후 같은 장소에서 목숨을 끊었다고 보도되었다. 우선 두 분의 명복을 빈다.

가책으로 인한 자살, 그래서 아들의 목숨까지 부른 자살, 실수가 자신에게 용납되지 못했다는 것이고, 실수라는 것을 사회가 인정하지 못했다는 것인지.

인류애에 대해 무척 예민한 친구가 말한 적이 있다. 여덟 살 때 어느 날, 라디오에서 강도짓한 사람이 도망 다니고 있다는 소리를 들으면서 자기도 모르게 "고놈 죽었으면 좋겠다" 라고 내뱉었는데, 옆에 계시던 할머니께서 정색을 하시면서 "남에게 못된 일이 일어나기를 기원해서는 안 된다" 라고 하셨다는 것이다. 나쁜 일을 했어도 그가 한 일과 그 사람의 존엄과는 분리해서 생각하자는 것이리라. 하물며 실수에서랴.

우리가 흔히 혼동하기 쉬운 것이 자존과 행위의 결과이다. 우리가 누구를 좋아하느냐는 것은 상대방이 내게 행한 잘잘못과 친절여부에 따를 수도 있지만, 그것이 그 사람의 고유한 자존권까지 결정하는 것은 아니다. 그럼에도 막상 이 둘을 가려놓는다는 것은 여간 힘들고 귀한 일이 아니다. 또 여기서 더욱 힘든 것은 자신이 잘못했을 경우이다. 자신의 잘못과 자신의 존엄성을 떼어서 생각하는 것이다.

돌아가신 여선생님의 마음이 어떠했을까는 헤아리기 쉽지 않다. 사랑의 매는 교사의 당연한 권리였는데 이것이 심했다고 나무라는 학부형이 야속해서는 아니었을 것이다. 잘되라고 때렸는데 그것이 내 제자에게 상처가 되었고, 또 그 실수는 자꾸만 들추어내지고.

그렇지만, 자신의 실수를 스스로에게 인정해야 한다. 남에게 그러하듯이 내 실수와 내 존엄성을 구별해야 한다. 그래야만 남의 실수도 인정할 수 있지 않겠는가. 매일춘추, 930210

## 거지가 드리는 예배

지난 주 성탄을 지냈다. 성탄절은 예수님의 생일잔치가 아니다. 예수님이 이 세상에 태어나심을 다시 체험한다는 거듭남의 의식이다. 그런데 예수는 사막에서 태어났다. 그러나 우리나라는 사막이 없는 나라이다. 일반적으로 무엇을 이해할 때에는 그 시대와 환경을 같이 볼 수 있어야 한다. 그럼에도 사막이 없는 나라에서 이렇게 열심인 신자들이 있는 것을 보면 기특하다. 다만 사막이 없어서인지 우리나라에 성서가 제대로 실천되고 있는지 질문하게 한다.

유럽에서 한 성당에 문이 열려 있기에 들어갔다. 누가 죽었는지 장례미사를 드리고 있었다. 정말 넓고 아름다운 성당에 죽은 이의 관 하나가 복판에 덩그러니 놓여 있고, 그 관을 마주하고 신부 혼자서 미사를 집전하고 있었다. 그리고 관을 들고 나갈 남자 두 명이 있었다. 그 썰렁함에 이국인인 나라도 그 미사에 있어 주어야 할 것 같아 앉아 있었다.

누가 죽었는지는 모른다. 그러나 무척 외롭고 쓸쓸한 사람이었던 것 같았다. 혼자 살던 신자였는지, 길에서 죽은 행려자였는지. 아무도 없는 곳에서 신에게만 바쳐지는 의식이었다. 이것이 바로 종교인의 사랑실천이 아닐까 싶었다.

사실 그렇다. 성서시대를 그린 사진이나 영화를 보면 예수는 여인들이나 가난하고 병든 이들 사이에 둘러싸여 있다. 그런데 우리 성당은 너무나 아름답고 깨끗하다. 미사보를 쓰고 노래를 부르는 이들이 아름답다. 우리 사회에서 집 없는 사람, 가난한 사람들은 교회로 가지 않고 지하철역에 있다. 교회는 물질적으로는 해결되어 있고 정신적으로 짐 진 자들만 모여 있는지 모르겠지만, 어쨌든 받은 것이 있고 안정되어 있어 이미 감사할 사람들만 모이는 것 같다.

우리는 친구를 보고 친구를 안다고 한다. 내 친구 신학생은 결혼하지 않고 동거하는 커플을 친구로 하고 있었다. 그때 나도 모르게. "너 그런 사람들하고 친구하면 사람들이 너를 어떻게 생각하느냐?" 고 했었다. 그랬더니 나를 한참 보더니 그는 말했다. 예수님은 가난하고 병든 사람의 친구로 왔다면서 그런데도 사람을 골라서 친구를 하느냐고 반문했다.

우리는 친구를 같이 무엇을 한다는 개념으로 가지고 있는지도 모른다. 그리고 같이 무엇을 하지 않는, 친구가 아닌 사람을 돕는 것이다. 내 울타리 안에 들여오는 것이 아니라 내가 가서 도와주고 나는 내 자리에 다시 돌아오는 일인지 모른다. 그런 종교인의 사랑을 성철 스님도, 부처의 이름을 도둑질해 밥 빌어먹는 사람으로 일갈했었다. 예수를 내 수호신으로 사 올 것이 아니라…, 거지가 버글거리는 성당은 못내 꿈일까? 매일춘추, 011228

## 이집트 회화의 옆얼굴

난 곧잘 이집트 회화를 생각하곤 한다. 아름다운 사람과 산들이 그 잘 생긴 얼굴을 한결같이 옆으로 하고 있는-.

오페라를 보러 갔을 때였다. 배우들이 잘 보인다는 배려에서 모두 관중을 향하여 일렬로 서 있었다. 이 점은 우리의 TV나 영화도 마찬가지다. 마지막 장면이나 생일 축하 등의 화면에서 시청자를 향한 쪽은 비워 둔다. 난 무대에 대한 지식이 없다. 그래서 그것이 더 나은 것인지는 모르지만, 그러나 그건 생활 모습이 아니다. 이 세상 어디에서도 그렇게 부자연스럽게 생활하지는 않는다. 보이기 위한 것과 사는 것, 이 둘은 차이가 나는 것일까? 차이가 나야만 하는 것일까?

이것이 관습의 탓일 뿐 고쳐져야 하는 것이라면 고치는데 드는 시간은 얼마나 될까? 이집트의 회화는 오랜 시간 후 로마와의 접촉이후에나 변하게 된다. 경직성을 바꾸는데 드는 시간이었다. 우리에게는 얼마만한 시간들이 요구될까? 「시간」을 이해하고, 시간을 느끼고 그 무게를 감지하겠다고 나선 역사 전공인으로서 물론 미래의 무한한 시간도 믿어 의심치 않는다. 허나 우리, 다양성을 살려 내주면 보다 빨리 길에 도착할 수 있지 않을까? 반면, 우린 사변적일 수도 있는 자신의 생각과 다르다는 이유로, 또는 자신이 쌓은 적은 지식의 총합으로 단정하면서 너무나 쉽게 타인의 다양성을 부정하지는 않는지.

물론 모든 다양성을 다 인정할 수는 없을게다. 그 상식선의 커다란 범위는 인간이 다 존엄하다는 대전제, 즉 사랑을 깨닫는 위에서라면 되지 않을까? 난 모두가 제 자신을 실현하는데 걸림돌이 없는 사회가 되었으면 한다. 정치적이든, 사회 경제적이든, 능력의 한계든, 어떤 이유로든, 특히 학창 시절에 말이다. 그것을 위해 자신을 발견하고 사회를 진단하는 기간이 대학 생활이 아니냐? 우리 2만 영대 식구가 2만 혹은, 그보다 더 많은 숫자로 살아갔으면 좋겠다. 특히 요즈음 그렇게 말하고 싶다. 어디 요새하고 싶은 말이 이뿐이랴 마는. 영대신문 압량春秋, 890531

## 불의를 묵인하지 않는 사회

최근 수학능력고사에서 휴대폰을 이용한 시험부정 사건이 전국을 뒤흔들고 있습니다. 시험이 끝나고 두주일이 가까워 오는데도, 그 부정사건의 규모와 참여인원 및 부정행위의 방법이 미처 다 확인되지 못하고 있습니다. 이 일이 일어나자 책임의 소재를 밝히고 재발방지를 위한 장치를 마련하는 일 등이 논의되고 있습니다. 물론 이 논의는 그 사건에 대한 당연한 대응입니다. 그러나 차제에 우리는 이 사건의 본질적 원인에 대해 성찰해야 합니다. 이 사건은 우리 사회의 병리적 현상 때문에 일어난 일이기 때문입니다.

우선, 우리사회에서 범죄를 범죄로 인정하는 풍토가 조성되어야 합니다. 우리 주변의 적지 않은 사람들은 범죄에 대한 의식이 약한 듯합니다. 범죄행위를 지적받은 당사자가 왜 나만 재수없게 걸렸는가라고 생각하게 된다면 문제는 아주 심각합니다. 이번 입시 부정에 걸린 학생들 중에는 무엇이 그렇게 잘못된 일인지를 깨닫지 못한 경우도 있었다고 합니다. 이 말은 우리를 경악하게 합니다. 그리고 이와 같은 풍토를 조성해 온 기성세대의 일원으로 자신의 가슴을 치며 뉘우치게 됩니다.

### 또 하나의 범죄

이제 우리는 불의를 묵인하는 일이 또 하나의 사회에 대한 범죄라는 사실을 인정해야 합니다. 우리 사회는 불의를 보고도 이를 묵인하는 경우가 적지 않습니다. 이러한 사회에서 입시감독에 들어간 교사에게는 고민이 있을 수밖에 없습니다. 수험생의 부정행위를 지적하여 처벌받게 한다면 한 학생의 일생을 망칠 수도 있다는 심적 부담을 지게 됩니다. 그러나 그 학생의 부정으로 인하여 제대로 살은 다른 학생이 피해를 당하게 됩니다. 이 점을 고려한다면 부정행위의 묵인은 도둑질하는 사람을 돕는 일이나 진배없습니다. 보이는 범죄에 눈감아 주는 일은 인정이 아닙니다. 그것은 선의의 다른 피해자를 만들고 있는 행위이기 때문입니다. 꼭 범죄에 가담해서가 아니라 불의를 그냥 넘김으로써 저지르게 되는 범죄도 있습니다.

인정은 우리 사회에 지독히도 큰 장점으로 여겨져 왔고, 우리는 인정에 의한 해결을 미덕으로 여겨왔습니다. 그러나 누구든지 원칙을 어기면 반드시 자신과 사회가 불행해진다는 사실을 가르쳐야 합니다. 원칙을 어겼거나 범죄행위를 했을 때 반드시 불이익이 따른다는 사실을 확인시켜 주어야 합니다. 또한 집단에 소속되지 못한 개인이라도 원칙에 따라서만 행동하면 살아남을 수 있음도 일깨워 주어야 합니다. 아마도 이것이 가장 기본적인 사회정의라고 생각됩니다. 불의가 저질러지는데 대한 무관심이 오늘 청소년을 광범위하게 병들게 하며, 학교 사회를 피폐화시키고 있다고 생각합니다. 그렇다면 우리의 미래는 암담할 뿐입니다. 우리의 밝은 미래를 위해 정의를 회복해야 되겠습니다. 대구MBC논평, 041202

## 장애자와 비장애자가 함께 사는 날

24년 전 UN에서는 1981년을 '세계장애인의 해'로 지정했고, 이에 따라 우리 정부도 4월 20일을 '장애자의 날'로 제정하고 시행해 왔습니다. 따라서 어제는 장애인을 위한 행사들도 많았고, 장애인을 위해 일하는 사람들에게 감사도 표했습니다. 장애인의 날을 정한지 20년이 넘는 오늘 그동안 장애인에 대한 인식이나 정책이 많이 발전되어 온 것은 사실입니다. 마치 그 용어가 병신, 불구자에서 장애자, 장애인으로 바뀌었듯이 장애인에 대한 인식과 관심이 크게 달라졌습니다. 그러나 장애인이 이 사회에서 인간으로 함께 살아가기에는 아직 많이 부족합니다.

얼마 전 30년 동안이나 병수발 하던 부인이 남편의 자살을 도와주었다가 체포되어 주위의 안타까움을 샀습니다. 아직까지 우리 사회에서는 장애인에 대한 책임은 가족의 몫입니다. 그래서 장애인을 돌보느라 일을 할 수 없는 이들은 그들을 치료할 돈까지 구해야 합니다. 장애자에 대한 정책적인 지원을 적극 검토해야 합니다. 현재 우리나라 장애인 등록자는 교통요금, 통행료, 자동차 특소세, 전화요금, 노동과 고용 등 여러 가지 도움을 받고 있습니다. 그러나 그것이 정작 도움을 갈구하는 사람에게는 크게 도움이 되지 못하고 여러 사람에게 나누어 주고 있는 형편입니다. 어차피 한정된 재원이라면, 저소득 중증 장애인을 우선으로 집중적이고 실질적인 지원이 되어야 할 것입니다.

나를 위한 대책

또한 현재 장애인의 삶에 대한 의미부여는 장애인과 가까운 사람만이 담당하고 있는 점도 큰 문제입니다. 영화 「말아톤」의 어머니나 「오아시스」의 연인들같이 극히 개인적인 사랑 속에서만 그들의 삶의 가치가 발견되고 있습니다. 장애인이 특수한 사람이 아니라 같이 살고 있는 사람이라는 입장에서 직업, 교육, 편의시설, 결혼생활, 여가생활 등 장애를 가진 사람의 전 생애에 걸쳐 나타나는 여러 문제들에 대한 대안을 같이 찾는 사회여야 합니다.

그리고 장애인에게 맞는 일과 역할을 찾아주는 일이 중요합니다. 우리 지역 어느 대학에서는 학위수여식 때 장애인들이 나와서 축가를 부르고 있습니다. 보통 잔치에 장애자들이 나타나면 꺼리기도 하는데, 이 대학에서는 최고의 마무리날인 학위를 받는 잔치에 장애자들이 축가를 불러 감동을 일으킵니다. 이렇게 장애인들이 할 수 있는 일을 적극 찾아야 합니다. 나아가 이들이 자신에게 맞는 일자리를 가지도록 해야 합니다. 그런데 우리나라에서는 취업은 노동부 산하의 일이고, 장애인 복지대책은 보건복지부 관할의 일이기 때문에 장애인이 장애정도에 맞는 정확한 일을 찾기가 어렵습니다. 정부의 이 두 기관은 같은 사안에서는 서로 통할 운영되어야 할 것입니다.

우리 이번 주는 장애인에 대한 편의시설만이라도 생각해 봅시다. 현재 내가 속해 있는 집이나 직장이 장애인들이 드나들기에 편한지 장애를 가진 사람의 눈으로 살펴봅시다. 장애란 단지 생활하는데, 작든 크든 불편하게 되는 일입니다. 그리고 늙거나 사고로 누구에게나 일어날 수 있는 일입니다. 따라서 이 모든 대책은 사회의 대책이며 나를 위한 대책입니다.

대구MBC논평, 050421

# 다섯번째 이야기
# 대학과 역사를 생각한다

대학의 수준은 그 지역사회의 수준이라는 말이 있다.
아울러 대학의 수준은 그 국가의 수준일 것이다.
대학의 수준은 바로 인류의 수준일 것이다.
그 대학을 자유의지가 지배하고 있는가?
그 대학은 절대진리와 정의편에 있는가?
인류의 이상과 미래를 투명하게 설계할 수 있는가?

# 21세기 대학, 무엇을 할 것인가?

올해 일본의 대학 47%가 정원을 채우지 못했다.

머지않아 한국에도 같은 상황이 일어날지 모른다.

대학을 나와서 투자한 만큼의 대가를 받지 못하는 사회로 접어들었다는 말일 것이다. 그렇다 하더라도 교육은 국력향상의 지름길이므로 배우는 것을 멈출 수는 없다.

프랑스는 모든 대학이 국비로 운영되므로 등록금이 없다. 물론 입학시험이 따로 있는 것도 아니다. 바칼로레아(Baccalaureat,고등학교 졸업시험) 합격증만 있으면 언제고 대학에 지원할 수 있다.

입학식과 졸업식도 없다. 학생이 취득해야 할 학점을 다 취득하면 졸업장을 받는 것이다. 전국의 어느 대학에 가서 강의를 들어도 본인의 학점은 다 합산이 된다.

그러므로 직장을 옮겼거나, 대학을 쉬다 나왔거나, 혹은 정년퇴직하고 들어와도 별 어려움이 없다. 즉 평생 필요한 강의를 찾아서 공부하게 되어 있는 시스템이다.

## 대학입학 전형 기준에서 논의되어야 할 요소들

교육은 인간을 키우는 중요한 역할을 담당하고 있습니다. 인간은 물론 타고난 체력, 환경 등 여러 요건에 있어 영향을 받고 있지만, 교육은 이러한 요소들 보다는 훨씬 강한 영향을 미쳐줄 수 있는 인위적인 힘입니다. 그리하여 교육문제에 대해서는 개인은 물론, 가정, 사회, 국가가 모두 예민하게 반응하고 있습니다.

그런데 최근 서울대학교와 몇 대학 2008학년도 신입생 입학전형안을 발표하면서 교육에 대한 논란이 다시 일고 있습니다. 정부는 이 서울대학교의 전형안이 국가의 방침을 어겼고, 고등학교 교육을 망치는 제도라고 비난하고, 일부 특정 교육단체에서는 이를 인재만을 뽑아 가려는 학교이기주의로 비난하고 있습니다. 반면에 서울대학은 국가의 입시정책을 어긴 점이 없으며, 사회에서는 서울대의 통합형 논술고사를 오해하고 있다고 발표했습니다.

여기서 우리는 교육에 있어 보다 근본적인 요소들을 따져 보아야 하겠습니다. 이번 서울대의 입시안 마련은 교육부가 고교등급제 금지, 본고사 부활 금지, 기여입학 금지라는 3불 정책을 발표하면서 이에 대한 대학의 입학전형안을 구체적으로 마련해야 하는 요구에 따라 준비되었습니다. 당초 각 대학들은 입학전형안은 가을에나 발표되리라 전망했으나 우리 사회에서는 일선 학교의 교육 방침을 정해야 한다고 하면서 입학전형지침의 조기 발표를 촉구했습니다. 그리고 입학전형안이 발표되자, 무엇이 논점인지를 흐릴 만큼 강한 단어들로 자신들의 의견을 제시하고 있습니다. 지금 가장 명료하고 초점이 되는 문제는 통합형 논술고사가 입학시험인가라는 문제입니다. 이 문제가 우선적으로 논의되어야 합니다. 그리고 대책에서 제시된 각각의 방법들 가운데 고등학교 교육을 위해서, 대학 교육을 위해서 무엇이 긍정적이거나 부정적인지를 살펴야 합니다.

한편, 여기서 우리는 우리의 고등학교 교육이 오로지 대학 진학만을 위해서 이루어지는가를 질문합니다. 고등학교 교육의 방향을 정해야 한다며 입학전형안을 독촉하는 밑바탕에는 고등학교 교육은 대학진학만을 위한 목적을 가지고 있다는 잘못된 생각이 깔려 있을 수도 있습니다. 현실이 그렇게 움직이고 있다하더라도 고등학교 교육은 대학 진학 이상의 목표가 있어야 합니다.

또 하나 우리가 잊으면 안 되는 요소는 교육은 인간을 인간으로 키워나가는 과정이라는 사실입니다. 따라서 기회의 균등은 중요하나 능력의 평등을 교육의 목표로 삼을 수 없습니다. 자원이 부족한 나라, 모든 시민이 대 변혁을 이루며 성장하고 있는 요즈음, 성장보다는 분배를 앞세운다는 국가 정책 앞에서도 인간을 키우는 일은 항구적이며 가장 중요한 요소입니다. 교육은 대우의 단계가 아니라 계발의 단계임을 개인, 학부모, 사회, 대학당국, 정부는 기억해야 합니다. 대구MBC논평, 050714

## 대학가 축제에 새로운 문화를 창출해야 한다

5월이 되면 각 대학마다 축제가 열린다. 대학 축제는 자기 전공의 특색을 타과 학생들에게 알려 서로간의 이해를 높이는 기회이다. 그리고 학과 시간에 다루지 못했던 여러 주제들에 관해 토론하기도 하고, 젊은이들에게 절실한 현안들을 마음껏 논의할 수도 있다. 학생들은 이 기회에 숨겨놓은 실력들을 뽐내며, 스스로 갈고 닦아온 장기들을 겨루기도 한다. 학생들은 교수와 강의실이 아닌 곳에서 새롭게 만나며, 선후배들이 다시 모이기도 한다. 한편, 공부에는 주눅이 들지만, 타 분야에는 발랄한 젊은이들도 많다. 그리하여 이 기회에 서로 다른 젊은 모습을 발견하기도 한다. 학생들은 이런 일들을 계획하고 진행해 가면서 자신들이 얼마나 믿음직한 젊은 어른들인가 드러내주고 있다. 대학 축제는 학문연구의 현장인 학교에 생기를 더해주며, 창조적인 젊은 힘을 확인시켜 주고 있다.

올해도 천마가요제나 응원제와 같이 여러 대학의 학생들이 참여하는 축제도 있었다. 그리고 몇몇 학과들은 자신들의 전공을 알리고 살리는 축제도 마련했고, 또 어떤 학과는 교수와 학생이 일심단결하여 행사들을 치루며 보다 가까워지는 계기를 만들기도 했다. 그러나 오늘날 대학인의 축제가 점점 타성에 빠져들고 있다. 1980년대 이래 전국의 각 대학들은 대동제의 형

식으로 축제를 진행하게 되었다. 그러다 보니, 대학축제는 학과나 대학의 특성을 점차 잃게 되었다. 대학축제에서 오랫동안 준비한 연극 공연이나 학술적 토론 등은 점점 사라져갔다. 축제가 열리는 곳에는 전통 장마당처럼, 간단한 먹을거리나 음료를 파는 주막촌들이 촘촘히 들어찼고, 대학축제는 먹고 마시고 떠드는 마당으로 점점 변해 가고 있다. 물론, 요즈음에 와서 학생들은 학생회나 그 밖의 학생단체에 관심이 줄고 공동의 행사에 참여하는 빈도가 낮아져 가고 있다. 그렇다 하더라도 대학에 생기를 불어넣기 위해서는 새로운 축제의 문화가 창출되어야 한다.

## 특색 있는 축제 문화 실험

우선, 전국의 대학들은 자신들의 축제에 독자적인 이름을 걸고 고유한 특색을 표현해 주어야 한다. 이를 위해서는 현재 각 대학이 축제 때 진행하고 있는 비슷한 형태의 행사들보다는, 신선한 주제들을 발굴해 내는 일이 필요하다. 이 축제의 마당에서는 학문연구와 관련된 행사도 좋고, 사회와의 유대를 다지는 실험도 이루어 질 수 있다. 아직까지 대학은 최고의 학문연마 기관이다. 대학인은 문화를 선도할 실력을 가지고 있는 사람들이다. 그러므로 오늘의 대학은 전통의 소중함을 확인하는 곳이어야 한다. 급변하는 현대사회에서도 대학은 삶의 훈훈함과 미래에의 희망을 제시해주어야 한다.

그리고 대학축제는 새롭게 창안된 좋은 문화를 나누고 나서나가는 마당이 되어야 한다. 대학인은 이를 지역사회인들과 나눌 수 있을 것이다. 특히 요즈음 대학생들은 부모와 함께 할 수 있는 기회가 매우 적다. 그러나 대부분의 대학생들은 경제적으로는 아직까지 부모의 도움을 받으며 학창

생활을 하고 있다. 이 축제의 기간에 대학생들은 부모님들께 자신의 대학 생활을 보여드리고 대학의 문화에 참여할 수 있는 기쁨을 드릴 수 있을 것이다. 학부모 가운데에는 대학문화에 처음으로 접하는 사람들도 있을 것이다. 또는 대학을 다니는 자녀를 통하여 20여 년 전 자신의 젊은 시절을 추억할 수도 있을 것이다. 이 부모들을 위한 특별한 프로그램이 대학 축제에 마련된다면, 부모에 대한 감사의 마음을 키우면서 의미 있는 학창생활을 보낼 수도 있을 것이다. 그리고 세대간 이해의 폭을 넓힐 수 있게 될 것이다. 영대신문사설, 040520

## 정치자금의 사회적 환원

이번 총선에서 크게 두드러진 점은 돈을 쓸 수 없다는 점입니다. 불법적인 선거자금을 받은 사람은 50배를 물어야한다는 소리에 모두들 몸조심을 하고 있습니다. 그동안 천문학적 액수의 대선자금을 들어왔던 요즈음의 사회에서는 몇 억을 우스운 숫자처럼 여기게 되었습니다. 사실, 한국인 각자가 평생 동안 몇 억을 모으기가 어렵습니다. 그런데도 우리는 자신이 평생 버는 돈의 몇 배, 몇 십 배, 몇 백 배의 액수를 매일같이 듣고 발음하며 지냈습니다. 이제, 선거를 깨끗하게 한다면 지금까지 쏟아 부었던 검은 돈들을 밝은 다른 일에 쓸 수 있습니다. 그리고 우리 사회는 월등히 좋아 질 수 있을 것입니다.

해마다 대학에서는 이때쯤이면 이른바 등록금 투쟁이 연례행사처럼 일어납니다. 학생들은 대학 본부를 점거하거나, 집기를 들어냅니다. 또는 곳곳에 현수막을 붙이고 시위를 하기도 합니다. 대부분의 대학에서는 새 학기가 시작된 지 한달이 훨씬 넘었는데도 아직까지 이 등록금 투쟁이 계속되고 있습니다. 학생들은 "등록금을 내려 부모께 효도하자"고 주장합니다. 하긴, 대학 등록금이 워낙 부담이 되는 금액이니, 그들의 마음도 이해가 됩니다. 그런데 여기서 생각해야 할 일이 있습니다. 대학 등록금을 꼭 부모가 부담해야만 합니까?

### 무상 대학교육은 꿈인가?

2004년 올해 포항공대는 신입생 304명 전원에게 4년간 등록금 면제와 각종혜택을 주었습니다. 그 학교는 정부의 이공계 지원과 기업의 투자 등을 통해 신입생에게 등록금 전액을 지원하게 되었습니다. 그들은 4년 동안 그렇게 공부를 마칠 것입니다. 이러한 현상이 전 대학에서 일어나야 합니다. 교육은 개인의 계발과 국력의 신장에 있어서 가장 중요한 요소입니다. 이를 위하여 국가는 지원을 아끼지 않아야 합니다. 교육은 바로 우리 국력이기 때문입니다. 우리나라도 대학을 무상으로 다닐 수 있는 나라가 되어야 합니다.

정치자금의 투명성을 강화하기 위한 노력은 현 정부의 공헌입니다. 이를 통해 많은 기업들이 검은 돈에 대한 부담에서 해방되어 가고 있습니다. 차제에, 각 기업들은 불법적으로 부담해 왔던 검은 돈들을 사회를 위해 환원해 주기를 바랍니다. 한때 모 재벌기업에서는 정치자금을 내는 대신에, 그 돈으로 각도에 커다란 자활병원을 세워 운영하는 문제를 검토한 적이 있다고 합니다. 기업체가 마음먹기에 따라서 그 이윤 일부를 사회적으로 환원하는 일은 충분히 가능합니다. 기업들은 우리 사회에서 힘없고 영세한 분야를 위해 이를 환원하고, 아울러 미래를 위한 투자로 활용해야 합니다. 그렇다면 기업의 이윤은 상대적으로 열악한 교육분야나 문화분야 등의 개발을 위해서도 투여되어야 합니다. 젊은이들이 자신의 인생을 위해 진지하게 도전할 수 있는 여건을 마련해 주는 일이 나라의 미래를 세우는 일이기 때문입니다. 대구MBC논평, 040408

## 대학등록금

요즘 대학마다 학생들이 등록금 투쟁을 하고 있다. 즉 등록금 인상률을 낮추라는 시위이다. 이는 민주화 시위를 하던 대학에서 매년 새학기 때마다 반복되는 풍경이다. 심한 학교는 대학 본부를 점거 당하거나 집기들이 들어 내지고 있다. 대학 등록금이 비싸기는 비싸다. 웬만한 봉급생활자들은 먹고 남은 돈을 몇 달씩 모아야만 자식을 대학에 보낼 수 있다. 이렇게 부모들이 짊어져야 할 이 부담을 학생들은 걱정하고 있다. 대학생들은 완전한 성인이지만 경제적으로는 부모에게 의존할 수밖에 없다. 이 대학생들의 고민도 절실하다.

그러나 상당수의 대학에서는 인금인상이나 미래대비투자 등을 거의 등록금에 의존하고 있다. 등록금을 인상하지 않고 해결하려는 대학 중에는 졸업학점 낮추기나, 강좌당 수강생수 늘이기로 그 해결책을 모색하기도 한다. 대학교수들의 책임시수를 늘려가는 방안도 대학재정 절감의 방안 가운데 하나이다. 낮은 등록금은 이래저래 대학교육의 질을 낮추고 있다. 더욱이 현재는 학생정원을 채우지 못하는 대학들도 나오고 있어 그 상황은 더 악화되고 있다. 이로 인해 재학생이 부담해야 하는 재정의 비중도 높아져 가고 있다.

교육은 직접적으로 국력이 된

다. 따라서 중동지역의 국가에서는 대학에 들어가기만 하면 국가에서 장려금을 지원해준다. 또 대학이 전적으로 국비로 운영되는 독일이나 프랑스 같은 나라들도 있다. 그뿐만 아니라 선진국 대부분에서는 학생들에게 여러 가지 혜택을 주고 있다. 주거비 보조는 물론 식당가격, 심지어는 영화관 출입에도 학생혜택이 있다.

교육은 인간에게 인간으로서 살아가는 철학과 기술을 가르친다. 교육은 인류 모두에게 근본 의무이고 권리이다. 더욱이 우리나라는 국토가 좁고 인구는 많아서 스스로 자족하기가 어렵다. 이러한 땅에서 한국민이 살아나는 길로는 역시 교육밖에 없다. 따라서 국가에서는 대학에 대한 재정지원을 대폭 증가시켜야 한다. 학생들이 부모에게 미안해하지 않으면서, 내일을 준비할 때 그들의 진정한 창조력을 살릴 수 있다. 이를 기초로 하여 우리나라는 창공을 향해 비상할 수가 있다. 영대신문 사설, 040227

## 수월성 교육에 거는 기대

인력은 늘 교육하고 연마해서 이루어지는 자원이며 한국의 가장 기본적인 자원입니다. 최근 교육인적자원부는 2010년까지 1%인 8만 명을 대상으로 영재교육을 시키고, 32만 명에게는 수월성 교육을 시키겠다고 발표했습니다. 이는 현재 시행되고 있는 평준화제도의 보완으로 학력이 저하되는 현상을 막고, 우수한 학생들을 자신의 수준에 맞추어 교육받도록 하는 새 제도입니다.

30여 년 전 중고교가 평준화될 때 반대도 만만치 않았습니다. 평준화 시행의 설득력이 약하여 당시 영향력 있는 누구의 아들 때문에 제도를 고친다는 식의 이야기도 오갔습니다. 당시에는 학교간 격차가 있었는데, 교육부는 이제 학교는 평준화시켜 놓고, 그 학교 안에서 영재교육을 시킨다는 제도를 안으로 가지고 있는 것입니다. 이에 대하여는 수준별 수업이 어떻게 이루어질 것인가의 문제, 엄격한 평가제도와 우수 교원 양성과 배치, 이를 대학입시와 연결시키는 문제 등 해결해야 할 사안이 많습니다. 그렇지만 교육제도에 있어 이미 문제가 지적되었고, 이를 수정하기 위해서라면 치밀하고 다각적인 준비로 이를 실시하고 성과를 거두어야 할 것입니다.

### 평준화 교육의 보완

정부는 이러한 교육 제도를 새로 세울 때 좀 더 긴 안목과 세세한 분석이 있어야 하고 그 자료를 제시해야 합니다. 즉, 교육자원부는 이런 교육의 목표 달성 뿐 아니라 앞으로 우리 사회가 필요로 하는 인재의 수와 방향을 정확히 분석하고 대책을 세우고 있어야 합니다. 노동부와 연계하여 프로그램을 개발하는 일이 필요할 것입니다. 교육경쟁에서도 살아남기 위한 노력은 각 학교나 각 개인이 대책을 세울 수 있습니다. 정부는 학교의 통제, 관리 등에 신경을 쓰기보다는 우리 사회가 필요로 하는 분야, 향후 5년, 10년, 50년, 100년 등등 필요인재에 대한 분석을 해 놓는 일이 더 중요합니다. 그리고 이 자료를 알리고, 또한 이러한 인재들을 길러내는 방향으로 학교와 사회를 격려하고 유도하는 일을 해야 합니다. 교육부가 각 학교를 통제하고 감독하는 일만으로 만족해서는 한국의 가장 기본적인 자원인 인력자원을 길러내는데 대단히 미흡할 것입니다.

오늘날 각 대학에서 배출되고 있는 인재들도 교육자가 몰려 있고, 그 분야가 현실에 필요해서만 나와서는 안 됩니다. 미래를 위한 인재에 대한 대책이 절실합니다. 교육은 미래를 위한 일이기 때문입니다. 국가의 필요 부분을 분석하고, 국제사회를 읽고 대응하는 일 등은 국민의 일꾼으로 자처하고 있는 정부에서 세우고 그 방향을 꾸준히 제시해야 할 것입니다.

대구MBC논평,041230

## 지역대학의 구조조정과 그 대책

요즈음 지역대학가는 날씨만큼이나 뜨거운 갈등을 빚어내고 있습니다. 대구 경북 지역 대학들이 구조조정에 시동을 걸면서 불협화음이 불거지고 있습니다. 영남대, 계명대, 대구대, 대구미래대, 동국대 경주캠퍼스 등이 일부 학과 조정을 결정했거나 계획하고 있습니다. 또한 지역 내 국립대학교인 경북대와 상주대의 통합논의가 있었습니다.

이는 정부의 "대학 구조조정과 자율화 방안"이 계기가 되었고, 이로 인해 정부는 대학평가에서 구조조정을 하지 못한 대학은 BK21이라든가, 각종 연구비 지원 등에서 직간접적으로 불이익을 보도록 유도하고 있습니다. 또한 교통이 발달하면서, 지방대학은 학생이 모자라는 때에 경쟁력 있는 유수한 대학으로 살아남아야 하는 형편입니다. 물론, 지방 대학가에서는 1990년에 들어서면서부터 이미 이러한 때를 대비하고 있었지만, 이제는 눈앞의 현실이 된 것입니다.

그러나 국립대 통·폐합 문제나, 사립대 구조 조정안은 물론 교수들 전원이 찬성하는 것일 수 없습니다. 또한 학생과 학부모들의 반발로 진통을 겪기도 합니다. 최근 경북대와 상주대 통합안은 총학생회와 교직원, 학생 등 모든 구성원의 투표를 거치면서, 상주대 졸업생과 지역여론 등 난항으로 7개월간의 통합 토론이 휴면상태에 돌입했습니다. 또 영남대학교를 비롯하여 구조조정에 오른 사립대학교 해당학과 학생들과 학부모들은 강력히 반대하고 있습니다. 학생들은 "대책 없이 만들고 돈 안 된다고 버리냐?"라는 푯말을 들고 시위를 하고 있습니다.

물론 대학은 수입예산에 앞서 전인적인 교육을 해야 하는 곳입니다. 따라서 특정학과만을 육성하고 특정학문은 육성하지 않을 수 있는 곳은 아닙니다. 그러나 전국의 대학마다 다 전인적인 교육을 하면서 살아가기에는 한국의 대학수가 지나치게 많아졌다는 데 문제가 있습니다. 교육인적자원부는 대학의 행정을 감독하기에 앞서, 우리 사회가 필요로 하는 미래의 인재 분포도, 또 배출될 가능 인원 등을 계산하고 유도하는 일을 했어야 합니다. 앞서 잘못되어 온 행정의 부재를 현재 학생수가 없다는 현실을 두고 대학이 극복해 나가야 하는 형편입니다.

대학의 구조조정이 경쟁력 강화와 살아남기 위해 불가피한 길이라면 실행할 수밖에 없을 것입니다. 그러나 이에 앞서 이제 늦었지만 교육인적자원부는 현재 양산되고 있는 인재수와 한국의 각 분야 현재 필요인원수, 5년 후, 10년 후 필요인원수 등등을 국가의 미래계획과 함께 산출하고 통계를 보여야 할 것입니다. 그러면서 30년 후에나 쓸 학과는 어떻게 유지하고 기를 것인지, 취직이나 실용성은 적어도 인간이기 때문에 꼭 연구해야 하는 전공들은 어떻게 육성할 것인지에 대한 대책을 내 놓아야 합니다. 그리고 각 대학의 구조조정 정책담당자들은 그들이 모든 정보를 같이 공유해야 합니다. 그리하여 이러한 중요한 결정을 위해서는 결정 지분이 있는 모든 구성원들이 안을 낸 사람만큼 알고 생각해야 할 것입니다. 대학은 지금 차분하면서도 단호한 결단력이 필요한 때입니다.

대구MBC논평, 050630

상주대학은 2008년 3월 경북대학교와 통합하였다.

## 수능시험은 고3교육 과정에 한 단계이다

11월 17일 어제 전국에서 고3 수능시험이 치러졌습니다. 수험생을 둔 가정에서는 여행계획을 세우려고 했다가도 미루고, 집안 내에 모든 급한 문제도 미루고 지내왔을 것입니다. 그래서 수능시험은 수험생과 가족들이 함께 마음조리고 지내왔던 긴 고생을 맺음하는 순간입니다. 올해에는 시험문제도 예고했던 대로 EBS 방송교육 내용 위주로 출제되었고, 문제도 예년 수준과 비등하여 별 어려움이 없이 치러졌습니다. 자신이 한만큼의 결과를 인정한다면 수능시험의 결과를 받아들이는 학생들로서도 마음의 큰 고민은 없을 듯합니다.

그러나 여기서 되돌아보아야 할 점은 어제 수학능력 고사에서 결시율이 사상 최고를 기록했다는 사실입니다, 대구의 경우에는 수능생의 5% 정도가, 경북의 경우에는 9.7%의 학생이 수학능력 고사에 응하지 않았습니다. 이는 현재의 입시제도에서 기인하는 현상이기도 합니다. 이미 수능을 학력최저기준으로 잡지 않는 대학에, 수시입학으로 합격한 학생들은 수학능력 평가를 받을 필요가 없기 때문에 이에 해당하는 학생들이 시험에 응시를 하지 않아도 되었습니다. 그들은 오래전부터 활용해야 할 많은 시간을 가지고 있었습니다. 또한 어제 수학능력 평가가 끝난 뒤 또 많은 학생들이 더 이상의 입시준비에서 해방되었습니다. 현재 많은 대학에서는 정시모집에서 수학능력 평가 점수만 참고하기 때문에 어제 시험을 친 학생들 중 상당수가 더 이상 입시 준비를 하지 않아도 됩니다. 물론 면접과 논술고사를 치르는 대학에 입시를 준비하는 학생들은 아직도 더 노력을 해야 하지만, 그 학생들은 전체 수능생의 약 10% 정도밖에 되지 않습니다.

그러고 보면, 적지 않은 학생들이 아직 수업 일수가 남아 있는 고등학교 3학년생으로서 대학입학까지의 짧지 않은 시간을 갖고 있습니다. 젊은이들이 자신의 인생에서 아주 귀중한 때에 많은 시간을 갖게 되었습니다. 그리하여 고등학교에서는 이 시간에 대한 프로그램들을 운영하느라 노력하고 있습니다. 일반적으로 수험생들은 각 대학에서 하고 있는 특강이나 입시 설명회에 가기도 합니다. 한편으로는 사회인으로서 필요한 미용, 사회예절 등의 교양교육들을 받는 것으로 시간을 보내기도 합니다.

그런데, 젊은 청년 수험생은 입시의 부담이 없는 이 짧지 않은 기간동안 자신이 평생 힘의 원천으로 삼을 체험을 해야 할 것입니다. 자신이 나아갈 삶의 방향을 생각하고, 자신이 모범으로 삼을 수 있는 인간상을 발견해 내어야 합니다. 이제 수능시험을 끝냈으니, 우리 사회에서도 젊은 청년학생들이 이 시간을 잘 보낼 수 있는 여러 프로그램을 개발해 나가야 합니다. 이 시간의 선용을 위해 사회와 가정과 수험생 본인들이 함께 노력해야 합니다. 대구MBC논평, 041118

## 스승임을 자랑스러워하는 사회

최근 학생의 답안지를 대신 작성해준 교사들에 대한 보도가 잇달아 나오고 있다. 그리고 고교 내신에 대한 불신도 다시 대두되고 있다. 공교육의 부재에 대해서 이미 많이들 이야기하고 있다. 그런데 우리 사회가 이렇게까지 간 과정을 검토하고 방안을 세워야 할 것이다. 평생 선생님이라 불리고, 또 선생님이란 단어로 동료와 친구들을 부르며 사는 사람들이 스스로의 역할과 긍지를 포기하는 이유는 무엇일까? 선생이 어떻게 부자가 될 수 있느냐며, 선생의 …은 개도 먹지 않는다며 가난과 소신, 보람을 업으로 택한 사도의 길이 당사자에 의해 포기되는 일은 큰 일이 아닐 수 없다.

이미 이러한 조짐은 한두 해, 한두 가지로 나타난 것은 아니다. 우선 선생님에 대한 인식의 허물어짐을 생각해야 한다. 벌써 여러해 전에 스승의 날 특집으로 어떤 여교사와 중학교 때 제자가 결혼한 이야기를 방영했다. 스승과 제자도 남녀간의 사랑으로 변할 수 있고, 또 그러한 사례도 적지 않게 나타난다. 그렇지만, 사제간의 사랑이 이성간의 사랑으로 변한 내용이 왜 스승의 날 특집으로 다루어져야 하는 것일지에 대한 반성은 있어야 했다. 사제간의 사랑은 그 자체 또 하나의 의미를 지닌 완벽한 사랑이다. 아울러 드라마에 가끔 등장하는 선생님과 제자와의 사랑 등도 신중해야 할 것이다. 혹시 종교계에서 어쩌다 일어날 만한 일을

소재로 드라마를 만들면 종교의 이미지 때문에 거센 항의가 밀려오기가 다반사이다. 그러나 학교사회에서 어쩌다 일어날 수도 있는 일을 드라마로 다루었을 때 그것이 교육에 미칠 파장에 대해서는 항의하는 예가 없는 이유는 무엇일까?

## 교사비리 보도

지금부터 30년 전에는 교사의 비리는 대중매체에 보도하는데 신중을 기했다. 물론 당사자에게 처벌은 엄하게 하지만, 이를 사회에서 일반시하게 되어 교사의 권위를 떨어뜨리는 일은 교육계에 미치는 영향이 너무 크다는 이유로 정확히 말해 이의 보도를 금했다. 보도 통제가 물론 바람직한 일은 아니지만, 그 안에 숨어있는 의도는 이제 와서 다시 짚어볼 만하다. 최근 몇 년간 교육인적자원부가 앞장서서 학교와 교사의 비리를 보도했다. 학생 앞에서 학부모가 교사를 높여주던 일은 먼 고전시대라 하더라도 교사에 대한 존경심을 사회가 잃어가는 일에 대해서는 세심하게 검토해야 할 것이다.

또한 학교교육이 일반화되다 보니, 사실 배우고 싶은 욕구로 가득 찬 학생만이 학교에 오는 것은 아니다. 그들은 그저 택해진 학생들일 뿐인 경우가 많다. 따라서 선생은 학생에게 학교 오게 된 동기까지 유발하고, 학습의 효과까지 설명하며 교육을 하는 사회가 되었다. 또 자녀를 적게 낳고 귀하게 기르는 오늘날, 학생들은 야단맞아 본 일이 드물다. 따라서 교사가 교육으로 꾸지람을 치더라도 학생은 원한에 사무치게 된다. 이러한 상황에서 교사는 스스로 자괴감에 빠지고, 사회는 교사에 대한 존경심을 포기하고 있다. 그러나 교육은 사회의 가장 근본적 요소임은 아직도 포기하지 못하는 사회 신념이 아니겠는가?

교사와 학생, 학부모 모두가 미래를 보장할 교육계의 쇄신을 위해 수도하는 자세로 돌아갈 필요가 있다. 더욱이 평생 공정한 사랑과 평가를 지표로 살아야 하는 선생이 이를 어겼을 때에는 자신 스스로 절대 보존되어야 할 신성한 영역을 해쳤음에 대한 철저한 책임을 지어야 할 것이다. 050127

## 교사평가제와 우리가 잃은 것들

어느 교사가 학교 교단을 떠나 학원강사로 이적했습니다. 그런데 그의 설명이 "교사와 학생 간 서로 믿고 따르는 교육적 관계가 너무 그리웠다."는 것이었습니다. 최근 안병영 교육부총리는 학교교육 정상화 방안의 하나로 교사평가제 도입을 주장했습니다. 교사가 스스로 노력할 수 있도록 하는 방안으로 학생, 학부모나 동료교사가 교사를 평가, 승진 등 인사고과에 반영하는 교사평가제가 필요하다는 요지입니다. 이는 전국 교장단, 학부모, 또는 교사들 사이에도 환영받으며 제대로인 평가제도만 만들면 된다는 데로 합의가 모아져 가고 있습니다.

이 논의를 보면서, 교사가 교육의 질을 높이는 가장 중요한 사람이며 교육의 질은 교사의 질을 능가할 수 없다는 공감대가 반갑습니다. 그러나 우리가 학교붕괴의 원인을 제대로 찾고 있는가를 생각해 보아야 할 것입니다. 이것만이 잘된 평가제도를 만드는 열쇠를 제공할 것입니다.

교장의 근무평정만 있던 시절에도 존경받는 교사가 많았습니다. 사회에서도 "선생의 똥은 개도 안 먹는다" "내 자식도 가르치기 힘든데 남의 자식을 여러 명 모아놓고 가르치자니 얼마나 힘들겠느냐" "내 입안의 혀도 가끔 깨물리는데, 남의 자식을 어떻게 내 뜻대로 하겠느냐?" 고들 했습니다. 그 시절에는 선생님들도 잘못하기는 했습니다만 처벌은 했을지언정 보도에 내지 않았습니다. 그것은 사회에서 잃는 것이 얻는 것보다 많다는 문제 때문에 보도를 통제해 왔던 것입니다.

이때로부터 잃은 것이 무엇입니까? 교사 스스로의 교직에 대한 긍지가 아닌가 합니다. 교사는 결코 수입을 바라고 시작하는 길이 아니었습니다.

군사부일체君師父一體는 구태의연한 전통적 사고라고 합니다. 지금 군사부라는 단어를 한자로 치고 싶었는데, 그것이 한글에서 단어화 되어 있지 않을 정도로 옛말입니다. 오늘날 가령, 스님이나 신부를 다룬 드라마가 이상 애정이나 관계를 설정했을 경우, 각 종교단체에서는 즉각 반대성명을 내고 시정을 요구하곤 합니다. 그러나 그들보다 훨씬 숫자가 많은 교사는 사제간의 관계를 마치 연인처럼 그리는 것에도 "흔히 있는 일이잖아"라고 하고 인정합니다.

## 교사평가의 전제조건

이러한 세상의 변화 속에 선생은 왜 나태해지는가를 생각해 보아야 할 것입니다. 교직이 신성직으로 생각되면서 교사스럽지 않은 교사의 퇴출에 엄격하지 않았던 점은 없었는가 하는 점입니다. 감봉 등등 가벼운 처벌을 거쳐 일단 신분은 보장하자는 동료간의 인정이 오늘날 국회의원들이 불체포 특권을 남용하여 스스로들의 분야를 궤멸시키고 있는 것과 같은 것입니다.

두 번째로 교사는 스스로 가르치는 사람이라고 생각하고 있습니다. 그 말은 맞습니다. 그런데. 교사는 교과서를 만들지 않습니다. 그리고 같은 내용을 여러 번 반복하고 있습니다. 따라서 스스로 노력하지 않으면 매너리즘에 빠지게 됩니다. 같은 내용을 설명할 때 두 번째나 세 번째 정도가 가장 열의 있게 설명될 것입니다. 그 이후는 반복이라는 느낌이 들게 됩니다. 따라서 배우면서 가르쳐야 가장 옳은 가르침의 태도가 나타나게 됩니다. 그러므로 교사가 언제나 자기교육에 스스로의 시간과 노력을 투자할 수 있는 길을 만들어야 할 것입니다. 프랑스에서는 교사들도 교수처럼 논문을 내어야 승급을 하고 있습니다. 현재 교사들 사이에 실시되고 있는 교육행정이나 학습효과에 대한 논문들이 아닌 자기 전공에 대한 논문입니다.

세 번째, 교직에 대한 자부심과 교사에 대한 존경을 살릴 수 있어야 합니다. 학생이 특정교사를 선호할 수 있고, 특정교사의 교육법에 더 효과를 볼 수 있습니다. 그러나 초, 중, 고교 학생은 그들의 선호도를 내는 것이지 평가는 아닐 것입니다. 교육은 미래를 위한 자기연마와 준비입니다. 그 교육이 현재의 기준으로 평가될 수 없는 것이기 때문입니다. 또 하나 존경하지 않고는 배울 수가 없기 때문입니다. 부모도 교사를 존경하지 않는다면 내 학생을 내어 맡기기가 어렵겠지요.

이 세 가지를 제대로 살릴 수 있는 교육평가제도가 도입된다는 것은 지극히 어려운 문제일지 모릅니다. 그러나 이 요소를 살리는 방향에서 시장원리에 따른 평가모델도 도입되고 경쟁력도 생겨야 할 것입니다.

대구MBC논평, 040212

## 국토는 제대로 지키고 있는가?

현재의 전쟁은 칼 들고 하는 전쟁이 아니다.

어떤 나라는 외국에 가서 땅을 한곳으로 모아서 사면서 국민을 한 지역으로 모으고 있다. 민주주의 국가라는 나라에서 그들이 투표권만 확보하면 그들의 대표를 낼 수 있기 때문이다.

우리 국토는 제대로 지켜지고 있는가? 특히 역사에서 관계가 많았던 인접 국가들에 의해 역사와 국토가 훼손당하고 있다. 그런데도 우리는 일본은 싫어한다고 하면서도 일본물건을 애용해서 일본의 경제를 돕고 있으며, 중국에 대해서는 그들이 지니고 있는 문화나 힘을 과소평가하고 있지는 않은지? 080818

## 국적을 빼앗길 위기에 놓인 고구려 문화 유적

며칠 전 우리나라 외교부에서는 서울에 주재하는 중국대사를 불러 고구려사 문제에 대한 항의를 전달했습니다. 중국 외교부가 최근 자체의 홈페이지에서 한국의 역사를 소개하는 항목에서 고구려를 삭제했기 때문입니다. 그들은 한국의 역사를 소개하면서 서기 1세기 전후 한반도 북부 일대에서 출현했으며 신라 백제 등으로 분할된 정권이었다고만 설명했습니다. 그리고 고구려는 자신의 지방정권이라고 규정하며 한국사에서 제외했습니다. 중국은 이것이 문제가 되자 이제는 아예 홈페이지에서 한국의 전근대사를 삭제했습니다.

한편 지난 7월 1일에 열린 유네스코의 제28차 세계문화유산위원회에서는 고구려 유적이 세계문화유산으로 등재되었습니다. 유네스코의 세계문화유산 등재사업은 인류전체를 위하여 보호되어야 할 주요한 가치가 있는 문화적 유산을 선정하는 작업입니다. 이로써 고분 벽화를 비롯한 고구려 문화의 가치가 국제적으로 인정받았다는 점은 진심으로 기뻐해야 할 일입니다. 단지 이 문화유적의 일부가 현재 중국 땅에 있음을 기화로 하여, 고구려의 역사를 왜곡해서 고구려를 중국의 지방정권으로 왜곡해서는 안 됩니다.

### 유네스코 세계문화유산 등재

고구려의 역사는 중국의 역사가 아니고 한국의 역사임은 누구나 아는 일입니다. 고구려는 중국과는 다른 독자적인 연호를 사용하기도 했었습니다. 그리고 중국이 주장하는 대로 고구려가 중국왕조들의 책봉을 받았다 하더라도 그것이 현대적 의미의 종속국을 뜻하지는 않습니다. 오히려 동양의 고대질서 체계에서 책봉이란 중국이 다른 왕국의 존재를 인정해야 하는 입장에서야 이루어졌던 일입니다. 또한 중국은 한번도 고구려 국왕을 임명한 적이 없습니다. 그러나 우리는 현재 고구려의 옛 땅이 중국에 속하게 되었다는 점은 인정을 해야 합니다. 그렇다고 해서 당시의 고구려가 오늘의 중국의 역사였다고 하는 무리한 주장에는 철저히 대처해야 합니다.

더욱이 중국이 그 소수민족의 역사를 모두 자국에 병합하려는 의도에서 이와 같은 주장을 시작한 것이라면, 이는 우리뿐 아니라 인류의 역사에 대한 왜곡이며 심각한 문제가 아닐 수 없습니다. 또한 이는 중국이 취하고 있는 역사적 패권주의라는 비난을 면치 못할 것입니다. 따라서 고구려사의 왜곡에 대해서는 남북한 공동의 대처가 필요합니다. 물론 중국과의 지속적인 대화도 중요한 때입니다. 그런데 우리 정부의 대처가 미흡합니다. 중국은 지난 4월 20일 자국의 외교부 홈페이지에서 고구려를 지워버렸습니다. 그러나 우리 정부는 이런 심각한 사안을 뒤늦게 파악해서 시간을 놓쳐 중국대사를 불러 항의를 했습니다. 지금은 그렇지만 외교적 마찰은 피하겠다는 의원들이 있습니다. 중국은 달려가고 한국은 걸어가서야 이 문제를 해결해 낼 수 있겠습니까? 우리가 게을러서 고구려의 역사가 중국사로 왜곡된다면 800년을 누린 고구려인들이 저 세상에서 통탄할 것입니다.

대구MBC논평, 040812

## 무방비상태의 문화유산, 내팽개쳐진 우리 역사

일본 교과서가 이웃 나라들에 대해 잘못 서술했다는 이유로 한국이 들끓고 있습니다. 그리고 장기적인 대책을 세우고 있습니다. 그러나 우리는 이렇게 남이 저지르는 우리의 역사왜곡에는 분노하면서 우리 스스로는 우리의 역사를 버리고, 흠집 내고 있지는 않은지요?

최근 문화재를 2300점을 훔쳤다는 사람이 있었습니다. 또한 이러한 순간에도 우리는 천년 역사의 낙산사를 순식간에 불에 날려 버렸습니다. 도적이 훔친 문화재는 …원이며, 낙산사는…이것을 다시 복원하는데 드는 돈은 19억원이라고 하며, 약 1년 공사하면 된다고 합니다.

그런데 우리가 잃은 것이 그 정도일까요? 문화재를 잃고서 얼마를 호가하는 이라고 보도하는 것은 오해입니다. 그것은 살 사람이 줄 가격일 뿐 실제로 우리 문화, 역사에서의 가격은 정할 수가 없는 보물입니다. 문화재란 그 자리, 그 시간을 이고 있어야 하며 그것은 국민의 삶의 일부입니다. 들고 가서 파는 사람들은 그것이 보물일 뿐입니다. 그러나 살 사람들은 보물로 살지 몰라도 우리가 잃은 것은 물건이 아니라는 사실입니다. 또한 태운 것을 다시 세운다는 것은 연고를 찾아 관광자원을 더 만드는 일일뿐입니다.

물론 있는 문화유산에서 역사를 느끼는 일은 더욱 소중한 일입니다. 그러나 그 이전에 문화재를 보존해서 후세에게 전해주어야 하는 일은 우리가 맡은 의무입니다. 현재 우리 문화재는 도둑과 화재에 그대로 노출되어 있습니다. 그리고 무관심에 노출되어 있습니다. 목재 전통가옥에 대한 대책이 없음을 알고만 있을 뿐입니다. 대부분 산속에 있는 문화유산, 또한 목재로 되어 있는 전통가옥들… 한번 불에 쐏이면 그저 끝입니다. 버젓이 훔쳐 내오고 있는 사람들이 있습니다. 그러한 것에 대한 방비는 너무나 허술합니다.

이제 화재나 도난에 대한 대책을 세워야 합니다. 그러나 그보다 앞서 문화재란 물건이 아님을 인식하는 마음이 더욱 소중합니다. 그리고 남이 우리의 역사를 왜곡하는 일은 우리가 우리의 역사를 버리는 일보다는 훨씬 작은 일일지 모릅니다.

문화재를 태우거나 도둑맞으면서, 남의 나라에서 써내는 역사교과서에만 열을 내서는 바른 태도가 아닙니다. 역사나 기억은 물증이 없다고 사라지는 것이 아닙니다. 그러나 사람들은 늘 기념을 되새길 무언가를 만들고 있습니다. 이는 사람들이 약하기 때문에, 그리고 보지 않고는 상상하기 힘들기 때문에 만져보고, 눈으로 보기를 원하기 때문입니다. 그런데 이런 물건을 없앤다면 물건을 없앤 것뿐이겠습니까? 그의 과거와 추억을 없앤 것이겠습니까? 그 장소, 그 자리, 그 시간의 때를 없애면 안 됩니다.

우리는 석굴암을 보수공사 하여 결국 제대로 보존하지 못하고 있음을 압니다. 보수와 보존이라는 이름으로 지리산 연부도는 부도의 몸을 다 닦았는지, 갑자기 태어난 돼지 피부 같은 색깔을 하고 있습니다. 절집들은 현재의 공간위에 새로 건물들을 지어가며 살고 있습니다. 그리고 문화재 바로 옆에 현대식 건물을 지어, 창덕궁이건 남대문이건, 현대식 건물을 넣지 않고 사진을 잡기가 매우 힘들게 되어 있습니다. 이러한 무지 위에서 일어나는 실수로 인한 역사소멸… 그리고 늘 문제가 되어온 도굴, 발굴의 문제가 있습니다. 또한 최근에는 낙산사를 완전히 화마에게 내주었습니다. 이 모든 문제위에 문화재는 얼마나 안전한가?

문화재를 보존하여 역사를 재체험시키겠다고 하지만, 재체험시키기 이

전에 보존하는 것은 의무입니다. 050520

## 과거사 청산과 역사연구

우리 사회는 요즈음 과거사 청산이라는 화두에 매달려 있다. 한국 근대사는 외국의 식민지 지배를 받았다는 어두운 과거를 가지고 있다. 그리고 오늘의 시점은 북한과의 화해 무드, 참여정부의 친일청산, 중국의 고구려사 왜곡문제가 시기를 같이하면서 제기되어 나왔다. 그러기에 온 국민은 모두 역사 문제에 대해 과거 어느 때보다도 강한 관심을 갖게 되었다.

역사연구가 현실의 문제와 연결되어 연구되는 것이 바람직하지만은 않다 하더라도, 그것은 필요하며 또 그렇게 되어 왔다. 특히 최근 10년간 우리 사회에서는 역사 다시 쓰기, 역사 바로 세우기 등으로 시작하여 이제는 과거사 청산의 단계에 이르렀다. 과거사가 잘못 되었으면 반드시 다시 바로 잡아야 한다. 그렇다면 민생이 우선하니 과거사 청산은 나중에 하고 경제부터 살피라는 주장은 편견일 수 있다.

그렇다고 온 국민이 과거 청산에만 매달려서 모든 역사적 과제를 단김에 뿌리 뽑으려는 데에는 문제가 있다. 역사를 쓸어내는 것이 아니고 바로 잡는 것이라면, 이에는 철저한 중립성과 공정성, 전문성이 보장되어야 한다. 역사를 다시 쓰는 일은 사료가 새로 나왔거나, 그 사건이 현실의 특수 상황으로 왜곡되었을 경우 행해지는 학문행위이다. 행여 정권이 바뀌었다고 해서 역사 해석을 다시 해야 한다면 이는 자칫 정치행위로 인식될 수밖에 없다. 물론, 그러한 정치행위를 할 수도 있고 또 그런 행위가 역사에서 되풀이되기도 했다.

## 국민적 공감대

그러나 역사는 언제나 도도히 흐르고, 역사가는 언제나 진리를 드러내고자 노력해 왔다. 우리는 역사연구와 정치행위를 혼동하지는 않아야 하며, 한국의 정체성, 나아갈 방향 등에 관한 합의를 전제로 하여 깊은 연구가 진행되어야 한다. 또 청산되어야 할 행위가 오늘날까지 사회에서 용인되어오게 된 과정도 같이 분석되어야 한다.

친일진상규명을 하겠다고 하다가 자기 당에서 연루된 사람들이 나오면 목소리를 내리는 일은 국가정체성을 바로 세워야 한다는 기본원칙을 지키지 않은 결과이다. 또 어느 특정인을 보호하기 위해 법제정을 굽혀서도 안 된다. 최근 문화사적 바탕을 가지고 넓게 역사왜곡을 보아야 한다고 주장했던 사람이 애국심이 모자라는 사람으로 비난받고 있다. 또 정신대 문제에 있어 그 일에 협조했거나 참여했던 한국인들의 자기 성찰이 우선되어야 한다고 말했다가 친일파로 공격받는 일도 있었다. 그런데 이러한 일들은 엄격히 말하자면 학문의 자유에 대한 억압이며, 포퓰리즘의 폭력일 수도 있다. 우리는 억압과 폭력에 대항하여 오랫동안 투쟁해 왔으니, 새로운 억압과 폭력을 용인할 수는 없는 일이다.

편 가르기, 감정 자극하기, 지나간 과거의 인물을 지워나가기 등은 결코 올바른 역사연구로 볼 수 없다. 그러나 과거는 바로 세워야 한다. 그렇다고 하여 이 일이 현 국면에서 경쟁, 대립하고 있는 정치, 사회집단들의 이해관계와 세력관계에 좌우되어서는 곤란하다. 국민적 공감대 위에서 균형 잡힌 역사관을 갖고, 대중의 자극 속에 매몰됨이 없이 역사를 바로 잡고 비판할 수 있어야 하기 때문이다. 오늘의 사회에서는 이러한 사명을 실천할 기구와 시간과 국민적 합의가 필요하다. 그리고 과거사에 대한 조사 작업은 전문연구자들이 학술적 입장에서 객관적 중립적으로 추진해 나가야 한다. 이에 이어 조사 결과의 발표와 역사적 단죄는 국민적 공감대가 충분히 무르익은 때를 기다려야 한다. 인간에게 있어 가장 무거운 짐은 전통의 짐이다. 이 어두운 전통의 무게를 덜어내야지 덧붙여서는 안 된다.

대구MBC논평, 040909

## 일본국민을 위한 불행

최근 일본의 도치기현 오타와라시는 비공개회의를 열고 후소샤판 역사 · 공민교과서를 채택했다. 일본 47개 광역자치단체의 총 538개 지구별 교육위원회는 다음달까지 교과서를 채택하게 되어 있다. 그런데 일본 우익 측에서는 후소샤판 역사교과서의 채택률 10% 달성을 목표로 하고 있다. 우리나라 연구자들은 후소샤 교과서가 일제 침략을 미화하고 종군 위안부와 조선인 강제연행 사실을 부정하는 등 과거사를 왜곡했음을 지적하여 문제를 제기하고 있고, 중국에서도 이 교과서의 문제점에 강력한 반대를 표시했다.

일본은 현재 학교교육을 통해서 "국가에 대한 자랑과 애정" 을 지나치게 강조하고 있다. 이는 제국주의 정신을 부활시키려 한다는 혐의를 살 수 있는 일이다. 그리고 여기에는 장기적인 경제침체에서 탈출하기 위한 전략 및 일본 내 우파 세력의 성장 기도 등 여러 요소가 작용하고 있다. 특히 일본에서는 현재 과장된 피해의식과 그릇된 시혜의식에 사로잡힌 사람들이 정책을 입안하고 있지는 않은지를 살펴야 한다. 이는 모두 동북아 국제사회에서 평화를 깨는 위험한 요소들이 된다.

일본은 과거 여러 나라를 침략했으며, 그들을 희생시키면서 전쟁을 감행했다. 이 전쟁은 원자탄 투하라는 비극적 사건에 의해 끝났지만, 분명히 전쟁의 책임은 일본에 있었다. 그러나 전후의 일본은 원자폭탄에 의해 무고한 사람들이 희생되었다는 논리 하에 자신들을 피해자로 둔갑시켰다. 일본은 자신들이 전쟁을 도발했다가 패전한 나라임을 걸핏하면 망각해 왔다. 그리고 전쟁 도발에 대한 충분한 반성이나 그 피해에 대한 보상에 관해서는 도외시해 왔다. 그동안 일본은 패전의 어려움을 이겨내기 위해 문제의 근본을 보지 못해 왔다. 그러나 이제 일본이 전쟁의 참화를 궁극적으로 극복하기 위해서는 과거에 대한 철저한 반성과 그 전쟁의 원인에 대한 분석부터 하여야 한다.

지상에서 가장 불행한 군인은 올바른 '전쟁의 역사'를 가지지 못한 군인이라 한다. 과장된 전과만을 강조하는 그릇된 역사를 배운 군인들은 전쟁을 하더라도 패전하고 말기 때문이다. 동시에 가장 불행한 나라는 올바른 역사를 가지지 못한 나라가 될 수 있다. 이 왜곡된 역사 교과서는 일본의 자라나는 세대에게 자신의 참모습을 볼 수 없게 할 것이다. 이는 일본 국민들에게도 불행한 일이다. 그러므로 우리는 후소샤 교과서가 일본이 과거 역사에 대해 그릇된 인식을 심어줌으로써 불행한 역사를 반복시키는 씨앗이 될 수도 있음을 경고해야 한다. 일본이 유엔 상임이사국까지 진출하려면 국제사회에 대한 책임과 과거에 대한 절실한 반성이 있어야 한다.

대구MBC논평, 050714

## 독도 앞에서 선 우리들의 품위와 절제

올해는 일제가 우리나라의 외교권을 박탈한 을사조약 100주년, 해방 60주년, 한일간의 국교를 정상화시킨 한일회담 40주년에 해당되는 해입니다. 올해를 '한일우정의 해' 로 삼으려 했던 정부의 의도와는 달리 현재 한반도 전역이 독도문제로 격앙되어 있습니다. 독도 문제 등에 대해 일선 학교에서나 재향군인회 등은 반일 시위를 하고, 지방자치단체들은 항의 성명을 발표하고 있습니다. 대중매체들은 연일 전문가들을 불러 이에 관해 토론하고 있습니다. 한편으론 정부에서도 기존의 조용한 외교에서 노선을 변경하여 독도문제의 제기는 영토문제가 아니라 국가의 주권에 관한 도전으로 보겠다는 기본 입장을 선명히 밝혔습니다. 이와 함께 국가적 차원에서 독도를 알리고, 독도에 대한 사랑을 촉구하기 위한 여러 대책들이 발표되고 있습니다. 이 모든 반응들은 당연하며 또한 바람직한 것이라고 하겠습니다.

이 일과 관련하여 일부 사람들은 항의 과정에서 혈서를 써서 자신의 결의를 드러내기도 했습니다. 택시를 탔던 일본인 유학생이 기사에게 결렬한 항의를 받았다는 기사도 보도된 바 있습니다. 일본인 출입금지의 푯말을 내건 상점도 나타나게 되었습니다. 한때 한일간의 긴장관계가 조성되었을 때 새마을호의 일본어 안내방송을 중단한 적도 있었고, 가로수에서 일본 수종을 제외시켜야 한다는 주장도 있었습니다. 물론 이번에 아직은 그 단계까지 가지는 않은 듯합니다, 그러나 최근의 상황에 대해 서울주재 일본 대사관에서는 우리나라에 거주하는 일본인들에게 '신변에 대한 주의' 를 환기시켜주고 있습니다. 이러한 일련의 상황에 대하여 우리는 좀더

냉철히 생각해볼 때가 되었습니다.

## 철저한 외교와 국민의 품위

우리는 일본의 잘못된 정책이나 주장에 대해서는 분명한 입장을 논리적으로 설명해야 합니다. 냉철한 논리 위에서 제시된 설명만이 일본인과 세계인을 설득할 수 있기 때문입니다. 그렇다면 우리의 격앙된 심정을 표현하는 데에 있어서도 일정한 절제가 요청됩니다. 더욱이 한국문화에 대해 관심을 갖고 있는 선의의 일본인들까지 우리의 적으로 돌려서는 안 됩니다. 대부분의 일본인들은 독도문제나 역사문제에 대해서 우리나라 사람들보다 관심이 약합니다. 이들에게 우리의 주장을 바로 알려나가야 합니다. 이 땅에 있는 선의의 일본인에게 우리의 주장을 설득할 수 없다면, 일본 본토에 있는 어느 누구도 우리의 주장에 귀 기울이지 않으리라는 사실을 우리는 통감해야 합니다. 또한 어쩌면 한반도내에 와 있는 일본인들은 한국의 여론을 일본에 전달시킬 수 있는 한일간의 창구입니다. 정부에서는 강경하게 나가고, 시민단체도 우리의 입장을 분명히 밝히되, 일본인들이 길거리에서 상해를 입거나 모욕을 당하게 해서는 결코 안 됩니다. 이러한 일은 국제적

으로도 호응을 얻지 못하는 일이 됩니다. 이제 우리는 철저한 외교와 품위 높은 국민의 수준을 보이는 시험대 위에 서 있습니다. 대구MBC논평, 050324

## 한일역사공동연구위원회의 결산과 전망

한일역사공동연구위원회의 연구위원들이 한일 양국을 오가며 노력한 3년간의 역사연구결과가 어제 발표되었습니다. 2001년 4월 일본의 역사 왜곡 교과서 파동을 계기로 양국의 정상들이 합의하여 발족시킨 이 위원회의 양국 학자들은 19개의 공동주제를 선정해 연구했고, 그 결과가 A4 용지 2000쪽의 최종보고서로 공개되었습니다.

한국과 일본은 매우 미묘한 역사적 관계를 가지고 있고, 상호간의 역사에 대해 확연한 차이를 드러내 왔습니다. 이런 현실에서 한일간의 학자들이 모여서 공동연구위원회를 구성했다는 사실은 그 자체가 이미 긍정적입니다. 이 위원회는 출발 초부터 상호간의 역사인식에서 드러나는 공통점과 차이점을 밝히는데 목적을 두었고, 차이점에 대해 합의를 도출하는 모임이 아니었다는 한계가 있었습니다. 물론 이와 같은 접근방법은 차이점에 대하여 합의를 도출하기 위한 노력의 첫 번째 단계였습니다.

그러나 어제 결과발표에 아쉬움을 표하는 사람들이 적지 않습니다. 우선 일본군 위안부, 역사 왜곡 등의 주요 현안이 연구 주제에 포함되지 않았다는 점입니다. 그리고 공동연구 결과가 이번에 출판되는 역사교과서에 반영되지도 못했습니다. 양국간 최대 현안인 일본군 위안부 문제, 역사왜곡 등의 문제가 이번 주제에서 제외된 것은 공동연구의 주제를 선정하는 과정에서 양국의 합의가 전제되었기 때문이었다고 합니다. 그래서 이러한 큰 문제들이 앞으로 해야 할 과제로 남아있게 되었습니다. 그리고 바로 이 때문에 2기 위원회의 출범이 논의되고 있습니다.

우리는 역사공동연구위원회 2기 출범을 앞두고, 이 위원회의 성격을 명확히 할 필요가 있습니다. 한 위원회가 모든 일을 다 담당할 수는 없습니다. 연구는 연구로서 가치가 있고, 정확하게 연구를 해야 합니다. 직접 교과서 집필까지 하거나, 정치적 영향력을 발휘하거나, 또는 시민운동에 참여하는 일은 이 위원회와는 다른 사람들이 수행해야 합니다. 다른 곳에서 해야 할 일까지 역사공동연구위원회에게 책임을 지우지는 말아야 합니다.

한편 위원회의 위원들도 연구의 시각을 다원화하고, 종합화해야 합니다. 역사연구란, 그것이 비록 양국의 관계사라 할지라도 각국사 내에서 이해되어야 하는 점을 간과해서는 안 됩니다. 그러나 동일한 주제에 대해서는 공동인식을 갖도록 노력해야 합니다. 물론 모든 역사적 사실에 대해서 공동인식을 갖는 일은 불가능할지도 모릅니다. 그러므로 그 차이의 간격을 좁혀가기 위해 노력하되, 서로 다른 의견이 존재할 수도 있다는 사실을 인정해 주어야 합니다.

이 한일역사공동연구위원회의 활동은 역사교육의 현장에서도 충분히 수렴되어야 합니다. 그리하여 두 나라의 자라나는 세대들이 올바른 역사교육을 받을 수 있도록 기회를 마련해 주어야 합니다. 평화를 지향하는 역사인식, 올바른 역사인식은 양국의 우호와 협력관계에 관건이 되기 때문입니다. 대구MBC논평, 050602

## 국민강령

중학교 1학년 겨울이었다. 눈이 소복이 쌓인 운동장에서 잠깐 다녀오마 라고 하며 교무실로 가신 담임선생님을 기다리고 있었다. 그 시간 딱히 할 일이 없던 나는 외우라던 '국민교육헌장'을 눈 위에 발자국을 찍어가며 외웠다. 어려운 단어들이었는데도 선생님이 나오실 때쯤에는 다 외우고 있었다. 그리고 나는 지금도 그 문장들을 기억하고 있다. 어렸을 때 외웠던 내용들은 끈질긴 기억을 제공하게 되는가 보다.

단체나 사회에는 실천 강령들을 많이 가지고 있다. 교훈, 급훈, 전투수칙 등등. 그 자유롭다는 프랑스도 각 관청마다 자유 · 평등 · 박애(liberte, egalite, fraternite)를 써 붙이고 있다. 이러한 강령 중 가장 종합적이고 긴 강령이 국민교과서라고 생각된다. 특히 국어와 역사, 도덕 등의 교과서는 국민의 기본 생각을 규정하게 된다.

이웃 나라의 교과서에서 우리나라와의 관계사 부분에 문제가 제기되고 있다. 이 문제가 너무 큰 사건이어서인지, 교수들 개인으로는 의견 발표가 아직 없다. 당시 마침 우리나라의 일부 역사학자들이 평양을 방문하고 있었는데, 남북한 학자들이 이 문제에 대한 반대 입장을 함께 하여 공동으로 성명을 발표했다. 또 최근에는 전체 역사학 계열의 학회차원에서 일본 역사 교과서 문제에 대한 의견 발표가 있었다.

이에 대해 일부 일본인들은 "내정간섭"이라고 강변하며 "자신감을 갖는 국사책"을 만들겠다는 등으로 맞대응하기도 한다. 내정간섭이란 말은 그것이 자신의 문제에만 국한될 때 성립되는 단어일 수도 있다. 그러나 인간은 사회적 동물이며 남과 더불어 살고 있다. 이러한 인간의 기본 정신을 이해하고 있다면 발설할 수 없는 단어이다. 물론 일본이 이를 모를 리 없다. 그러나 이는 자국내 다른 문제와 복합되어 제기된 것일 수도 있다. 이 경우 그것을 풀어내야 하는 일은 자신들의 숙제이다. 이러한 기본 상식을 벗어난 단어는 다소 시간이 걸리더라도 언젠가는 일본 사회 내에서 극복되리라고 생각한다. 그들도 건전한 이성을 지니고 있는 한 자신들의 자녀를 편견 투성이 인간으로 기르고 싶어 하지는 않을 것이다. 그러나 그들의 편견을 바로잡는 데에는 우리의 더 큰 노력이 필요하다.

## 남북한의 공동작업

교과서 문제는 1981년에도 있었다. 그때 일본은 이미 교과서가 제작되었으므로 다음 교과서를 만들 때 수정하겠다고 했다. 그 때도 한국은 그 사건에 대해 데모도 하고 격렬히 반대했다. 그러나 그 이후 이 일본교과서 문제에 대해 지속적으로 대처해 왔던가? 프랑스나 이탈리아, 독일 등은 역사과정에서 애증이 교차되어 왔다. 그러나 이 나라들이 자국의 역사를 서술할 때 서로 협의를 거치는 것을 보고 들었다. 그렇다고 그 일이 그냥 이루어진 것이겠는가? 이는 서로 문제를 제기하고 공동 회의를 통해서 함께 해결하려던 끊이지 않는 노력의 대가였다. 물론 그들은 우리만큼 민족이나 국가에 대한 개념이 강하지는 않다. 그렇다 하더라도 상호 관련되는 문제의 해결을 위해 진지하게 노력해 왔다.

한국은 이제 가난한 나라가 아니다. 1981년 내가 처음 프랑스에 도착하니, 한국이 아직도 미국의 식민지냐고 물었다. 그러나 2년 전 프랑스에 갔을 때는 한국 유학생들이 학술발표도 활발히 하고, 우리 특유의 부지런함으로 단체도 만들면서 두각들을 나타내고 있었다. 이제는 우리도 세계 각국에 비쳐지고 있는 우리의 모습을 관리해야 한다. 일부 프랑스 박물관의 구석기 유적분포도에는 한국이 빠져 있다. 또 프랑스 백과사전의 한국에 대한 항목에는 케케묵은 정보가 그대로 실려 있다. 이 결과는 한국에 대한 편견을 심어주고, 장래로 보면 국익에 큰 손실을 끼칠 수 있다. 이제 우리는 이 점을 시정하는데 눈을 돌려야 한다. 아울러 세계의 교과서 편찬자들에게 우리나라가 정당하게 소개되기를 요구하는 정도까지 나가야 한다. 오늘의 사건을 계기로 일본과는 물론 타국과도 교과서를 위한 공동연구나 협의체 등을 설치하여 지속적인 관리와 연구를 할 수 있어야 한다. 이 시점에서 공통된 역사 체험을 가진 북한과 공동작업을 하는 일도 매우 중요하다.

파리의 기메(Guimet) 박물관이 공사를 마치고 새로 문을 열었다 한다. 2년 전에 찾았을 때에는 공사 중이어서 다시 보지 못했다. 초기 그 박물관에는 한국관이 있었다. 아주 작은 방이었는데, 무속의 도구 몇 점이 있었고, 청자 사진만 덜렁 걸려 있어 그 좁은 방조차 채우지 못하고 있었다. 그 박물관은 동남아시아 유물까지 엄청난 양으로 갖추어 놓고 있었다. 그 박물관의 한국실은 한국을 소개하기보다는 동양 여러 나라에 비해 한국이 초라하다는 인상을 강요하고 있었다. 이제는 넓게 보고 이런 곳곳에까지 신경을 써야 한다. 보여주고 싶은 모습과 보이고 있는 모습이 같지 않다면 우선 노력은 자신이 해야 하는 것이 아닐까? 일본의 역사교과서 문제에 있어서도 그 올바른 서술을 위해 우리는 더욱 노력해야 한다. 20010314